기독교 다시 서기

-신학에서 성서로-

발행일 : 2023년 1월 27일
지은이 : 이정만
펴낸이 : 강부형
편집인 : 박재수
펴낸곳 : 도서출판책과사람
등록번호 : 제2018-000100
주 소 : 서울시 송파구 송파대로8길 20, 1007동 202호
         Tel. 02)2678-5554   Fax. 0504-006-5050
         bookpeople2018@gmail.com

ISBN: 979-11-965383-9-2(03230)
가 격 :   22,000 원

ⓒ 이정만 2023
본 책은 저작자와 도서출판책과사람의 지적 재산으로서 무단 전재와 복제를 금합니다.

저자와 출판사의 신학 입장이 다를 수 있습니다.

기독교 다시 서기

-신학에서 성서로-

이정만 지음

도서출판 책과사람

목 차

추천사   5

머리글   7

1장 믿음이 삶을 떠나다   17

   2세기 최초 신학 형성   24
   관념 신앙이란 무엇인가?   35
   신플라톤주의가 기독교 신학이 되다   42
   아타나시우스가 성서를 정립하다   47
   5세기에 성서와 다른 신학이 정립되다 1   53
   성서와 다른 신학이 정립되다 2   60
   성서와 다른 신학이 정립되다 3   67

2장 4세기 삼위일체 신론이 정립되다   77

   삼위일체 신론이 정립되다 1   78
   삼위일체 신론이 정립되다 2   86
   삼위일체 신론이 정립되다 3   94

3장 스콜라 신학에 대하여   103

4장 근대 시작과 기독교   109

   유명론과 기독교   110
   16세기 종교개혁이 일어나다   115

5장 종교개혁 신학에 대하여   121
루터 신학   124
칼뱅 신학   130

6장 기독교 죄에 대하여   139
인간 원죄가 있는가?   143
죄의식 문제   149
예수께서 죄에 대해 어떻게 생각하는가?   156
바울은 죄에 대해 어떻게 생각하는가?   162
죄란 무엇인가?   169
예수 죄 용서란 무엇인가?   176
예수 십자가는 우리에게 무엇인가?   183
우리 죄를 대신한 희생양으로서 십자가   188
우리를 억압하는 옛 질서에 대한 저항으로서 십자가   194

7장 믿음으로 사는 시대가 열리다   201
믿음과 법 관계   205
믿음과 행위 관계   215
믿음은 저항이다   223
믿음은 삶의 변화다   230

8장 그리스도인은 누구인가?   239

하나님과 그리스도인 계약하다   240
예언자 그리스도인   248
하나님 의를 실행하는 그리스도인 1   255
하나님 의를 실행하는 그리스도인 2   261
자유한 그리스도인   268
죄와 법으로부터 자유   274
하나님나라 백성으로서 그리스도인 1   279
하나님나라 백성으로서 그리스도인 2   287
그리스도인은 왜 도덕과 경건이 아닌 사랑인가 1   296
그리스도인은 왜 도덕과 경건이 아닌 사랑인가 2   305
그리스도인은 왜 도덕과 경건이 아닌 사랑인가 3   315
그리스도인 폭력성에 대하여   325

9장 기독교가 어쩌다 무당종교가 되었나?   337

10장 구원이란 무엇인가?   345

후 기 359

추천사

성서신학자 김근수

2세기 기독교 신학은 첫 단추를 잘못 끼웠다

  1세기 예수 운동은 유대교와 분리되면서 교회로 점차 탈바꿈하게 되었습니다. 예수 죽음 의미를 해설한 바울에 이어 예수 죽음뿐 아니라 예수 삶의 의미를 해설하기 위해 마가 누가 마태복음 저자들은 예수와 하나님 나라 관계를 주로 다루었습니다. 유대교와 차이를 강조하기 위해 요한복음 저자는 예수와 하나님 관계에 집중합니다. 그런데, 2세기 기독교 운동은 1세기 예수 운동과 크게 달라집니다. 예수 인성과 신성 관계, 삼위일체에서 예수와 성령 지위에 집중하면서 그리스 철학 차원으로 2세기 기독교 운동 신학 풍토가 급히 변해버렸습니다. 기독교에 그리스 철학 영향력이 넘치면서 역사 중심 예수 운동은 점차 뒷전으로 밀려납니다. 성서 중심이 하나님나라임에도 불구하고 4세기 이후 사도신경에는 하나님나라 단어조차 없습니다. 예수 행동과 말씀은 기독교에서도 축소되고 말았습니다. 그리스 철학 탓에 기독교 역사에서 철학 과잉 역사 빈곤이라는 어두운 시대가 20세기까지 무려 천팔백 년 이상 지속되고 말았습니다. 철학이 신학의 시녀가 아니라 신학이 철학의 시녀였습니다.

대부분 신학자들은 기독교 신학이 그리스 철학으로 덧입혀진 현실을 기독교를 풍성하게 했다는 인식으로 긍정 평가합니다. 그러나 이정만 목사는 이러한 현실을 비판하고 신학에서 성서로 돌아가는 길을 제시한 최초 사람입니다. 또한 이정만 목사는 4세기에 기독교 신학을 정립한 아우구스티누스 신학과 이것을 따른 종교개혁 신학이 성서와 어떻게 다른지를 규명하고 성서가 증언하는 믿음에 따라 그리스도인 신앙이 어떠해야 하는지를 제시합니다.

이정만 목사의 시도를 나는 성서신학 차원에서 적극 지지하고 응원합니다.

머리글

　국민일보가 기독교에 대한 의식 조사 결과를 2022년 4월 27일에 발표했습니다. 개신교에 대한 호감도가 18.1%입니다. 국민 5명 중에 4명이 넘는 사람이 그리스도인을 싫어합니다. 그리스도인에 대해 연상되는 질문에 1위가 배타성이고 이어서 물질 위선 이기심 세속 등입니다. 세계인이 그리스도인을 싫어하는 이유가 첫째는 그리스도인이 세계인을 먼저 싫어해서이고 둘째는 신앙인으로서 사회에 모범이 되지 못해서입니다. 유럽은 기독교가 소멸되고 학문으로만 남았고 미국도 대형교회가 회관이나 극장으로 바뀐 지 오래입니다. 한국도 코로나 정국을 지나며 교회 1만여 곳이 문을 닫았습니다. 모든 교회에 40대 이전 젊은 사람이 거의 없고 그 여파로 주일학교 운영이 안 되고 있습니다. 한국 기독교가 서구가 그랬던 것처럼 쇠락 길을 가고 있습니다.

　영국 역사신학자 리처드 보컴은 서구 기독교는 쇠락하지만 아프리카와 중국에서 그리스도인이 빠르게 증가하므로 기독교에 희망이 있다고 합니다.[1] 어림없는 소리입니다. 서구 신학자들은 30여 년 전에는 한국이 기독교 희망이라고 했습니다. 이제 한국 교회가 망하고 있으니 한국이 희망이라는 소리는 쏙 들어가고 아프리카와 중국 교회가 희망이라고 합니다. 자신들을 망친 서구 신학으로 한국을 망치더니 이제 그 신학으로 아프리카와 중국을 망치려고 합니다. 기독교가 서구 신학을 버리고 성서로 돌아가 새롭게 서지 않으면 기독교 미래는 없습니다.

나는 이 글에서 서구 신학이 성서와 어떻게 다른지 그리고 그 신학이 기독교를 어떻게 구렁텅이로 끌고 들어갔는지를 밝힙니다. 기독교 쇠락을 개선하기 위해 교회 구조나 직제를 개선하자는 글이나 목사 신부 타락과 부패를 경고하는 글 그리고 그리스도인 믿음을 독려하는 글이 많습니다. 그러나 2천 년 기독교 신학이 어떻게 잘못되었는지를 밝히는 글은 안 보입니다. 지금 한국 교회와 성당은 오늘 시대 문제를 담은 신학이 아니라 고대 중세에서 정립된 신학을 고수합니다. 필자는 1세기 성서 시대를 마감하고 2세기 신학이 출발하면서 어떤 일이 있었는가를 주목합니다.

예루살렘이 서기 70년에 로마에 의해 파괴되고 이스라엘 국가가 멸망했습니다. 유대인들은 세계 각 나라에 흩어져 살게 되었는데 특히 그리스도인들은 전쟁 전부터 외국으로 피신한 상태였으므로 로마 전역에 흩어져 살았습니다. 로마제국은 법률은 로마체계를 따랐지만 교육 문화 등은 그리스 사상을 따랐습니다. 로마 귀족과 관리들의 가정교사는 모두 그리스 사람입니다. 원시 기독교 지도자를 속사도교부 또는 교부라고 합니다. 이들 모두는 로마 관리였거나 그리스 철학자입니다.

초기 그리스도인들은 유대인들에게는 배교자라는 비난을 들었습니다. 로마인과 그리스인들에게서는 그리스도인들이 그들 신을 믿지 않았으므로 무신론자라는 비난을 들었습니다. 그래서 교부들은 예수께서 어떻게 사람이고 또 신인가를 설명해야 했습니다. 이러한 주제를 그리스 철학을 통해 설명했습니다. 예수 십자가 죽음과 부활 그리고 참 인간이며 참 신임을 설명해야 했기 때문에 예수 사역과 가르침은 실종되었습니다. 복음서와 사도 서신들이 증언하는 하나님나라에 대한 풍부한 소식들이 기독교에서 사라졌습니다.

2세기에 출발한 신학이 예수께서 말씀이 육신이 되어서(요 1:14) 땅으로 오신 신으로서 무엇을 행하고 가르쳤는가를 잃어버리고 그리스 철학이 중심인 신학을 정립한 것은 하나님나라 신학 실종과 삼위일체 신론 약화로 나타났습니다. 이러한 현실은 기독교 종교 양태가 1세기 갈릴래아 예수 운동과는 전혀 다른 종교 양태를 나타내게 됐습니다. 이스라엘의 야훼 하나님은 기독교와 함께 섬기는 신입니다. 야훼 하나님을 신앙하는 이스라엘 종교 양태는 다음 2가지가 특징입니다.

1. 신앙 양태가 관념 혹은 제의와 윤리의 결합입니다. 십계명 제1~4계명은 관념과 제의이고 제5~6계명은 윤리입니다.

2. 갈릴래아 예수 운동은 회당 예배와 함께입니다. 당시 회당 예배는 경전 낭독과 그 경전 해설입니다. 예루살렘 성전 예배는 사제가 주도했지만 회당 예배에서는 평신도 종교 활동이 전개됐습니다. 예수께서 평신도로서 가르치신 곳이 회당입니다(막 1:21, 39, 눅 4:15, 16-21).[2]

오늘날 기독교 믿음은 관념 심령 내면으로서 성서가 증언하는 예수께서 선포한 계시가 아니라 윤리 도덕이 강조됩니다. 또한 갈릴래아처럼 평신도 중심 회당이 아니라 예루살렘 성전과 같이 사제 중심이고 설교가 성서 해설이 아니라 인문학과 도덕입니다.

기독교 신학은 백가쟁명으로 논의되어오다가 5세기 아우구스티누스에 의해 정립되었습니다. 가톨릭 신학은 아우구스티누스 신학에 이어서 8세기 샤를 대제부터 14세기 윌리엄 오캄까지 신학인 스콜라 신학이 오늘날 신학 중심입니다. 물론 오캄은 근대를 연 인물이기도 합니다. 개신교 신학은 종교개혁자들이 스콜라 신학은 모두 버리고 아우구스티누스 신학을 비판 없이 그대로 수용하여 종교개혁 시대에 세운 신학이 21세기 오늘날에도 중심이 되어 있습니다.

16세기에는 진보가 불확실한 미래로 나가는 것이 아니라 좋았다고 생각하는 옛날로 돌아가는 것입니다. 그래서 루터와 칼뱅 등은 5세기 아우구스티누스 신학을 비판 없이 수용했습니다. 종교개혁자들이 스콜라 신학을 버린 건 기독교 비극입니다. 스콜라 신학의 공동체 윤리와 자연신학이 함께 실종되었습니다. 목욕물 버리다가 아기까지 버린 꼴입니다. 오늘날 지구 환경 훼손에 기독교가 역할을 하지 못하는 건 스콜라 신학을 버린 것이 원인입니다. 신학이란 자기시대 고백입니다. 오늘날 양자역학 세계관과 우리 한국 문화와 정서에 맞는 신학이 필요합니다.

구원론은 하나님께서 우리 죄를 용서하시려고 예수께서 우리 대신 십자가에서 죽으셨다는 대속구원론과 예수께서 하나님나라를 여시어서 그리스도인에게 그 나라의 생명과 자유 평화 삶을 주신다는 종말구원론(하나님나라)이 있습니다(A 슈바이처). 유대인들이 생각하는 종말이란 지구가 끝나는 마지막 종말이 아니라 옛 시대가 가고 새로운 시대가 열리는 것을 말합니다(불트만).

1세기 성서 시대를 마감하고 2세기부터 출발한 신학자들과 5세기 신학을 정립한 아우구스티누스는 예수께서 선포한 하나님나라에 대해 알지 못했습니다. 하나님 본성과 자연 인간 윤리를 탐구한 중세 스콜라신학자들도 하나님나라를 알지 못했습니다.

스콜라신학을 버리고 아우구스티누스신학을 비판 없이 받아들인 종교개혁자들도 그들 신학 중심이 예수 사역과 가르침이 아니었기 때문에 하나님나라를 알지 못했습니다.

계몽주의에 의해 고양된 이성에 기독교를 변증한 슐라이어마허는 의존감정으로 신앙을 설명했습니다. 그의 신학이 심리 내면화 신학이었기 때문에 1세기 예수운동 역사가 밝혀지지 않았습니다.

이러한 사정은 슐라이어마허를 따라서 발흥한 자유주의 신학자들에게도 동일한 현실입니다.

그러므로 하나님나라를 알지 못한 자유주의 신학자들이 히틀러를 지지한 사실은 우연이 아닙니다. 자유주의 신학도 역사신학이 아니라 관념신학입니다.

이어서 나온 실존주의 신학도 믿음을 개인 삶에 집중하여 하나님나라를 알지 못합니다. 실존주의 신학자 불트만 제자인 케제만은 종말론(하나님나라) 신학을 전개했습니다.

칼 바르트는 예수를 화해자 하나님으로 인식하여 화해신학을 전개했습니다. 그는 아쉽게도 예정된 종말론(하나님나라)은 쓰지 못하고 서거했습니다.

하나님나라를 모르는 사정은 오늘날 신학자와 목사 신부들도 같습니다.

신학자들 대부분은 예수께서 하나님나라를 선포 전개하시고 사도들은 예수 십자가와 부활을 전했다고 합니다(김세윤). 이러한 이해는 로마서를 오독한 결과인데, 바울이 하나님나라는 몰랐고 예수 십자가와 부활만을 전했다고 오해합니다. 그래서 대부분 신학자들은 대속기독론을 바울이 세웠다고 합니다. 십자가 피로 우리 죄를 용서하시고 구원하셨다는 대속기독론은 바울서신 이전부터 초대교회가 공유한 교리입니다. 로마서는 하나님나라가 어떻게 실현되어 가고 있는가를 설명한 서신입니다. 바울은 로마 전역에서 세계인을 상대로 사역했기 때문에 로마에 반역한다는 오해를 주지 않기 위해서 하나님나라 라는 용어 사용을 꺼렸습니다. 바울은 아들의 나라 라고도 합니다. 한국 보수 신학자와 목사 신부들은 아직도 하나님나라 자체를 모릅니다. 대속기독론만 알고 하나님나라는 죽어서 가는 천국으로 압니다. 예수께서 우리를 구원하시기 위해 십자가에서 죽으셨다는 대속기독론은 바울이 아니라 아우구스티누스가 초대교회 교리를 더욱 발전시켜 기독교 중심 교리로 삼았습니다.

2세기부터 실종된 성서의 하나님나라 사상에 대한 기운은 19세기 자유주의 신학자들로부터 싹트기 시작했습니다. 자유주의 신학자 리츨은 자신의 신학 사상을 정립하기 위해서 복음서 하나님나라를 이용했습니다. 리츨은 복음서에서 하나님나라 윤리를 발견하고 그것을 도덕신학화 했습니다. 그의 처남 바이스(Johaness Weiss 1863~1914)는 리츨이 하나님나라를 인간 활동으로 인식한 것은 오류이고 하나님나라는 하나님 행위임을 역설했습니다.[3] 그는 하나님나라를 현 시대와 다가올 시대 사이의 불일치를 유대교 묵시문학을 배경으로 이해해야 한다고 주장합니다.[4]

하나님나라신학을 현재하는 종말론 의미로 논쟁을 일으킨 학자는 슈바이처(Albert Schweitzer 1875~1965)입니다. 바이스와 슈바이처는 하나님나라를 유대 묵시와 같이 미래 의미로 파악했습니다. 하나님나라 현재성을 온전히 인식하지 못한 슈바이처는 예수의 하나님나라 운동이 실패했다고 말합니다. 학자들은 슈바이처 신학을 철저종말론 신학이라 부릅니다. 슈바이처는 예수께서 이스라엘 백성들이 인식하고 있는 하나님나라 사상을 공유하셔서 그들에게 하나님나라에 대한 소식을 가르치셨음을 인식했습니다. 슈바이처는 자신의 발견이 얼마나 위대한 발견인지 미처 깨닫지 못했습니다. 슈바이처의 하나님나라 발견은 코페르니쿠스의 지동설 발견만큼이나 위대한 발견입니다. 철학박사이고 신학박사였던 슈바이처는 신학을 중단하고 의학박사 학위를 취득하여 아프리카로 가서 의료 봉사 활동합니다. 당시 독일에 반유대주의 사상이 커서 교수 자리 확보가 어려웠던 것이 이유인 듯합니다. 그는 의료 봉사 활동으로 노벨 평화상을 받았습니다.

20세기 초 하나님나라 신학에 대한 흐름은 에레미아스 제자인 노먼 페린의 박사학위 논문 「예수의 가르침 속에 나타난 하나님의 나라」(도서출판 솔로몬 2002)에 잘 나와 있습니다. 그 후 하나님나라 신학은 볼프하르트 판넨베르그와 위르겐 몰트만에 의해 전개되고 제임스 던 등이 지지하고 발전시켜 오늘날 기독교 신학 중심이 되었습니다. 성서신학자 김근수는 하나님나라 신학으로 성서를 해설합니다. 그러나 한국 기독교 대부분은 하나님나라 신학을 아직 모릅니다.

2세기 신학자들과 아우구스티누스가 복음서 중심이 하나님나라에 대한 소식임을 모르고 신학을 정립한 것은 기독교 신학에 중대한 오류가 발생하는 원인이 되었습니다. 그 신학자들 신학 중심에 예수께서 있는 것이 아니라 그리스 철학이 있었습니다. 즉 플라톤과 아리스토텔레스가 기독교 신학 중심이 되었습니다. 예수께서 세상을 사랑하셔서 선과 악 정결과 부정 경계를 허물고 악인과 부정한 사람을 포용하고 용납하여 사랑하라고 가르치십니다.

그러나 예수께서 차별하고 배제하며 평화를 방해하는 세력에는 강력하게 저항하십니다. 플라톤은 천상이 본질(이데아)이고 땅은 천상 그림자로서 기본적으로 악하다고 인식합니다. 그리고 신플라톤주의에서 구원은, 선한 의지로 덕을 쌓아 신에게로 가는 것입니다. 성서는 선과 악 정결과 부정을 갈라 차별하고 배제하지 말고 용납하여 사랑하라고 하는

데, 오늘날 기독교 믿음은 플라톤 철학을 따라 도덕과 경건으로 차별하고 배제합니다.

성서는 죄를 악한 세력이라고 하는데, 신플라톤주의자인 아우구스티누스는 선善의 결핍 즉 인간 잘못을 죄라고 합니다. 이러한 죄 인식이 도덕신학 발흥 원인이 되었습니다. 또한 그의 신학 특징은 향유享有enjoy와 이용利用입니다. 그는 세상을 이용해 신을 향유하라고 합니다. 하나님나라는 예수그리스도를 통해 생명과 자유를 얻음으로써 누리는 기쁨과 평화 나라(롬 14:17)입니다. 즉 하나님을 통해 세상을 향유하는 것이 하나님나라입니다. 아우구스티누스는 세상 향유를 타락으로 인식합니다. 이러한 사상은 악한 세상으로부터 회피하는 도덕과 경건이 기독교 믿음 중심이 되게 하였습니다. 예수사랑이 그리스도인 믿음으로 들어올 수 없는 신학이 되었습니다.

하나님나라 신학이 실종되고 플라톤 철학의 선과 악을 가르는 도덕과 경건이 기독교 믿음 중심이 된 것은 기독교가 게토화(고립화)되는 원인이 되었습니다. 처음에 설명한 그리스도인 배타성은 임계점에 다달았습니다. 그리스도인 청년들이 촛불 들고 봉은사 절 둘레 7바퀴 반을 돕니다. 여호수아가 여리고 성을 그렇게 무너뜨렸기 때문에 봉은사가 무너지라고 돈 것입니다. 그러한 행위는 봉은사를 무너뜨리는 것이 아니라 기독교를 무너뜨리는 행위입니다. 그리고 교회가 정부의 코로나 전염병 방역을 방해하는 세력이 됐습니다. 특히 하나님나라 신학이 실종되고 아우구스티누스가 개인 죄를 강조하여 대속구원론이 기독교 중심이 되게 한 사실은 이스라엘의 공동체 중심 신앙이 기독교에서는 개인 중심 신앙이 되게 만들었습니다.

필자는 이러한 문제를 믿음 죄 하나님나라 삼위일체 신론 그리스도인

정체성 등에서 복음서가 증언하는 하나님나라 소식을 통해 오늘 우리가 어떻게 신앙해야 하는가를 밝힙니다. 나는 신학 전반을 설명하려는 것이 아니라 신학이 어떻게 삶과 유리流離되었는지 살펴보려 합니다. 그래서 한 면만을 강하게 부각합니다. 나는 신학자가 아니라 한 설교자로서 신학 전반을 설명할 실력도 갖추지 못했습니다. 나는 아무도 가지 않은 길을 갑니다. 후학들 연구가 이어지기를 희망합니다.

　이 글은 주제를 설정하여 한 주장을 논리로 쓴 신학서가 아닙니다. 메타(페이스북)에서 19개월 간 여러 사람들과 소통하며 쓴 글입니다. 매 단편 글이 완성된 글이기 때문에 하나님나라 실종 등 주요한 여러 사실들이 반복해서 나타납니다. 주장하는 내용에 필요하기 때문에 다시 언급하였습니다. 이해에 도움되리라 봅니다.

　의견을 제시하고 격려해 주신 분들께 감사드립니다. 방향을 가르쳐주시고 지도해주신 성서신학자 김근수 선생께 감사드립니다. 나는 이 글에 기대하는 몇 가지 바람이 있습니다.

　독자들이 기독교가 사회로부터 버림받은 현실을 깨닫고 필자와 방법은 다르더라도 그 해결 방법을 찾는 계기가 되기를 기대합니다. 또한 부모 도움 없이 사회에 나와 두려움에 절망하는 젊은이들이 예수그리스도께서 주시는 생명과 자유 정의와 평화 얻기를 희망합니다. 다음 세대가 기독교를 다시 세울 때 21세기 초 한국 교회와 성당이 어떤 문제로 쇠락 길을 갔는지 알기를 기대합니다. 사랑하는 손주 준하와 연지가 자라서 이 글을 통해 기독교가 얼마나 아름다운지 알기를 희망합니다.

1) 리처드 보컴 「예수」 김경민 비아 2016, 12p
2) 게르트 타이센-아네테 메르츠 「역사적 예수」 손성현 다산글방 2010, 200p
3) 노먼 페린 「하나님의 나라」 이훈영-조호연 솔로몬 2002, 17p
4) 제임스 던 「예수와 기독교의 기원 상」 차정식 새물결플러스 2010, 92p

1

믿음이 삶을 떠나다

이스라엘은 바벨론 포로기 이후에 마카비 형제가 일으킨 하스몬 왕가 일시 독립 외에는 항상 외세 억압에 시달렸습니다. 주전 200여 년경부터 메시아가 도래하여 자신들을 구원하리라는 메시아 대망사상이 일어납니다. 이때 기록된 다니엘서 제4에스라서 등을 묵시문학이라고 합니다. 묵시문학 운동을 주도한 사람들이 예수와 대척한 서기관들입니다. 유대인들은 메시아를 통해 정치 군사 독립을 이루고 번영된 나라가 세워지기를 희망했습니다. 이러한 시기에 예수께서 출현하여 하나님나라를 선포했습니다. 백성들과 서기관들 그리고 예수 제자들이 기대했던 하나님나라와는 다른 나라입니다. 그들은 신의 힘에 의해 새로운 국가가 형성되기를 희망했습니다. 그러나 예수께서 말하는 하나님나라는 국가가 아니고 그리스도를 통해 삶의 변화를 일으켜 얻는 생명 자유 평화의 삶입니다.

예수 사역과 가르침 중심은, "하나님나라가 시작되었으니 변화된 삶으로(회개) 평화하라"입니다. 예수그리스도께서 미래 천국을 현재로 가져왔습니다. 예수께서 가난한 사람들 죄인으로 지목된 세리 병자 부정한 사람 악인들을 용납하여 평화하는 삶을 행동으로 보이시고 또 가르쳤습니다. 그분은 정결과 부정 선인과 악인 차이를 허물었습니다.

악인에 두 종류가 있습니다. 하나는 사회 체제에서 낙오하여 소외된 악인입니다. 이들은 자기 스스로도 악인이라 생각하고 기죽고 삽니다. 이들에게 잘못이 왜 없겠습니까만 특이하게도 예수께서 한 번도 꾸짖는 일 없이 이들을 용납하고 구원합니다. 다른 하나는 사회 기득세력으로서 부패하고 탐욕하는 악인인데 자기들 스스로는 선인이라고 생각합니다. 이들은 교만하여 도덕으로나 재물로 자기들 수준에 못 미치는 사람들을 차별하고 배제합니다. 예수께서 이들에게 강력하게 저항합니다. 채찍도 휘두르고 그 신앙심 출중하고 고상한 교양인들에게 뱀 새끼들이라고 쌍욕을 합니다(마 12:34). 우리 식으로 개새끼입니다.

　예수께서 세대 가치를 쫓지 말고 영원이 주는 계시를 따라 살도록 여러 계시를 사역과 말씀 그리고 비유를 통해 가르칩니다. 예수께서 지금 이 땅에서 구원받은 삶에 대해 가르칩니다. 그러나 교회와 성당은 영혼구원과 내세 천국에 대해 가르칩니다. 삶에 대한 가르침은 사회 일반과 마찬가지로 예수께서 제시한 계시가 아니라 도덕을 가르칩니다. 이러한 가르침으로는 예수께서 제시한 사랑과 평화 새 생명의 약동이 그리스도인 삶에서 일어날 수 없습니다.

　예수께서 죽으신 지 20여 년 후에 바울서신이 쓰이고 이로부터 20여 년 후에 복음서가 쓰입니다. 요한복음은 이로부터 30여 년 후 즉 서기 100년 경에 기록되었습니다. 바울은 예수 사역과 가르침을 직접 경험하지 못했습니다. 그래서 복음서가 예수 사역과 가르침의 실제 현실에 대한 증언인 데 반하여 바울서신은 예수그리스도께서 일으킨 하나님나라가 어떻게 실현되어가고 있는가에 대한 증언입니다. 그는 로마제국 전역에 하나님나라를 증언했기 때문에 나라 용어를 사용할 수 없었습니다. 국가를 전복시키는 반역 운동으로 오해할 소지가 있기 때문입니다. 바울이 말한 하나님 의에 따라 믿음으로 사는 게 하나님나라입니다.

　바울은 예수께서 부정과 정결 선인과 악인 차이를 없앤 사실을 신학화했습니다. 그것을 부정한 사람과 악인에 대한 칭의(의인義認 용납)로 이해했습니다. 그들을 의롭다고 부른다는(호칭) 뜻이 칭의(의인義認)입니다. 바울은 하나님이 혈통이나 유대 법 따름을 보지 않으시고 우리 믿음을 보시고 우리를 의롭다고 하신다고 합니다(롬 3:28). 루터는 이러한 진술을 하나님이 우리를 선한 사람 혹은 올바른 사람이라고 부르신다고 오해했습니다. 신약성서엔 의가 옳음과 정의라는 뜻인 그리스어 '디카이오슈네'로 기록되어 있습니다. 루터는 성서를 그리스어 용어로 이해했습니다.

그러나 바울이 유대인이고 그가 유대인들에게 한 말이므로 이스라엘 말뜻을 찾는 게 적절합니다. '의'는 이스라엘에 천 년 이상 사용된 다양한 뜻을 가진 "체다카"와 '미슈파트'를 우리말로 번역한 말입니다. 그 말들은 히브리 성서에서 심판 판단 자비 자선 구원 등으로 사용됩니다. 제2이사야는 구원으로 사용합니다. 한편 체다카는 관계라는 뜻이 있습니다. 하나님께서 우리를 의롭다 하신다는 말은 우리를 구원하신다는 말이고 우리가 부정한 사람이나 악한 사람을 의롭다 부르는 것은 서로 좋은 관계를 맺는다는 뜻입니다.

바울은 이 사실을 통해 유대인과 세계인 그리고 신앙인과 비신앙인 차이를 없애는 칭의(의인義認 의롭다고 호칭하다) 신학을 세웠습니다(롬 3:21-31). 바울은 유대인들에게 말하기를 "하나님이 이제는 혈통이나 법이 아니라 믿음으로 인간을 의롭다(칭의 의인義認 용납) 하셨으니 너희도 서로 용납(칭의 의인義認)하라" 합니다(롬 2:1, 4, 14:3 등). 그렇게 평화를 이루라는 말입니다(롬 5:1). 이것이 로마서 핵심입니다. 로마서에 용납 받아들임 의롭다 함 등 용어가 50번 나옵니다. 바울은 칭의(의인義認) 신학을 통해 유대인과 세계인 신앙인과 비신앙인 강한 자와 약한 자 차이를 허물고 모두가 하나님 앞에서 평등하게 평화하는 세상을 열었습니다. 사랑이란 서로를 막고 있는 차이를 없애는 행위입니다.

바울은 예수 사역과 가르침을 신학화 윤리화했습니다. 그런데 루터는 바울 신학을 자기시대 신학화 관념화 심령화했습니다. 루터가 삶 문제를 영혼 문제로 변형시켰습니다. 실은 루터보다 후학들이 실제 삶에 대한 문제를 영 의미로 더 끌고 갔습니다. 우리는 우리 시대 신학을 위해 바울 의도를 따라갑니다. 1세기 성서 시대를 사도 시대라 하고 2세기부터 속사도 시대 그리고 교부 시대라 합니다. 2세기 교부 시대부터 하나님나라 사상이 실종됩니다. 예수 사역과 가르침이 통째로 사라졌습니다. 그리고 오늘날까지 회복되지 않았습니다.

아직 성서가 정립되지 않은 시기이지만 복음서와 바울서신 등이 예배에 사용되었는데 신학은 딴 길로 갔습니다. 성서 정립은 300여 년 후에 일어납니다. 2세기 신학자들이 예수를 따라서 예수께서 전한 예수 메시지를 전해야 하는데 예수를 전했습니다. 그 결과로 예수께서 이루기 위하는 세상이 어떤 세상인지 알 수 없었으며 그러한 세상을 위해 어떻게 살아야 하는지를 알 수 없게 되었습니다. 이것이 성서가 증언하는 하나님나라 신학이 실종된 의미입니다.

교부들은 그리스 철학을 통해 하나님 실존과 예수께서 그리스도임과 신임을 설명했습니다. 교부들은 성서를 외면하고 그리스 철학으로 기독교를 설명했습니다. 그 영향으로 4세기 성서가 정립된 이후에 성서는 철저히 외면되고 16세기 종교개혁으로 다시 성서가 믿음 중심으로 들어옵니다.

예수께서 "하나님 외에 땅에 있는 자로 아버지라 부르지 말라" 하십니다(마 23:9). 교부는 교회 아버지입니다. 첫 신학부터 예수 말씀을 어기고 교회 지도자를 아버지라 불렀습니다. 교부들이 성서를 외면한 증거입니다. 우리는 앞으로 교부들과 고대 중세 신학자들에 의해 기독교가 어떻게 삶을 버리게 되었나를 찾아갑니다. 우리는 이들 신학 전반을 탐구하려는 의도가 아닙니다. 이들 신학 중에서 삶 문제를 잃은 원인과 과정을 찾습니다.

한국 교회와 성당은 성 소수자 비정규직 근로자 사회 약자와 개혁자를 좌파로 정죄하고 차별하여 배제합니다. 예수께서 부정한 사람과 악인을 용납하여 평화하는데 플라톤은 선과 악을 분명하게 분리하여 악인을 차별하고 배제합니다. 한국 교회와 성당에 하나님나라 사상이 실종되어 이러한 결과가 발생했습니다. 그러므로 한국 교회 주님은 예수그리스도가 아니라 플라톤입니다. 이러한 현실을 예수 사역 사례에 비추어 보면 실은 자기들이 악인이면서 남을 악인이라고 차별하고 배제하는 우습고 슬픈 현실입니다. 앞으로 우리는 신학과 교회가 이렇게 된 원인을 찾아갑니다. 믿음이 예수 사역과 가르침에 따라 어떻게 살 것인가에 있지 않고 믿음이 하나님을 어떻게 고백할 것인가 즉 교리와 이념에 있게 된 원인과 과정을 찾습니다.

반기독교 사상가 니체는 기독교가 삶의 의지를 부정하는 종교가 되었다고 하면서 기독교에 자기가 꼭 필요한 사람이라고 주장합니다.[1] 니체는 인간성과 의지 회복을 주장한 사상가입니다. 기독교가 삶 중심성을 잃은 데 대한 통찰입니다. 우리는 신 존재 확신을 믿음으로 생각하는 경향이 있습니다. 그러나 그 신이 나의 말과 행동을 변화시킬 수 있어야 믿음입니다.[2] "너희는 약함에 의해서만 강해진다", "자랑이나 자부심을 품고 살아서는 안 된다"(고후 12:9)와 같은 이 세대 가치와 다른 계시 가르침이 내 삶의 구체적 정황에서 좋은 결과를 가져올 것으로 믿을 만하고 그것을 다른 대안보다 선호할 때 그것이 믿음입니다.[3]

기독교를 제외한 모든 종교는 신과 인간관계에 집중한 내향성 introversion 종교입니다. 그러나 우리는 나와 신과의 관계만이 아니라 오히려 나와 타자와 관계가 신과 관계를 입증한다는 예수 가르침에 주목합니다(마 25:40). 기독교는 외향성 extraversion 종교입니다.[4] 즉 기독교는 나와 타자와 관계를 통해 신앙하는 종교라는 뜻입니다. 예수께서 새로운 지식을 전해준 분이 아닙니다. 그분은 새로운 삶을 스스로 실현해 보이고 또 가르쳤습니다. 우리에게 변화된 삶을 요구합니다.[5]

　예수께서 진리를 전하시는 분이 아닙니다. 전하시는 분이라고 하면 첫째는 예수그리스도가 진리를 소유한 것으로 이해되어 소유하지 않았을 때도 있기 때문이고 둘째는 가르침이 법이 되어 아무 현실에나 적용하려고 하기 때문입니다. 예수 자체가 진리입니다. 예수그리스도가 진리라는 말은 이 땅의 모든 현실을 관통하는 진리는 없을 뿐만 아니라 모든 현실에 예수 가르침 중에 어느 하나가 기준이 아니라는 의미입니다. 우리 삶에서 예수그리스도 전체를 기준 삼으라는 뜻입니다.

---

1) 프리드리히 니체 「이 사람을 보라」 이상엽 지식을만드는지식 2016, 125, 159p
2) 테리 이글턴 「신을 옹호하다」 강주헌 모멘토 2010, 150p
3) 윌리엄 제임스 「다원주의자의 우주」 김혜련 아카넷 2018, 18, 28p
4) 돈 큐빗 「문명의 위기와 기독교 대서사」 안재형 한국기독교연구소 2020, 102p
5) 칼 야스퍼스 「니체와 기독교」 이진오 철학과현실사 2006, 31p

2세기 최초 신학 형성

성서는 하나님께서 인간을 구원하시는 역사役事에 대한 증언입니다. 신이 땅으로 오셔서 우리 삶 가운데서 사랑으로 구원하시는 현실에 우리가 참여하여 자유와 평화 새 생명을 얻는 게 구원입니다. 우리는 현실 삶에서 구원받고 궁극 구원을 향해 갑니다. 현재 구원이 없으면 미래 구원도 없습니다. 부산 간다는 사람이 차도 안 타고 어떻게 부산 간다고 하겠습니까? 그런데 어떻게 해서 우리 구원이 이 땅의 삶을 버리고 영혼구원과 내세 천국구원이 되었는지 아는 게 우리 목표입니다.

기독교는 유대교로부터 유래했음에도 불구하고 유대 토양에서 성장할 수 없었습니다. 유대교는 철저히 현실 삶 구원입니다. 서기 70년에 예루살렘이 로마에 의해 파괴되고 그리스도인들은 로마제국 전역에 흩어져 살아야 했습니다. 로마제국은 법과 질서는 로마 체계를 따랐지만 문화 교육 철학 등은 그리스 체계를 따랐습니다. 로마 귀족 자녀의 가정교사는 모두 그리스인이었습니다. 초기 교부들은 모두가 그리스 철학자거나 로마 관리 출신입니다. 기독교 유대 지식인은 성서 시대로 끝나고 그리스 문화권 지식인이 초기 기독교 지도자가 되었습니다.

1세기 성서 시대를 마감하고 2세기에 신학을 시작한 신학자들은 예수의 십자가 죽음과 부활 그리고 그분이 인간이시고 신이심을 그리스 철학으로 설명했습니다. 아직 성서는 정립되지 않았고 각 예배 공동체에서 읽히는 복음서가 이들 신학에 사용되지 않았습니다. 2세기 신학자들은 예수 사역과 가르침에 대해 알 수 없었습니다. 이들은 예수 사역과 가르침을 통해 나타난 하나님나라 사상의 중요성을 깨달을 수 없었습니다. 또한 예수 사역과 가르침이 그리스 철학과 어떻게 다른지도 깨달을 수 없었습니다.

처음부터 인류는 종교와 함께 했습니다. 지도자는 종교를 통해 사람들을 통치하고 지배했습니다. 따라서 그동안 모든 종교는 지배자와 기득세력에 봉사했습니다. 정치권력과 종교권력이 결탁하여 기득세력을 유지하고 가난한 사람들과 사회에서 낙오한 버림받은 사람들을 기득세력이 만든 법 밖의 죄인이라 차별하여 배제하였습니다. 그러나 예수 운동은 이와 다릅니다. 예수께서 갈릴래아 가난한 사람들과 제도권에서 낙오한 민족 반역자인 세리와 버림받은 성매매 여인들 무지렁이 어부들에게 하나님께서 계시하는 하나님 의를 통해 기쁘고 평화하게 살 수 있는 새로운 세계를 열었습니다. 이것이 하나님나라입니다. 그리고 예수께서 이러한 복음을 방해하는 기득세력에 저항하다가 희생양이 되어 십자가에 죽으시고 부활했습니다. 신약성서는 이러한 복음이 중심입니다.

이처럼 유대교에서 발생한 기독교는 묵시문학(종말론)이 중심입니다.

4세기에 성서가 정립되고 5세기에 아우구스티누스에 의해 기독교 신학이 확립되기까지 다양한 신학 흐름이 있었습니다. 주요한 흐름 4가지는 다음과 같습니다.

1. 유대-기독교입니다. 예수의 형제 야고보를 지도자로 한 예루살렘 공동체는 에비온파(가난한사람들)로 불리기도 하는데 70년 예루살렘 멸망 시 요단강 동편에 피신했다가 시리아에 정착했습니다. 그들에게 '히브리인에 따른 복음' '나사렛파 복음' '에비온파 복음'이 있었는데 기독교 신학으로 유입되지 못했고 그 복음서들도 유실되었습니다.

2. 영지주의입니다. 알렉산드리아에서 활동한 도마복음 등 나그함마디

문서들은 4세기 성서가 정립될 때 이단 문서로 규정하여 땅에 파묻혔다가 1945-46년 이집트 나그함마디에서 발굴되었습니다.

3. 변증가 이면서 이단 논박가인 이레나이우스(서기 202년경 사망)는 현재와 같은 4복음서 만을 진본으로 간주하고 바울과 요한 문서를 통해 기독교 정체성을 세움으로써 4세기 성서 정립의 뿌리가 되었습니다.[1]

4. 신플라톤주의자 오리게네스(185-254)가 시도한 그리스 철학에 의한 기독교 신학 형성입니다. 최초 그리스도인들과 바울 그리고 신약 복음서 저자들에게 '복음' 구성 요소였던 것은 거의 무시되었습니다. 바로 이 신학이 기독교가 예수와 성서를 제치고 플라톤 사상에 경되된 길을 가게 되는 원인이 되었습니다.

신학자들은 로마 그리스 전역에 기독교를 변증해야 했습니다. 이들은 기독교를 헬레니즘화로의 추진을 촉발했습니다. 유스티누스Justin(120~190)는 식자들 조소 국가 탄압 유다인들 적개심 이단자들 도전에 그리스 철학으로 대응했습니다. 유스티누스는 그리스 철학자 헤라클리토스와 소크라테스 같은 위대한 철학자들을 그리스도 이전의 그리스도인들이라고 주장했습니다.

기독교 첫 신학자로 불리는 오리게네스(185-254)도 신플라톤주의자입니다. 그는 신플라톤주의 창시자 플로토니오스와 함께 같은 스승에게서 배웠습니다. 그들 스승은 암모니오스 사카스인데 암모니오스는 부두노동자라는 뜻입니다.

알렉산드리아 필로는 모세 5경을 해석할 때 성서를 역사歷史로 해석했습니다. 그러나 오리게네스는 성서를 우의愚意allegory 즉 상징 비유 영으로 해석했습니다. 그에게 성서 모두는 영 의미지 역사 의미가 아닙니다.

오리게네스는 갈릴래아 예수운동 역사를 버리고 그리스 철학인 플라톤 철학으로 기독교를 변증했습니다. 유다교와 기독교 묵시문학은 사라지고 플라톤 관념철학이 기독교 신학이 되었습니다.

성서의 자구 역사 해석이 아닌 우의 영 해석은 마침내 동방과 서방 신학에 확고히 자리잡게 되었습니다.

그리스 철학으로 성서를 해석한 것은 예수운동 뿐만 아니라 성서정신 전체를 잃은 사건입니다.

유대인들은 하나님 눈으로 세상을 보는 예언자 정신을 탐구합니다. 즉 나와 세상과 관계입니다. 세상에 어떻게 소외가 발생하고 그 소외된 사람들을 어떻게 할 것인가를 탐구합니다.

그래서 유대인들에게는 자기 존재에 대한 탐구는 없습니다.

그러나 그리스인들은 자기 존재를 탐구합니다. 즉 사유가 세상과 관계가 아니라 자기 자신 내면으로 흐릅니다.

오리게네스의 "원리들에 관하여De principlis"는 플라톤 사상을 따른 영원한 이데아(본질)와 무상無常한 현실계 구분이 기본이고 존재와 지식을 탐구합니다.[2]

이로써 기독교 신학 중심이 성서의 예수사역과 가르침 그리고 십자가와 부활이 아니라 존재와 내면화에 대한 사변적인 문제들이 되었습니다.

그리하여 십자가가 주는 악에 대한 저항, 버림받은 사람들과 함께하기 위해 스스로 버림받은 신, 약함으로 이기기 위한 신 권세의 비움(케노시스)이 기독교 신학에서 사라지고 승리주의 교리 영광 신학이 중심이 되었습니다.

특히, 갈릴래아 민중 해방을 위한 예수운동은 이제 기득세력에 봉사하는 완벽한 종교가 되었습니다.

이러한 오리게네스 신학은 그의 제자 암브로시오스에게 계승되고 5세기에 아우구스티누스는 암브로시오스를 통해 기독교로 개종합니다. 신플라톤주의자 아우구스티누스에 의해 신학이 정립되면서 잃어버린 예수운동(하나님나라)을 변명하기 위해 개인영혼 구원이라는 신학이 탄생합니다.

해방이라는 역사 용어가 구원이라는 관념 형이상학 용어로 바뀌었습니다.

이로써 오늘날 기독교는 역사엔 둔감하고 교리에 목숨 거는 종교가 되었고 혹 역사에 참여하더라도 예수운동을 따르는 것이 아니라 교리에 반대하는 사람들을 처단하기 위한 운동이 되었습니다.

근대가 오기까지 신학과 철학은 구분이 없었습니다. 그동안 철학은 현실(실존)이 중요한지 본질(관념)이 중요한지에 대한 논쟁이 전부라 해도 과언이 아닙니다. 영혼구원과 내세천국이 믿음이 된 현실은 당시 철학이 삶(실존)보다 본질(관념)을 중요하게 여긴 영향이 큽니다.

결국, 기독교가 역사에서 철학으로 이론틀(패러다임) 변화가 일어났습니다.[3] 기독교가 삶에 대한 믿음을 버리고 관념 내면 믿음으로 가게된 철학 배경을 살펴봅니다.

플라톤(서기전 427~347)

눈에 보이는 현실은 천상 관념idea의 그림자입니다. 생명 탄생은 천상에서 레테강(망각강)을 건너오며 천상 기억을 잊습니다. 그는 인간 현실을 동굴 비유로 설명합니다. 동굴에 사는 속박된 사람들이 보고 있는 것은 '실체'의 '그림자'이지만 그것을 실체라고 믿고 있습니다. 동굴 밖에서 '실체'를 옮겨가는 사람들 소리가 동굴 안쪽에 영향을 미치고 이 영향에 대한 믿음은 확신으로 바뀝니다. 똑같이 우리가 현실에 보고 있는 것은 이데아(관념)의 '그림자'에 지나지 않는다고 플라톤은 생각합니다. 즉 세상 만물은 동굴 벽에 비친 '그림자'에 불과하고 동굴 밖에 '실체'가 존재하며 인간은 그 '실체'를 보아야 한다고 주장했습니다. 구원은 천상에 가야 있습니다.

플라톤 가르침에 따르면 실존은 비실재입니다. 눈에 보이는 현실이 그림자에 불과한 가짜라는 겁니다. 실존은 비실재 오류 악으로서 그림자에 불과하고 실재 진리 선은 관념 혹은 본질 영역에서 발견되고 현실에선 빈약한 근사치에 불과합니다. 플라톤에게서 실존이란 본질 영역이 타락한 존재입니다. 그는 근본적으로 세상을 악하다고 인식합니다. 실존(현실)에 대한 부정 인식은 아리스토텔레스 중재 시도에도 고대와 중세에 지속되었습니다.[4] 삶과 괴리된 지성주의는 소크라테스와 플라톤이 어떤 사물이 참으로 무엇인가 하는 것은 그것의 정의definition에 의해 밝혀진다고 가르치면서부터입니다. 실재는 삶 현상으로서가 아니라 본질(관념)로 이루어졌고 우리가 정의(개념)를 앎으로써 사물 본질을 안다고 합니다.[5]

본질을 추구하는 일원론과 전체주의에는 반드시 소외가 발생합니다. 이것이 예수 시대에 유대인들의 과도한 신앙주의가 소외를 발생시킨 이유입니다. 1세기 이스라엘은 극도로 분열되어 멸망하지 않으면 이상할 정도였습니다. 예수그리스도는 예루살렘 성을 보고 우십니다. 저들이 하나님나라가 왔음을 모르기 때문에 평화를 모른다고 하시며 우십니다 (눅 19:41-44). 예수께서 이 우울한 국가에 자유와 평화 그리고 새 생명을 일으켰습니다. 우리가 기독교 정체성을 다양성 존중 안에서 지켜가야 하는 이유가 여기에 있습니다. 바울은 우리는 저마다 자기 이웃의 마음에 들게 행동하면서 유익을 주고 덕을 세우라고 합니다(롬 15:2 새번역).

플라톤은 세상이 가짜이므로 본질적으로 악하다고 인식합니다. 세상이 악하므로 타락하지 않기 위한 도덕과 경건은 차별과 배제를 일으킵니다. 예수사랑은 상대를 포용하고 용납합니다. 오늘날 한국 교회가 도덕과 경건을 이유로 차별하고 배제하는 믿음 태도를 보입니다. 그것은 플라톤 사유가 기독교 신학이 되었기 때문입니다. 앞으로 우리는 여러 주제에서 이 문제를 반복해서 설명합니다.

아리스토텔레스(서기전 384~322)

아리스토텔레스는 플라톤보다는 실제를 중시합니다. 그는 신 섭리를 믿지 않았고 영혼불멸설도 믿지 않았습니다.[6] 플라톤은 대상 자체를 부정해서 본질이 대상 밖에 있다고 하지만 아리스토텔레스는 대상을 인정하고 그 대상 안에서 질료와 형상을 구분합니다. 그는 감각계 질료(재료)와 본질계 형상을 구분합니다. 플라톤은 보이는 대상은 가짜이고 보이지 않는 세계 즉 영원이 실재이지만 아리스토텔레스는 대상이 보이는 질료와 보이지 않는 형상으로 존재합니다. 즉 그 대상에 보이지 않지만 형상이라는 실재가 존재합니다. 범신론은 이러한 사유와 같습니다.

기독교는 신이 사랑이지만 아리스토텔레스는 신이 최고 선善 그리고 부동不動의 원동자原動者입니다. 후에 스토아 사상과 결합된 신플라톤주의가 기독교에 유입되어 도덕과 성화聖化가 맹위를 떨치게 된 효시입니다. 그가 가르친, 사물은 '영속성'을 갖는다는 운동 법칙이 중세 토마스 아퀴나스에 의해 신학에서 구원 단계(서정)로 차용됩니다. 토마스는 구원이 인간 정화-신 조명-그리스도와 연합이라는 순서를 갖는다고 합니다.

 1. 토마스는 죄 용서에 대해서, 예수께서 회개 전에 용서하는 사역과 그렇게 설교한 바울과 다르게 설명합니다(행 13:38). 토마스가 말하는 신 조명 전에 인간 정화가 먼저인 것은 베드로가 회개하고 예수그리스도로부터 용서받으라고 설교한(행 2:38) 것과 같습니다. 회개하고 용서받는다는, 회개가 먼저라는 사실은 유대교를 포함한 모든 종교와 사상이 주장하는 사유입니다. 그러나 예수께서 세리와 죄인을 회개 전에 먼저 용서하시고 그다음에 회개를 요청하셨습니다. 바울 설교에서는 죄 용서가 먼저고 회개는 그다음에 이루어집니다(행 13:38). 가톨릭은 베드로와 토마스 아퀴나스의 전통을 이어받았다고 하고 개신교는 바울과 루터 전통을 이어받았다고 합니다.

 2. 토마스의 구원 순서와 개신교 7단계 구원 서정(순서) 개념은 아리스토텔레스에게서 유래했습니다. 구원 순서(서정)는 성서에 없고 순전히 그리스 철학에서 유래했습니다. 아리스토텔레스는 이슬람에 먼저 수용되었다가 이슬람의 스페인 지배시에 서방으로 유입되었습니다.

에피쿠로스(서기전 341~270)

 에피쿠로스는 플라톤과 아리스토텔레스와는 반대로 본질에 대해선 관심 없습니다. 지금 땅이 실재이고 어떻게 사느냐가 관심입니다. 그래서 그는 플라톤을 위선자라고 비난합니다. 그의 제자들이 스승을 따르면서 그를 구원자(소테르)라고 불렀습니다. 삶에 대한 긍정과 방향성을 가르쳤기 때문입니다. 구원자라는 말은 로마 황제를 구원자라 부르기 전에 에피쿠로스에게서 시작되었습니다. 에피쿠로스를 구원자라고 부른 이유는 우리가 예수를 그리스도(구원자)라고 부르는 이유와 같습니다. 그는 삶의 목적을 쾌락으로 보았습니다. 그가 말하는 쾌락은 오늘날 우리가 알고 있는 쾌락이 아닙니다. 물질에 의한 쾌락이 아니라 정신 의미에서 쾌락인 평정심atraxia입니다. 평정이란 번뇌를 떠난 마음 상태입니다.[7]

그의 저서 「쾌락」(문학과 지성사 2007)을 보면 일탈이나 퇴폐는 전혀 없습니다. 요즘 말로 소확행입니다. 피타고라스학파와 견유학파 등은 플라톤 사상을 따르며 철저히 금욕주의를 택했습니다. 당시 모든 지성인들은 금욕주의자입니다. 에피쿠로스는 철저히 외면되었습니다. 초기 교부들이 예수께서 일으킨 삶의 기쁨과 평화를 몰랐기 때문에 에피쿠로스 철학을 받아들일 수 없었습니다. 오히려 기독교가 플라톤 사상을 따르면서 에피쿠로스는 과도하게 쾌락주의자라는 비난 대상이 되었습니다.

초기 교부 유스티누스Justin(120~190)는 그리스 철학에서 기독교로 전향한 사람입니다. 그는 플라톤의 선 이데아를 신으로 생각했습니다. 인간 죽음 후의 보상과 벌은 플라톤주의와 조화입니다.[8] 지성을 통해 대중을 다스리려면 신화와 이미지 영역인 관념을 통해서가 제일입니다.[9] 지식인은 대중이 잘 모르는 사실로 권력을 유지합니다. 학자들이 글을 어렵게 쓰는 것은 모두가 알기를 원하지 않기 때문입니다. 스토아 윤리가 나오기까지는 플라톤 사상에 윤리는 없습니다. 관념에는 윤리가 없다는 말입니다

초월 존재를 확신하는 건 믿음이라고 할 수 없습니다. 그 초월이 우리 말과 행동을 변화시킬 수 있어야 믿음입니다.[10] 하나 관점이 진리인지를 가늠하는 중요한 지표는 실제 생활에 해당 관점이 어떠한 영향을 주느냐

에 있습니다.[11] 표현 진정성은 증명될 수 있는 것이 아니라 사람들이 그것을 느껴야 합니다.[12]

기독교는 신학 중심을 우주 생성과 영혼구원에 집중하여 신앙생활에서 기쁜 삶의 갈망이 사라지게 했습니다.[13] 예수그리스도는 삶을 긍정하여 부정과 정결 선과 악 차이를 허물고 우리를 자유와 평화 새 생명으로 인도합니다. 우리는 비록 고생과 근심 속에 살지만 그분이 인도하는 화해-평화 삶을 향해 갑니다. 그러나 플라톤 철학은 이 땅의 삶을 부정하고 피안을 동경하는 사상으로서 부정과 정결 선과 악을 구별하여 부정과 악을 차별하고 배제합니다. 자기 혼자 선하다는 그 길은 혼자이거나 주위에 몇 사람 있는 정도로써 갈등과 불화로 가는 길입니다. 결국 나를 파멸로 인도합니다. 기독교 경건은 스토아 철학의 도덕과 같습니다. 도덕과 경건은 차별과 배제를 일으킵니다. 부정과 부패를 반대하면서 경건하지 못한 사람을 배제하기 때문입니다. 예수께서 경건하지 못한 사람을 용납했습니다. 플라톤은 예수그리스도와는 정 반대 입장입니다. 신학 정립시에 플라톤 철학을 받아들인 기독교는 예수 사역과 가르침이 신앙생활에 자리 매김할 수 없는 신학이 되었습니다.

2세기에 발흥하여 오늘날까지 고백되는 사도신경은, 예수께서 동정녀 마리아에게서 나시고 바로 본디오 빌라도에게 죽는다고 하는 고백이 그 사실을 보여줍니다. 그분의 사역과 가르침에 대한 고백은 없습니다. 첫 신조인 니케아 신조(325)는 예수신성을 하나님과 동일본질(호모우시아)이라는 데서 찾습니다. 이러한 고백은 인간 신성화를 통해서 신과 같아지려는 신플라톤주의 사유에 따른 고백입니다. 이 신조에는 신 권력 비움(케노시스), 악(기득세력과 영 세력)에 대한 저항, 버림받은 자와 함께하는 십자가 죽음을 통한 예수신성은 흔적도 없습니다.

1) 제임스 G D 던 형성기 기독교의 통일성과 다양성 이용중 새물결플러스 2022, 234, 238, 789p
2) 한스 큉 「그리스도교」 이종환 분도출판사 2019, 61-62p
3) 같은 책 225- 246p
4) A J 맥컬웨이 「폴 틸리히 조직신학 요약과 분석」 한재범-김재현 한들출판사 2020, 207p
5) 조상식 「윌리엄 제임스」 문음사 2005, 214p
6) 에띠엔느 질송 「중세철학입문」 강영계 서광사 1987, 16p
7) 같은 책 18p
8) 같은 책 28p
9) 테리 이글턴 「신의 죽음 그리고 문화」 조은경 알마출판사 2017, 189p
10) 테리 이글턴 「신을 옹호하다」 강주헌 모멘토 2010, 150p
11) 윌리엄 제임스 「허버드 철학수업」 이지은 나무와열매 2020, 44p
12) 루트비히 비트겐슈타인 「심리철학적 소견들 2」 이기흥 아커넷 2013, 226p
13) 돈 큐빗 「문명의 위기와 기독교의 새로운 대서사」 안재형 한국기독교연구소 2020, 27p

관념 신앙이란 무엇인가?

플라톤이 실제 삶이 아닌 관념 철학을 세웠습니다. 바리새인이 하는 부정과 정결 선과 악을 가르는 신앙이 관념(이념) 신앙입니다. 바리새인 믿음을 통해 관념 신앙이 무엇인지 살펴보고 우리 순서를 이어 가는 게 좋겠습니다.

"15 이에 바리새인들이 가서 어떻게 하면 예수를 말의 올무에 걸리게 할까 상의하고 16 자기 제자들을 헤롯 당원들과 함께 예수께 보내어 말하되 선생님이여 우리가 아노니 당신은 참되시고 진리로 하나님의 도를 가르치시며 아무도 꺼리는 일이 없으시니 이는 사람을 외모로 보지 아니하심이니이다 17 그러면 당신의 생각에는 어떠한지 우리에게 이르소서 가이사에게 세금을 바치는 것이 옳으니이까 옳지 아니하니이까 하니 18 예수께서 그들의 악함을 아시고 이르시되 외식하는 자들아 어찌하여 나를 시험하느냐 19 세금 낼 돈을 내게 보이라 하시니 데나리온 하나를 가져왔거늘 20 예수께서 말씀하시되 이 형상과 이 글이 누구의 것이냐 21 이르되 가이사의 것이니이다 이에 이르시되 그런즉 가이사의 것은 가이사에게, 하나님의 것은 하나님께 바치라 하시니 22 그들이 이 말씀을 듣고 놀랍게 여겨 예수를 떠나가니라"(마 22:15-22)

바리새인들이 예수를 공격하려고 함정 질문을 합니다. "로마 황제에게 세금 내는 게 옳습니까, 내지 않는 게 옳습니까?" 예수께서 바리새인을 위선자라고 질타하시며 대답하길, "황제 것은 황제에게 하나님 것은 하나님께 드리라." 합니다.

바리새인

사두개파는 사제와 성전 종사자들로서 로마 권력과 결탁하여 사치와 부패로 백성들로부터 비난과 질시를 받았습니다. 오늘날 고고학 발굴에 의하면 당시 사제 집터로 추정되는 지하에 타일이 깔려 있을 정도로 사치가 심했습니다. 에세네인들은 엄격한 율법주의 신앙으로 부패한 예루살렘 성전을 거부하고 별도 신앙 공동체를 형성하여 신앙하며 살았습니다. 예수께서 이들에 대해서 일체 언급이 없습니다. 따라서 우리는 예수께서 법에 불만이 있는 게 아님을 알 수 있습니다.

바리새인들은 높은 도덕성과 깊은 신앙심으로 백성들로부터 존경받았습니다. 이들 도덕성은 외국인들로부터 칭송되기도 했습니다. 바리새인들은 에세네인들과는 다르게 율법을 실생활에 맞게 완화하여 신앙합니다. 안식일에 양 한 마리가 웅덩이에 빠지면 에세네인들은 안식일에 일할 수 없다는 규정에 따라 건져내지 않지만 바리새인들은 건져냅니다. 바리새인들은 이성에 맞게 합리적으로 신앙합니다.(여러분은 이들 합리 신앙을 기억해 두시면 좋겠습니다) 바리새인들은 예수에게 관심도 많고 우호적입니다. 그런데 예수그리스도만, 온 세상 사람들이 존경하는 바리새인들을 '뱀 새끼' '위선자' 등으로 욕을 퍼부어댑니다. 바리새파가 백성들의 정신 지도자이기 때문입니다. 예수께서 맹인이 맹인을 인도한다고 비난합니다(마 15:14). 오늘날 신학자와 목사 신부는 더 험한 욕을 들어도 저렴합니다.

바리새인들에게 잘못을 발견할 수 없다는 신학자들이 있습니다. (E.P. 샌더스, 카렌 암스트롱 등) 예수와 적대한 게 아니라 후에 교회가 유대교와 경쟁하면서 필요에 의해 성서에 기록되었다고 합니다. 나는 이 의견에 반대합니다. 이 학자들은 바리새인들의 관념(이념) 신앙을 알지 못합니다. 또한 이러한 학자들은 관념 신앙인 도덕신앙이 권력이 된다는 사실을 모릅니다.

"외식하는 자들(위선자들)아 어찌하여 나를 시험하느냐"(마 22:18)

바리새인들은 심각한 부담으로 여겼지만 세금을 납부하기로 결정했고 로마 저항 단체인 젤로데파는 하나님 외에는 그 누구에게도 복종할 수 없다는 이유로 세금을 내지 않습니다.1) 바리새인들은 로마 지배체제 안에서 기득권을 유지해야 하는 현실 이유로 세금 납부를 거부할 수 없습니다. 그게 합리적입니다. 그들은 내기 싫고 내지 않아야 할 이유가 있지만 현실 이유로 냅니다. 억지로 세금을 내면서 그것을 선이라 우기기 때문에 위선자입니다. 바리새인들은 자신들 정당성을 확보하려고 질문했습니다. 젤로데파는 사회 교란 세력이지만 자신들은 사회 안정 세력임을 과시하기 위한 질문입니다. 그렇게 자신 판단을 옳은 일이라 정하고 자신들과 다르게 행동하는 사람을 악인으로 정죄합니다. 이들은 선과 악 기준을 자의恣意로 정하고 정죄합니다.

바리새인들은 자기-양육에 치중할 뿐 어떻게 사는가와 다른 사람과 관계를 위한 계시에는 무지無知합니다. 이들은 이성에 맞는 합리성으로 신앙합니다. 자신들과 다르게 행위하는 사람들 입장은 전혀 고려하지 않고 실제 삶을 선과 악이라는 관념(이념)으로 신앙합니다. 이성에 맞는 합리성 신앙이 무슨 문제가 있는지 과도한 이성주의가 믿음에 어떻게 작용하는지 19세기 자유주의 신학을 예로 설명합니다.

자유주의 신학

종교가 사회를 지배하던 중세시대는 인간성이 억눌려 있던 시대입니다. 문예부흥(르네상스)으로 인문학과 예술을 통해 인간성이 제고提高되었습니다. 중세를 벗어나기 위해 무신론이 일어나고 계몽주의와 합리주의는 기독교에 위협이 되었습니다. 인간성 회복을 주장하는 볼테르 니체 등 반기독교 사상가들이 태동되었습니다. 이때 계몽된 사람들에게 기독교를 변증하기 위해서 19세기 자유주의 신학이 등장합니다. 19세기는 문화가 최고조로 발달한 시대입니다. 문학 예술 과학 등에서 괄목할 성장을 이루었습니다. 클래식 음악가 80%는 19세기 인물입니다. 기독교는 이렇게 제고된 이성에 대답해야 했습니다.

자유주의 신학자 하르낙과 리츨 등은 이성의 질문에 답하기 위해서 복음서가 담고 있는 세대 가치를 뛰어넘는 계시가 아니라 윤리 도덕을 제시했습니다. 신앙을 도덕화했습니다. 인간 이성에 따른 합리 신앙을 추구했습니다. 믿음을 인간 정신과 자기 인식을 실현하는 형식 가운데 하나로 여기게 되었습니다. 믿음을 단지 인간의 감정 지식 의지 같은 것과 비슷하게 여기게 되어, 믿음을 자기-양육 자기-지배 자기-충족으로 여겼습니다.[2]

합리주의는 기독교 생기를 잃게 했습니다. 그리스도인들은 하늘계시(초월)를 잃음으로써 인류 역사와 문명이 그리는 유형 힘 운동에 대해 비판하지 않고 무책임하게 동조하는 역할을 하도록 저주받게 되었습니다.[3] 자유주의 신학자들이 히틀러를 지지한 건 그들 신학 때문입니다. 관념(이념) 신앙은 역사를 바르게 판단할 수 없습니다. 자유주의 신학이 추구한 윤리 도덕은 믿음을 내면으로 향하게 했습니다. 그래서 복음서가 증언하는 예수 사역과 가르침에 대한, 즉 하나님나라에 대한 풍부한 소식을 알 수 없었습니다. 자유주의 신학은 역사신앙이 아니라 관념신앙입니다.

  오늘날 한국 교회와 성당이 자본주의 유형을 앞장서서 조장하고 있습니다. 이러한 원인은, 오늘의 신학이 예수 사역과 가르침을 따르는 역사 신학이 아니라 19 세기 자유주의 신학처럼 인간 내면 성찰을 꾀하는 관념신학이기 때문입니다.

  결국 자유주의 신학은 교회에서 거부하여 실패하고 20세기 실존주의 신학에 자리를 넘겨주어야 했습니다. 19세기 자유주의 신학이 이성주의를 표방했으므로 오늘날 비평주의 신학자와 설교자를 자유주의자라고 비방하는 우스운 현상이 일어났습니다. 신학 사조에 대한 공부가 짧은 사람들이 그렇게 말합니다. 성서 이야기로 돌아갑니다.

"가이사(황제)의 것은 가이사에게 하나님의 것은 하나님께 바치라"
(마 22:21)

  예수께서 바리새인들 질문에 대답하십니다. 보수 신학자들은 정치와 종교가 분리되어야 한다는 근거로 해석합니다. 진보 신학자들은 "세상 모든 것이 하나님 소유이니 황제에게 세금 내지 말고 저항하라"로 해석합니다. 두 가지 해석 모두 성서를 한 구절씩 해석해온 오랜 관행으로 인한 폐단입니다. 성서는 단락과 성서 전체를 통해 해석합니다. 우리는 이 말씀이 예수께서 바리새인들의 관념(이념) 신앙을 꾸짖는 가운데 하신 말씀임을 주목합니다. 스가랴 선지자가 구원 시대가 오면 정결과 부정 선과 악 차이가 허물어질 것을 예언했습니다. 그것이 예수그리스도에 의해 이루어집니다. 구원 시대엔 거룩과 세속 선과 악 차이가 허물어집니다.

"20 그 날에는 말방울에까지 여호와께 성결이라 기록될 것이라 여호와의 전에 있는 모든 솥이 제단 앞 주발과 다름이 없을 것이니 21 예루살렘과 유다의 모든 솥이 만군의 여호와의 성물이 될 것인즉 제사 드리는 자가 와서 이 솥을 가져다가 그것으로 고기를 삶으리라 그 날에는 만군의 여호와의 전에 가나안 사람이 다시 있지 아니하리라"(슥 14:20-21)

"만군의 여호와의 전에 가나안 사람이 다시 있지 아니하리라"는 온 세계 백성이 하나님 백성이 된다는 뜻이고 더 이상 정결과 부정 선인과 악인 차이가 없을 거라는 의미입니다. 예수께서 하나님나라를 비유로 말씀하십니다.

"하나님나라는 서기관마다 새 것과 옛 것을 그 곳간에서 내어오는 집 주인과 같다"(마 13:52)

하나님나라는 옛 가치체계와 함께 영원에서 오는 계시에 따라 사는 삶이라는 의미입니다. 가이사 것은 가이사에게 하나님 것은 하나님께 바치라는 말씀은 예수께서 바리새인들에게 세금 내고 안 내고가 중요하지 않고 어떤 삶에 처해 있더라도 하나님 계시에 따라 살라는 말씀입니다. 선과 악으로 나누어 차별하는 게 아니라 서로 어떻게 관계해야 하는가가 문제라는 뜻입니다. 즉 신앙 중심은 관념이 아니라 관계여야 합니다. 바울은 우리에게 하나님이 우리를 받아들였으니 서로 받아들이라고 합니다(롬 15:3, 7). 그렇게 해서 평화하라고 합니다(롬 5:1, 12:17). 오늘날 그리스도인이 계시를 따르지 못하고 세대 가치에 함몰된 것이 사회 현실입니다.

미국 워싱톤에 본부가 있는 퓨 리서치 센터가 세계 선진국 17개국을 대상으로 "우리의 삶을 의미 있게 만드는 게 무엇인가?"라는 의식조사 결과를 2021년 11월 18일에 발표했습니다. 대부분 국가는 삶의 중요 가치를 가족이라고 대답합니다. 다르게 답한 3국가 중 스페인은 건강, 대만은 사회라고 합니다. 유일하게 한국만 돈이라고 대답합니다. 더 놀라운 것은 모든 국가는 복수로 대답하는데 한국은 응답자의 62%가 돈 한 가지만 대답합니다. 세계는 관계 중심으로 사는데 한국만 이념(관념) 중심으로 삽니다. 가치지향 사회는 최고를 숭상하고 관계를 소홀히 합니다.

우리 사회가 급속한 경제 성장으로 인해 정신문명이 물질문명에 뒤쳐지는 문화지체 현상이 발생했습니다.

이러한 사회에서 기독교가 전혀 역할을 못합니다. 아니 오히려 교회와 성당이 세속 성장과 번영에 몰두하여 관계 신앙이 아니라 이념(관념) 신앙에 앞장섰습니다. 예수께서 그리스도인이 빛과 소금이라고 하십니다. 그런데 교회와 성당이 사회를 염려하는 게 아니라 오히려 사회가 교회와 성당을 염려합니다. 이러한 사태는 평신도에게 책임이 하나도 없습니다. 평신도는 가르치는 대로 행했습니다. 신학에 문제가 있습니다. 우리는 신학에 어떤 문제가 있는지 계속 찾아갑니다.

---

1) 김근수 「행동하는 예수」 메디치 2014, 570p
2) 칼 바르트 「하나님의 인간성」 신준호 새물결플러스 2017, 39p
3) 같은 책 20, 41p

신플라톤주의가 기독교 신학이 되다

"이르시되 때가 찼고 하나님의 나라가 가까이 왔으니 회개하고(삶을 변화하고) 복음을 믿으라 하시더라"(막 1:15)

예수 복음 중심이 하나님나라 라는 데 모든 학자가 동의합니다. 복음은 "하나님나라가 왔으니 어떻게 살아라"가 중심입니다. 4복음서 모두 하나님나라를 중심으로 증언합니다. 그러나 교회와 성당은 영혼구원과 하늘 천국 가기 위한 죄에 대한 설교가 중심이고 삶에 대해서는 예수 사역과 가르침이 아니라 도덕과 인문학이 설교되고 있습니다.

서구 문명은 헤브라이즘(이스라엘)과 헬레니즘(그리스) 두 기둥을 중심으로 성장했습니다. 기독교에 영향을 준 헤브라이즘은 바리새파 믿음이 대표가 되고 헬레니즘은 신플라톤주의가 대표입니다. 우리는 기독교 신학이 예수 사역과 가르침에 의해 선과 악이 화해하는 삶이 아니라 선과 악이 투쟁함으로써 불화하는 세상이 됨을 알기 위해 앞장에서 플라톤 관념 철학을 살펴보았습니다.

신플라톤주의 Neo Platonism

신플라톤주의는 플라톤의 초월 세계와 아리스토텔레스의 물질 세계를 합하여 다룬 사상으로 2~6세기에 유럽에서 흥성했던 그리스 철학 일파를 말합니다. 근대까지 인류를 바른길로 인도하고 인류 정신사에 깊은 인상을 준 종교성 깊은 그리스 사상입니다. 창시자는 암모니오스 사카스(175?-242)이고 그의 제자 플로티노스(205?-270)가 대성시켰습니다. 플로티노스를 창시자로 보는 견해도 있습니다. 암모니오스는 부두 노동자라는 뜻입니다. 최초의 기독교 신학자 오리게네스(185경~254경)는 암모니오스 사카스 제자이고 플로티노스 다음 서열 가는 신플라톤주의 철학자입니다.[1]

플로티노스(서기 205~270)

알렉산드리아 태생으로 플라톤 이원론인 이데아론(관념론)에 따라 세계를 땅 세계와 하늘 세계로 구분합니다. 신관은 아리스토텔레스 신관으로서 신이 움직이지 않는 원동자原動子로 물질인 동자動者를 지배하고 통치합니다. 또 신이 일자一者인데 여기에서 다자多者가 유출됩니다. 신인 일자와 이성 영혼 셋은 하늘 세계인 저 세상에 속하고 질료와 죽는 것은 낮은 단계인 땅에 속합니다. 신플라톤주의 구원은 인간과 신의 합일이 목표입니다. 고대 기독교 일파인 영지주의도 이와 같습니다. 기독교는 에크하르트 등 신비주의가들에게도 인간과 신의 합일 사상은 나타나지 않습니다. 그럼에도 불구하고 최근 종교학자나 기독교 일부 학자에게서 기독교 구원을 인간과 신의 합일로 보려는 사유가 있음은 안타까운 현실입니다.

복음서는 이 땅에서 평화가 관심입니다. 그러나 플로티노스 관심은 인간 영혼 행복에 관심이 있습니다.[2] 그의 대표 제자인 포피리우스는 인간 영혼이 이성 영역으로 상승하기 위해서는 선행으로 나타나는 덕 실천으로 가능하다고 합니다. 그에게는 신과 연합을 위해서 육체로부터의 영혼 해방과 인간 정화가 중요합니다.[3] 다른 말로 하면 신성화神聖化 deification이기도 한 이 정화淨化 개념은 공로를 통해 구원받는다는 유대교 공로 사상과 힌두교 아트만 불교 참나 유교 예禮 가톨릭 정화 개신교 성화와 용어만 다르지 뜻은 모두 같은 사상입니다. 이러한 사상 모두는 몸 변화를 위해 도덕과 경건을 꾀합니다. 도덕 경건은 다른 사람의 악함과 내가 구별됨으로써 성립합니다. 따라서 차별과 배제 불화가 발생합니다. 기독교 사랑은 나와 다름과 악을 용납합니다. 그렇게 화해-평화를 이룹니다.

모든 종교는 인간 선을 이루기 위해 도덕과 경건을 지향하지만 기독교는 사랑으로 화해-평화를 지향한다는 사실을 종교학자를 비롯해서 대부분 신학자들은 모릅니다. 필자는 신학교에서 플라톤과 칸트를 긍정으로 배웠습니다. 플라톤도 하늘 천국을 말했다는 식이고 칸트가 도덕신학을 세웠기 때문입니다. 플라톤은 선과 악을 극명하게 구분한 이원론을 세운 사람이고 칸트는 악을 이기기 위해 도덕을 신과 같이 인간 경험 이전의 선험a priori으로 봅니다. 아우구스티누스 장에서 신플라톤주의가 기독교 신학화되는 과정을 보다 더 설명합니다.

위 디오니시오스(서기 500년 전후)

사도행전 17:34에 나오는 아레오바고 관원 디오니시오스가 자기라고 하면서 신플라톤주의 사상을 남긴 신비 사상가입니다. 그는 「하나님 이름」, 「신비신학」, 「천계론」, 「교회 위계론」 4권과 1편지를 남겼습니다. 이 저술들은 신학과 철학의 중요한 교과서로 채택되었습니다. 바울 제자라는 명성과 신비한 사상으로 동 서방 교회에 심대한 영향을 끼쳤습니다. 그는 지성과 감각 너머 신을 경험하는 신비주의 신학을 세웠습니다. 그는 예수그리스도가 우리를 신적 존재로 만들려고 한다고 말합니다. 그리스도와 성례 연합을 통해 인간을 신성화로 이끈다고 합니다.[4] 이것이 복음서의 하나님나라 사상과 다른 신플라톤주의 중심 사상입니다.

위 디오니시오스는 16세기에 와서야 그 글들에서 5세기 이후에 정립된 삼위일체 신론이 발견됨으로써 1세기 바울 제자라는 주장이 가짜임이 밝혀졌습니다. 고대에는 유명한 사람 이름을 빌려 발표하는 게 관행입니다. 성서에도 여러 편이 있습니다. 결국 위 디오니시오스는 신플라톤주의 사상을 기독교에 별다른 저항 없이 안착시키는 역할을 했습니다. 이러한 신플라톤주의 사상이 기독교 신학을 정립한 아우구스티누스 신학과 토마스 아퀴나스를 비롯한 스콜라 신학 중심이 되었습니다. 종교개혁 신학도 여기에서 벗어나지 못했습니다. 가톨릭에서는 지금도 기독교 신비주의 사상의 효시로 위 디오니시오스 사상을 가르칩니다.

우리가 어떤 사람이 되어야 하는지 어떻게 살아야 하는지를 가르친 인류 현자와 스승은 많습니다. 그러나 하나님이 어떤 분인지 몸소 보이시고 가르치신 분은 예수께서 유일합니다. 우리 믿음에서 치명적 실수는 예수께서 가르치신 신의 길을 가지 않고 신플라톤주의가 가르친 신의 길을 따르는 데 있습니다. 신플라톤주의 신은 세계를 힘으로 지배하고 통치하는 신입니다. 인간도 신에 상응해서 지배하고 통치하려고 합니다. 권력 행사가 명예가 되어서 갑질이 만연한 세상입니다. 교회와 성당도 신을 구실로 순종을 강요하며 지배하려고 합니다. 이러한 세상에서 그리스도인이 전혀 역할을 못하는 까닭은 신플라톤주의에 따른 신학으로 된 믿음 때문입니다.

"5 너희 안에 이 마음을 품으라 곧 그리스도 예수의 마음이니 6 그는 근본 하나님의 본체시나 하나님과 동등됨을 취할 것으로 여기지 아니하시고 7 오히려 자기를 비워 종의 형체를 가지사 사람들과 같이 되셨고 8 사람의 모양으로 나타나사 자기를 낮추시고 죽기까지 복종하셨으니 곧 십자가에 죽으심이라"(빌 2:5-8)

기독교 신학은 역사는 빈곤하고 철학은 과잉이라는 지난한 세월을 지나왔습니다. 그것은 기독교가 역사 사유가 중심인 헤브라이즘 사상을 따르지 않고 철학 사유가 중심인 헬레니즘 사상을 따랐기 때문입니다.[5] 그동안 기독교는 예수 사역과 가르침에 대한 역사 탐구가 무시되다가 20세기에 와서야 시작되었습니다.

예수께서 우리에게 위 본문인 바울 증언처럼 하나님은 힘으로 지배하고 통치하는 분이 아니심을 몸소 보이시고 가르쳤습니다. 한국 교회는 삼위일체 신론이 실종되고 성부 하나님만 강조됩니다. 성부 하나님을 전지전능한 신으로 고백합니다. 신자는 신에 상응해서 지배하고 통치하려고 합니다. 우리가 아들 하나님을 고백하는 믿음은 더 이상 지배와 억압은 존재하지 않는다는 고백입니다. 아들 하나님은 우리에게 자유를 허용하시고 낮은 자로 사랑하심을 보이셨습니다. 그리스도인도 우리 주님이신 예수그리스도를 따라서 가정 직장 사회에서 낮은 자로 사랑하며 사는 길이 신앙인 길입니다.

---

1) 전광식 「신플라톤주의의 역사」 서광사 2022, 33p
2) 같은 책 35p
3) 같은 책 36p
4) 폴 E 카페츠 「그리스도교의 신 역사적 개관」 김지 도서출판 100 2021, 91p
5) 김근수 「행동하는 예수」 메디치 2014, 585p

아타나시우스가 성서를 정립하다

　오늘날 기독교가 사회로부터 버림받았습니다. 그러한 행동을 유발한 신학 오류는 2가지로 모아집니다. 첫째는 세계가 기독교 중심으로 돌아가고 있다고 생각합니다. 둘째는 믿음이 삶 중심성을 잃어버렸습니다. 첫 번째 오류로 인해 기독교가 폐쇄화 경직화되고 세상을 공격하는 종교가 되었습니다. 하나님은 세계 구원을 위해서 아브라함과 이스라엘을 선택 백성으로 삼으셨습니다. 그 선택이 믿음을 통해서 그리스도인에게 계승됩니다. 선택 백성인 이스라엘이 하나님 뜻을 따르지 못할 때 선지자들이 하나님 뜻을 대언합니다. 특히 포로기에 활동한 제2이사야(사 40-55장)는 하나님 의가 어떻게 실현되어 가는가와 인류를 구원하실 고난 받는 그리스도가 오심을 예언했습니다. 기독교 바른길을 위해서 제2이사야와 같이 인간 가치체계와 다른 하나님 의를 증언한 세 사람이 있습니다. 바울 아타나시우스 루터입니다. 기독교 정신사에 세 번 기적이 일어납니다.

　1. 바울이 그리스도인 체포를 위해 다마스커스로 가는 중에 특별히 부름받습니다. 그는 예수그리스도에게서 직계 제자들이 미처 깨닫지 못한 하나님 은혜로 이루는 화해-평화를 봅니다.

　2. 아타나시우스는 그리스 철학 중심 신학 속에서 예수그리스도를 지혜자 중 한 분이 아니라 하나님과 동등한 분으로서 우리가 예배드려야 할 분으로 증언합니다. 또한 하나님 의가 어떻게 실현되어 가는가를 증언한 바울을 재발견하고 4복음서와 바울서신 중심으로 성서를 정립합니다.

　3. 루터는 천여 년 동안 잊힌 바울을 재발견하여 하나님 의를 일깨웁니다. 그러나 그는 바울이 증언하는 예수그리스도를 통한 화해-평화는 볼 수 없었습니다.

아타나시우스(서기 295~373)

295년에 그리스어를 사용하는 이방인 가정에서 태어났으리라 추정합니다. 319년경에 오늘날 이집트인 알렉산드리아 부제副祭로 임명됩니다. 로마 콘스탄티누스 황제가 제국 수도를 오늘날 터키 이스탄불인 콘스탄티노플로 옮겼기 때문에 교회 중심이 서방 교회에서 동방교회로 옮겨졌습니다. 이곳에서 첫 신조인 니케아 신조(325)가 아타나시우스 주도로 작성됩니다. 여기에서 아리우스와 예수그리스도가 어떤 분인가에 대한 격렬한 기독론 논쟁이 일어납니다. 아타나시우스는 예수께서 하나님과 동일본질Homoousion 즉 예수께서 신이라 합니다. 아리우스는 예수께서 하나님과 유사본질Homoiousian 즉 신은 아니고 지혜자라 합니다.[1)]

아타나시우스는 자기 주장을 관철하기 위해 목숨 건 지난한 투쟁을 합니다. 아리우스가 알렉산드리아 주교가 되자 황제도 그를 탄압했습니다. 다섯 번이나 면직과 추방 유배 생활을 했습니다. 아타나시우스가 세 번째 피신한 곳은 이집트 사막에 있는 파코미우스 수도원입니다. 황제가 보낸 300명 시리아 군대에 의해 체포 위기를 모면하고 가까스로 수도원으로 피신했습니다. 군인들이 아타나시우스를 숨겨준 수도사들을 처형하기 시작하자 700여 명 수도사들이 흰 가운을 입고 길게 줄을 서서 목을 내밀고 차례를 기다렸고 결국 군인들이 철수했습니다. 빈 수조에 숨어 살다가 노예 배신으로 발각될 위기를 모면한 아타나시우스는 혼자 도시에 사는 미모 20대 성매매 여인 집을 찾아가 하늘 계시로 이곳을 찾아왔다며 숨겨달라고 부탁합니다. 그 여인 집에서 1년여 살고 그 후 6년여 추방 생활 동안 이 여인 도움을 받습니다. 362년에 황제 율리아누스가 죽자 그 후임 황제 요비아누스 명에 의해 교구로 돌아옵니다. 그러나 아리우스주의자인 발렌스가 즉위하자 다시 추방됩니다.

　아타나시우스는 누구도 무릎 꿇릴 수 없는 용기와 미래를 보는 통찰, 민첩하고 신비감을 일으키는 행동을 보였습니다. 아리우스파 전설에는 그가 마법사로 나옵니다. 적대자들에겐 그가 마법 부리는 사람으로 오해 받았습니다. 그가 끈질기게 살아남는 여정을 무섭게 여겼기 때문입니다. 아타나시우스는 자신이 지키고자 한 진리를 위해 20여 년간 유배 생활을 이겨냈습니다. 아타나시우스와 아리우스 논쟁은 기독교 심장에 해당하는 논쟁입니다.[2]

　아타나시우스 기독론은 당시 시대 흐름이었던 헬레니즘 물결에 대한 저항입니다. 헬레니즘 계열들은

　1. 그리스도는 하나님 자신이 아니라 하급 서열에 위치한 존재로서 지혜자라는 주장(신성 부정)과

　2. 그리스도가 실재 인간이 아니라 외형상으로만 인간이라는 가현설입니다(인성 부정).

　아타나시우스는 예수그리스도가 참 하나님이시고 참 인간이심을 니케아 신조를 통해 천명했습니다. 아타나시우스는 366년 2월 1일 새 황제 발렌티아누스 1세에 의해 주교직으로 복귀합니다. 다음 해인 367년 부활절 예배에서 오늘날 성서인 신약성서 27권을 선정하여 발표합니다. 이 성서가 서방 교회에서는 393년 히포 레기우스에서 397년 카르타고에서 정경으로 인준하여 오늘에 이르렀습니다.[3]

　신약성서는 52년경부터 바울서신이 기록되고 70년경에 3복음서 100년경에 요한복음이 기록됩니다. 이 전후로 다른 서신들이 기록되고 여러 서신들과 복음서들이 각각 교회별로 각개로 읽혔으리라 추정합니다.

1. 172년 경에 순교자 유스티노스 제자인 티티아노스에 의해 4복음서 체재가 제안됩니다(디아테사론).

2. 300년경에 23서 체제가 성립됩니다(무라토리 정경).
3. 367년 아타나시우스에 의해 오늘날 성서인 27서가 정립됩니다.

　아타나시우스는 교리가 세워질 때 예수그리스도를 우리를 구원하시는 하나님으로 예배할 것을 강조합니다. 이러한 예배 중심 신앙은 특별한 지식을 통해 하나님께 간다는 영지주의를 배격한 것이고 또한 예수그리스도를 위대한 지혜자로 보고 그분 가르침을 가치화하고 이념화하여 갈등 원인이 되는 것을 막은 행위입니다. 그는 하나님과 인간 간에 확실한 경계를 세움으로써 인간이 신과 같이 무한한 힘이 있다는 사유가 얼마나 위험한지 고대 세계에서 벌써 간파했습니다. 인류에게 씻을 수 없는 과오를 남긴 히틀러와 레닌은 자신들이 신을 대신하고자 했습니다.
　인간 이성의 독주를 제어하는 데는 신을 예배하는 일 외에는 없습니다. 하늘 계시가 우리 삶 속에서 역사役事한다는 것은 신을 사랑하는 행위입니다. 우리가 그분을 사랑하는 것은 그분을 예배하는 것입니다.
　정경화 작업은 선박업으로 큰돈을 번 바울 숭배자 마르키온(85~160)이 자신들 공동체는 구약성서는 제외하고 누가복음과 바울서신만을 정경으로 인정한다고 한 선언에 자극받아서 시작됩니다. 그는 이단으로 파문되었는데 그의 막대한 헌금은 교황청이 돌려주었습니다. 그래도 고대인들이 순수합니다.

　아타나시우스가 바울서신을 성서가 되게 했습니다. 바울서신이 성서가 되게 한 사실은 기독교사에서 아찔할 정도로 중요한 사실입니다. 이때 외경으로 제외한 주옥같은 서신들은 인간 의인 선과 도덕, 인간 공로가 강조된 글들입니다.
　바울서신은 인간 한계를 절감하고 하나님 은혜를 강조한 글입니다. 하나님 은혜를 강조함으로써 교만을 떨쳐내고 화해-평화를 이루어갑니다

(엡 2:9). 또한 바울은 다른 사람들과 다르게 예수그리스도에게서 화해-평화를 보았습니다. 바울이 기독교를 설립했다고 하거나 예수그리스도와는 다른 길을 갔다고 말하는 사람들이 의외로 많습니다. 루터식 바울 읽기를 정설로 간주하고 그것이 마음에 들지 않아서입니다. 바울에 대한 연구가 짧은 사람들 소견입니다. 바울은 교회 권력으로나 신학으로나 한 번도 예나 지금이나 중심부에 있지 못하고 항상 변두리입니다. 오직 성서에서만 바울이 중심입니다.

역사에 만일이 없다고 하지만 아타나시우스가 굴복했거나 일찍 죽었다면 기독교는 다른 종교들과 같은류의 또 하나 종교가 되었을 겁니다. 기독교 이외 모든 종교는 나 하나 몸 변화를 통해 구원에 이르고자 하는 종교입니다. 그러나 기독교는 하나님 은혜로 내가 하나님이 세상을 화해-평화로 이끄는 데 참여함으로서 구원받는 종교입니다. 즉 기독교는 내향성 종교가 아니라 외향성 종교입니다. 기독교가 2세기 신학 출발부터 이 점을 잃어버렸다는 게 필자 주장입니다.

아타나시우스는 성서 바깥 신학자들 가운데에서는 유일하게 그리스 철학 등 세계 모든 사상으로부터 기독교를 지켜낸 최초 사람입니다. 그러나 성서가 정립되고 난 후 16세기 종교개혁이 일어나기까지 기독교는 성서를 외면하고 철학 늪으로 들어갑니다. 신학 처음부터 관념(개념)신학은 성서와는 반대로 지배자와 기득권층에 봉사하는 신학이 되었습니다. 예수그리스도께서 일으키신 자유와 평화에서 다시 굴종 시대로 들어갔습니다.

예수그리스도께서 법을 빌미로 민중을 억압하는 이스라엘 기득세력으로부터 자유-평화를 주셨습니다(마 23:1-7). 예수께서 서기관들과 바리새인들이 지배하려는 의도를 숨기고 있다고 합니다(마 23:4 참조). 기독교는 다시 관념신학을 빌미로 지배자와 기득세력에 봉사하며 민중을 억압하게 되었습니다. 종교개혁 때를 포함해서 오늘날 우리는 아직도 성서로 돌아가지 못하고 있습니다.

---

1) 프리스-크레취마르「신학의 고전」정지련 대한기독교서회 2008, 57p
2) 필립 샤프「니케아 시대 이후의 기독교」이길상 크리스챤다이제스트 2004, 568p
3) 박창환「신약성서의 형성사」한들출판사 2012, 86p

5세기에 성서와 다른 신학이 정립되다 1

 5세기가 되기까지 백가쟁명으로 신학이 논의되다가 아우구스티누스(354-430)에 의해 신학이 정립되어서 이 신학이 샤를 대제(742-814)부터 14세기까지의 스콜라 신학과 16세기 종교개혁 신학으로 이어집니다. 오늘날 신학에도 유효하여 기독교 신학 뿌리가 됩니다. 종교개혁시 루터는 가톨릭에 남아있기를 주장하는 에라스무스와 자유의지 논쟁에서 누가 아우구스티누스 신학에 더 충실한가를 다툽니다. 그 시대 진보란 불확실한 미래를 향해 나가는 것이 아니라 좋았던 옛날로 돌아가는 것이고 그만큼 아우구스티누스 신학은 절대입니다. 오늘날에도 아우구스티누스 신학을 바탕으로 성서를 해석하고 설교합니다. 그래서 신학자들은 그를 신학 아버지라 부릅니다.

 아우구스티누스는 로마 식민지인 아프리카 소도시 타가스테에서 354년 11월 13일에 출생했습니다. 교회사가들은 그가 방탕하고 타락한 삶에서 기독교로 개종했다고 합니다. 칼뱅이 아우구스티누스가 로마서 13:13 "단정히 행하며 방탕하거나 술 취하지 말며 …"를 읽고 회심했다는 고백으로 인해서 오해했기 때문입니다. 필자도 신학생 때 그렇게 배웠습니다. 그러나 전기 사가들(피터 브라운 게리 윌스 등)은 그가 금욕하고 경건하게 살다가 개종했다고 합니다. 그는 10여 년간 마니교 신자였는데 마니교는 금욕주의 종교입니다. 그는 마니교에서 신플라톤주의로 개종합니다. 마니교는 이 땅에서는 구원이 없고 하늘 천국만 구원으로 인식하는 종교입니다. 그는 선한 의지를 통해 행복하게 살며 신에게로 가는 구원이 있는 신플라톤주의로 개종했습니다. 그는 신플라톤주의자인 포르피리우스 플로티노스 키케로 등 저술들을 탐독했습니다. 이러한 상태에서 기독교로 개종했습니다. 그는 신플라톤주의 사상을 지니고 바울서신들을 읽었습니다.[1] 그는 한 번도 신플라톤주의에서 벗어난 때가 없습니다.[2]

흔히 기독교가 4세기 코스탄티누스 황제에 의해 로마 국교가 되면서 일탈하게 되었다고 합니다. 그러나 일탈하게 된 신학이 무엇인지 말하는 신학자가 전혀 없습니다. 예수그리스도는 사회 지배층과 기득세력으로부터 차별과 억압 속에 있는 가난한 사람들과 법 밖에서 고통받고 있는 소외자들에게 자유-평화를 부여함으로써 세상을 구원하는 민중 종교입니다. 그러나 아우구스티누스는 황궁 교사 출신이고 당시 지배층 철학인 신플라톤주의자로서 제국에 봉사하는 어용 신학자입니다. 그에 의해서 5세기에 지배자와 기득권층을 위한 신학이 정립되었습니다. 신플라톤주의는 지식과 영성 은 일자—者인 신에 더 가깝고 물질은 신에게서 더 멀다는 위계와 서열을 존중하는 세계관으로서 평등을 주장하는 기독교와는 다른 세계관입니다.[3]

디오클레티아누스 황제 대박해 때에 성서를 불태우거나 예수그리스도를 부인하는 그리스도인들이 많았습니다. 도나투스파는 303년에서 305년 사이에 일어난 대박해를 꿋꿋하게 견딘 사람들 후예입니다. 그들은 가톨릭교회가 로마제국과 결탁하여 권력화되었으며 교인들과 감독들이 신앙을 지키지 못한 것을 추궁했습니다. 배교 후에 돌아온 70여 명의 사제로부터 세례받거나 가르침을 거부했습니다. 강경론자들은 316년에 카르타고에서 도나투스(? -355)를 새 감독으로 임명했습니다. 이로써 북아프리카 교회에는 감독이 두 사람이 되었고 그 후 100여 년간 내분에 휩싸였습니다. 도나투스파는 농민과 노동자들로부터 전폭 지지를 받았습니다.

이들은 지주들과 제국에 근심이 되었습니다. 411년 황제를 대리한 가톨릭 아우구스티누스와 도나투스 대표 간 밤샘 협상이 결렬되고 아우구스티누스는 로마 군대의 도나투스파 학살을 승인합니다.

우리는 아우구스티누스 신학 전반을 검토하려는 것이 아니라 그의 신학 중에 무엇이 성서와 다른지를 찾아봅니다.

1. 아우구스티누스 신학 중심은 향유享有enjoy와 이용利用입니다. 그에게는 하나님을 통해 즐거움을 얻는 게 향유이고 하나님께로 가기 위해 세상을 도구로 사용하는 게 이용입니다. 즉 세상을 이용해 신과 합일로 즐거움을 얻는 사유입니다. 이것이 전형적인 신플라톤주의 사상이고 기독교와 반대 사유입니다. 그런데 그는 사람들이 거꾸로 하나님을 이용하고 세상을 즐긴(향유)다고 한탄합니다.[4] 신앙인들이 잘하고 있는 사실을 한탄합니다. 이용이라는 말이 좀 그렇지만 하나님을 통해서 세상에서 기쁘고 평화하게 사는 게 기독교입니다.

신과 합일은 기독교를 제외한 모든 종교가 추구하는 신앙입니다. 기독교 신은 자신에게 오는 사람을 기다리는 신이 아니라, 신이 직접 땅으로 오셔서 버림받고 소외되고 가난한 사람들에게 기쁘고 평화하게 살도록 인도해주는 신입니다.(요한1:14)

아우구스티누스의 신과 합일 신학으로 인해, 이로부터 기독교는 역사 신앙으로 가지 못하고 신비주의로 가거나 윤리-도덕 경건이 믿음이 되는 현실이 되었습니다.

요한복음은 예수의 첫 기적으로 예수께서 혼인 잔치에서 술이 떨어지자 정결 예식에 쓰는 여섯 항아리에 고급 술을 만들어 주신 걸 증언합니다(요 2장). 종교 억압에서 벗어나 기쁘고 평화하게 살라는 뜻입니다. 바울도 하나님나라는 우리가 이땅에서 기쁘고 평화하게 사는 나라라고 합니다(롬 14:17). 아우구스티누스의 세상을 이용해 하나님을 향유한다는 사상이, 예수께서 이 땅에서 하나님나라를 시작했다는 하나님나라 현재성을 잃어버리게 했습니다. 하나님나라 현재성 실종은 이어서 삼위일체 실종이 필연으로 따라오게 했습니다. 그리스도인은 세상을 이용해 하나님을 향유하는 게 아니라 하나님을 통해 세상을 향유합니다. 이것이 예수께서 선포한 지금 이 땅에서 작동하는 하나님나라입니다. 여기서부터 기독교가 근본을 잃고 궤도를 수정하게 됐습니다.

세상에서 즐거움을 얻으면 안 된다는 인식과 우리가 죄인이라는 아우구스티누스 사유가 기독교가 세상을 악하게 인식하는 단초가 되었습니다. 교회는 도덕과 경건이 신앙 중심이 되어서 자기 수준에 미치지 못하는 사람을 차별하고 배제하게 되었습니다. 기성 교회가 세속화되었다며 보다 더 금욕과 경건으로 신앙하기 위해 기성 교회를 떠난 신천지 에덴성회 등 유사 기독교인이 3백만 명입니다. 실은 기성 교회도 세상에서 즐거움을 얻는 오락 놀이 문화 예술을 죄악시하는 사람이 많습니다. 흥미로운 것은 이러한 신앙 양태에 대한 반작용으로 자기들은 예수로부터 자유함을 얻었다고 하면서 책임은 회피하는 구원파가 2백만 명입니다. 기독교가 이 지경이 된 연유가 아우구스티누스로부터인데 신학자들은 그를 신학 아버지라 칭송하니 이 노릇을 어찌합니까?

신학자들은 인식하지 못하는 걸 인문학자들이 깨달은 게 한두 가지가 아닙니다. 한나 아렌트는 하이데거 지도로 아우구스티누스 사랑 연구를 통해 박사 학위를 받았습니다. 그는 말하기를 아우구스티누스에게는 하나님 스스로 인간이 되셨다는, 말씀이 육신이 되신(요 1:14) 하나님 개념은 전혀 없다고 합니다.[5] 그 때문에 아우구스티누스는 예수와 함께 하나님나라가 시작되었다는 사실을 인식할 수 없었습니다. 한국 교회와 성당도 아직 이 땅 우리 삶에서 이루어가는 하나님나라를 모릅니다. 그러한 연유로 그리스도인에게서 예수사랑이 전혀 작동하지 않고 있습니다.

아우구스티누스는 하나님이 세상을 사랑하셔서 독생자 예수그리스도를 보내시고 세상을 심판하려 함이 아니라 구원하려고 한다는 사실을 깨달을 수 없었습니다(요 3:16-17). 이때부터 기독교는 역사 예수께서 이 땅에서 하나님 계시를 사역하고 가르치신 것이 무엇인가를 탐구하지 않고 철학으로 신이 누구이며 어떻게 믿고 하늘 천국에 가는가에 중점을 두게 되었습니다. 20세기가 되기까지 역사 예수에 대한 탐구가 없었습니다. 한국 교회와 성당은 아직도 역사 예수에 대해선 관심이 없습니다. 역사 예수 탐구가 주특기인 필자 스승 안병무 박사가 "하나님이 육신이 되셨다"를 강조하면서 신이 살(사르케)이 되었다고 '사르케'를 강조하던 강의가 생각납니다.

2. 2세기 교부 유스티누스Justin는 신플라톤주의에서 기독교로 개종했습니다. 그래서 그는 신플라톤주의 신 개념을 따라서 선 관념(이데아)이 하나님이라고 합니다.[6] 아우구스티누스도 아리스토텔레스가 신은 최고선最高善이라 한데 따라서 하나님 본질은 선이라고 합니다.[7] 그는 선에 참여하고 선을 넘어서 선에 참여한 선 자체를 봄으로써 하나님을 본다고 합니다.[8] 그는 신에게 올라가는 선이 목표입니다.

아우구스티누스는 신플라톤주의를 통해서 금욕하며 경건한 생활을 했지만 그것이 신에게로 가는 길이라는 막연한 기대에 있다가 기독교로 개종하고 확신하게 되었습니다. 다만 그는 신플라톤주의에서 선으로 가는 행위에서 교만을 보았는데 예수그리스도에게서 겸손humility을 보았습니다. 그는 "하나님을 모방하십시오. 하나님 사랑은 인간 교만을 치료하는 해독제입니다"라고 합니다.[9] 그는 신앙을 통해 도덕과 선을 겸손으로 이루기 원했지만 사실 그것은 허망한 바램입니다. 그는 신플라톤주의와 예수그리스도를 양손에 같이 쥐려고 했습니다. 이로써 기독교는 계시를 떠나 도덕 종교 길로 가게 되었습니다.

신플라톤주의 선을 통해 신에게로 가는 사상은 자그레브 신화에 의한 영향입니다. 여러 버전이 있는데 제우스 신이 자기에게 반항하는 다섯 아들을 불태워 죽인 재로 인간을 만들었습니다. 인간에게는 그 재에 남아있는 '신성한 불꽃'이 있어서 인간 속에 있는 그 '신성한 불꽃'인 선을 찾는다는 원리입니다. 성서는 하나님은 선이 아니라 사랑이라고 합니다(요일 4:8). 성서에 하나님이 선이라는 구절은 전혀 없습니다. 사랑은 상대를 포용하고 용납하지만 도덕과 선은 상대가 선하지 않음을 인식해야 내가 선함을 알 수 있습니다. 도덕과 선은 차별과 배제를 일으킵니다. 나는 이제껏 교회에서 도덕적이고 경건한 신앙인이 사랑 많음을 보지 못했습니다.

오늘날 그리스도인 난폭성은 신을 선 안에 가두었기 때문입니다. 자의恣意 판단에 의해 선하지 않은 사람은 모조리 배척하는 지경에 이르렀습니다. 신은 선이나 심지어 사랑으로 한정할 수 없습니다. 신을 한정하는 습관은 코페르니쿠스 이전에 지구가 우주 중심이라는 결정론 세계관에서 온 습관입니다. 오늘날 양자역학 세계관은 세계가 불확정 원리로 돌아간다고 고백함이 적절합니다. 불확정 세계관에서 우연은 자기 멋대로 일어남을 의미하지 않습니다. 우연은 하나님 사랑과 자유 안에서 하나님 섭리로 이루어가는 사건입니다(칼 융).

결정론 세계관은 우리를 강박하게 만들어 타자를 용납하지 않습니다.

우리는 하나님이 사랑하는 모든 사람을 사랑하고 하나님이신 예수그리스도가 저항한 사람류를 우리도 저항합니다. 부분은 전체를 담을 수 없습니다. 때문에 우리는 신에 대해 알 수 없고 언어로 표현할 수도 없습니다. 예수께서 성서를 통해 계시하신 현실에 우리가 참여함으로써 알아 가는 과정입니다.

---

1) 프리스-크레취마르 「신학의 고전」 정지련 대한기독교서회 2008, 128-134p
2) G 로핑크 「예수는 어떤 공동체를 원했나」 정한교 분도출판사 1985, 304p. 화이트헤드도 과정과 실재에서 그렇게 말합니다.
3) 폴 E 카페츠 「그리스도교의 신 역사적 개관」 김지호 도서출판 100 2021, 78p
4) 같은 책 79p
5) 한나 아렌트 「사랑 개념과 성 아우구스티누스」 서유경 도서출판 텍스트 2013, 65p
6) 에띠엔느 질송 「중세 철학 입문」 강영계 서광사 1987, 28p
7) 어거스틴 「아우구스티누스 : 후기 저서들」 공성철 두란노아카데미 2011, 56p
8) 같은 책 64p
9) 안더스 니그렌 「아가페와 로고스」 고구경 크리스챤다이제스트 1998, 494-495p

성서와 다른 신학이 정립되다 2

20세기에 들어서면서 학문이 세분화되었습니다. 대학 수익성을 위해 학과를 세분화해서 교수와 학생 수를 늘리기 위한 방책입니다. 전문성은 강화되었지만 통합 사유가 어려워졌습니다. 일반 학문은 융합하려는 시도가 일어나고 있는데 반해서 신학은 요원합니다. 우리는 옛날과는 비교할 수 없는 새로운 세계관으로 삽니다. 근대가 오기 전까지는 결정론 세계관이지만 지금은 양자역학 세계관으로서 불확정 세계관입니다. 이렇게 통합적이지 못하고 옛 세계관으로 해석한 신학이 젊은이들을 비롯한 현대인에게 공명을 줄 수 없습니다. 우리 시대에 우리 땅에서 우리 삶을 위한 성서 해석을 위해 그동안 신학에 무슨 문제가 있었는지 탐구합니다.

아우구스티누스 믿음 이해

2세기 교부 클레멘스는 믿음을 예수그리스도가 요구하는 변화된 삶이 아니라 그리스 철학인 스토아 인식론에 따라서 개념(관념)에 대한 '동의어'로 이해했습니다. 아우구스티누스는 이 사상을 이어받아 믿음을 교리에 대한 동의와 이것을 전하는 권위에 대한 동의로 발전시켰습니다.[1] 이 기조가 라틴 스콜라 신학과 종교개혁 신학으로 이어지고 오늘날까지 이어집니다.

믿음은 충족되지 않습니다. 확신이란 단지 의심 앞에서 눈 감고 있는 현실입니다.[2] 신 없이 살며 과학이 신앙이 된 세속사회에서 이성 중심주의 즉 요즘 유행어인 확증편향은 스스로 생각하는 능력을 빼앗기는 꼴입니다. 정확성은 하나 견해입니다. 그러나 모호성은 다수 견해를 찾을 수 있는 가능성입니다.[3] 우리는 옛 사고 체계에 묶여서 가장 단순하고 간명한 우리 눈에 보이는 평범한 현실이 주목받지 못하고 개념으로 숨어있는 사실이 주목받는 현실에서 삽니다.[4]

아우구스티누스와 펠라기우스 논쟁

펠라기우스는 로마 사제들의 극심한 부패와 타락을 보면서 도덕신학을 주장합니다. 신학자들은 아우구스티누스가 펠라기우스의 도덕신학을 물리치고 은혜신학을 세웠다고 말합니다. 신학생 때 그렇게 배웠지만 지금 생각은 다릅니다. 아우구스티누스도 도덕신학임에 틀림없습니다. 그가 신플라톤주의자인 것이 그것을 증명합니다. 유대교도 은혜종교고 펠라기우스도 그리스도인으로서 은혜에 충실한 신앙인입니다. 다만 펠라기우스는 인간성에 대한 비판적 견해를 혐오했습니다. 그에게는 니체와 칼 마르크스처럼 인간성에 대한 지나친 신뢰가 있습니다.

아우구스티누스는 인간이란 하나님 은혜를 구하는 죄인으로서 무기력한 인간입니다. 그래서 펠라기우스보다는 하나님 은혜를 강조합니다. 그러나 대개 사상가들이 그러하듯이 아우구스티누스는 다중적입니다. 무기력한 죄인이면서도 신플라톤주의에 따라 신에게 가는 덕을 말합니다. 바울과 차이가 바로 여기입니다. 바울은 신에게 가는 덕을 말하지 않습니다. 신이 우리에게 오는 은혜입니다. 아우구스티누스는 신에게 가기 위한 사랑을 말하지만 바울은 하나님이 사랑하시는 현실에 내가 참여하는 사랑을 말합니다. 아우구스티누스 사랑은 유대교 공로 사랑과 같습니다. 그래서 루터는 아우구스티누스 신학을 따르면서도 사랑에 대해서는 말하지 않습니다. 바울은 인간 노력을 배제하고 신 은혜를 강조함으로써 인간 간에 서로 화해-평화를 이룹니다(엡 2:9).

펠라기우스에게 예수그리스도는 교사와 모범자로 나타납니다. 그에게 그리스도는 죄 사하는 은혜를 베푸는 분이지만 하나님 의를 행하고 지혜롭게 살도록 가르치는 분입니다. 반면 아우구스티누스에게는 예수그리스도가 하나님과 우리를 맺어주는 중보자요 구원자입니다.[5] 아우구스티누스는 펠라기우스 모범기독론을 물리치고 기독론을 관념화 영성화 심령화했습니다.

역사에서 신학 논쟁은 언제나 권력투쟁입니다. 아우구스티누스는 펠라기우스를 가까스로 이단으로 정죄하고 권력을 쟁취했습니다. 우리는 오랫동안 승자는 영웅시하고 패자는 악마화하는데 익숙합니다. 아우구스티누스는 영웅이었고 펠라기우스는 악한 사람이 되었습니다. 이후로 아무도 펠라기우스 모범기독론을 주목하지 않았습니다. 아우구스티누스는 이 땅에 오신 예수 즉 역사 그리스도가 아니라 하늘에 계신 예수 즉 관념 그리스도를 신앙했습니다. 아우구스티누스 신학에서 예수그리스도가 우리의 구원자라는 사실이 예수 따르는 삶을 잊게 한 기독교 비극입니다.

아우구스티누스 죄론

아우구스티누스 죄 이해가 성서와는 다르게 시작되어 도덕주의가 기독교에 들어오게 되었습니다. 그는 선의 결핍 곧 인간 의지 타락을 죄로 인식합니다. 이 기조가 루터에게도 이어지고 현대 신학자들에게도 이어져서 신학자들은 죄를 신에 대한 '구부러진 의지'라고 합니다(김영한 김세윤). 일상 범죄가 성서에서 말하는 신앙 죄와 결합되었습니다. 인간 의지로 죄를 이길 수 있는 것처럼 생각하게 되었습니다. 아우구스티누스 죄론은 믿음을 신플라톤주의에 따라 의지 문제로 파악한 결과입니다. 그래서 교회와 성당은 회개 기도하라고 매번 다그칩니다. 아우구스티누스는 바울처럼 죄를 독립된 실체로 보지 않습니다.

바울에게는 죄가 영 세력입니다(롬 7장). 죄를 영 세력으로 보지 않고 의지 문제로 본 아우구스티누스 죄 이해가 바울신학과 크게 다르고, 인간 한계를 절감하고 신 은혜를 구하는 기독교 정신에서 크게 벗어난 신학입니다. 인간 의지가 아니라 신에게 구하는 길만이 인간 교만을 벗어나고 생명과 자유 평화를 얻을 수 있는 길입니다. 이 길이 얼핏 보면 미신 같고 비과학으로 보일 수 있지만 이 길만이 인간 탐욕을 버리고 서로 화해-평화할 수 있는 길입니다. 바울은 이성 의지 중심으로 하나님을 신앙하는 중에 갈등과 증오를 경험하다가 예수그리스도를 만나고 화해-평화를 이룰 수 있었습니다.

아우구스티누스는 에덴동산 이야기에서 '원죄론'을 만들었습니다. 이 원죄론은 이야기 생산자인 유대교에 없고 기독교 다른 축인 동방 정교회에도 없습니다. 원죄론은 아우구스티누스의 하나 견해입니다. 아우구스티누스는 죄를 인간 정욕과 결부시켰습니다. 아담 원죄가 부모에게 이어져서 나에게 온다는 식입니다. 그에 의하면 우리는 육신의 정욕을 통하여 이 세상에 온 자들로 아담과 함께 유죄 판결받았다고 합니다.[6] 이러한 성 인식은 구원을 저 세상 피안의 문제로 생각하게 만들었습니다. 성 욕구를 죄악시했으나 인간은 여기서 결코 벗어날 수 없습니다. 교회와 성당은 인간은 결코 이러한 죄에서 벗어날 수 없기 때문에 하나님 진노를 당하게 된다고 가르쳤습니다. 사람들은 절망적인 죄의 결과로부터 구원받아야 할 필요를 느꼈습니다.[7] 그래서 구원이 성서에서 증언하는 바대로 우리가 사는 이 땅에서가 아니라 저 세상 피안에서 이루어진다고 생각했습니다.

성욕은 식욕과 함께 인간 생리 욕구입니다. 식욕처럼 관리 대상이지 죄악이 아닙니다. 버트란트 러셀은 「나는 왜 그리스도인이 아닌가」에서 기독교가 성욕을 죄악시해서 자기는 그리스도인이 아니라고 합니다. 예수 그리스도는 죄를 인간 억압으로부터 해방시키기 위해 언급했는데 아우구스티누스와 그를 이은 오늘날 신학자와 목사 신부는 인간을 지배하고 통제하기 위하여 죄를 인간 억압 수단으로 이용합니다. 그래서 매번 삶에 대한 회개(변화되어 가는 삶)가 아니라, 벗어날 수 없는 죄에 대해 회개 기도하라고 다그칩니다. 원죄론은 죄 이야기에서 상세히 서술합니다.

아우구스티누스 사랑 개념

아우구스티누스 사랑은 공로 사랑입니다. 아우구스티누스는 이웃 사랑과 자선 행위가 죄를 씻어 준다는 원시 기독교 믿음을 받아들였습니다(벧전 4:8). 그는 이웃 사랑이 하나님께 가는 동기입니다.[8] 이것은 신플라톤주의 구원 방법이고 에로스 사랑으로 얻는 구원 질서입니다.[9] 그는 하나님 은혜를 말하면서 사랑이 선행으로써 덕이 되어야 한다고 말하는 데 아무런 불편이 없습니다. 그가 신플라톤주의자이기 때문입니다.

한나 아렌트는 그가 그리스 철학에 따라 마음에서 신 발견을 찾는 내면 성찰을 주장하면서 이웃 사랑도 주장하는 것이 특이한 현상이라고 합니다. 그녀는 아우구스티누스가 세계를 등지고 자기 내면에서 신을 만나는 인식과 세계 안에서 이웃을 사랑해야 하는 모순이 동시에 일어나는데 이 모순을 무시하고 이웃을 사랑하는 사회 일반 개념을 따랐다고 합니다.[10] "남에게 대접받고자 하는 대로 너희도 남을 대접하라"(마 7:12), "자신에게 원하지 않는 바를 남에게 하지 말라"가 인류에게 공통된 사회 일반 개념입니다. 황금률이라고 합니다.

바울이 선한 일을 하면서 내 안에서 신을 찾는 성찰이 아니라 하나님 은혜를 말하며 이웃 사랑을 말하는 것은 교만하지 않기 위해서입니다(엡 2;9). 기독교는 세계를 떠나 내 안에서 신을 찾고 성찰하는 종교가 아닙니다. 이것은 기독교를 제외한 모든 종교가 추구하는 길입니다. 기독교는 세상 속에서 역사와 함께 하시는 하나님 구원 사역에 동참함으로써 구원받는 종교입니다.

아우구스티누스는 이웃 사랑보다 내면 성찰을 더 중요시합니다. 아우구스티누스는 자기가 치유되기 전에 사랑해서는 안 된다고 합니다.[11] 사랑하기 전에 자신이 정화되어 있어야 한다는 게 신플라톤주의 특유 사유입니다. 그는 "하나님은 우리 안에 계시다, 우리는 그것을 우리 안에 양심이 있음을 알게 됨과 같은 방식으로 알 수 있기 때문"이라고 합니다(「요한복음에 관한 논고」, 24). 신이 내 안 마음에 있다는 사상은 그리스 사상과 같습니다. 그리고 자기 성찰을 이루기 위한 노력은 기독교를 제외한 모든 종교 사유입니다. 신이 내 안 마음에 있다는 사유는 하나님나라가 우리 삶이 아니라 내 마음에 있다는 생각으로 발전하여 저 세상 피안 구원을 기대하게 되었습니다. 오늘날 하나님나라를 실제 우리 삶이 아니라 심령 관념 영성으로 이해하는 믿음은 아우구스티누스로부터입니다. 아우구스티누스는 펠라기우스보다는 강화된 하나님 은혜를 말하지만 바울과는 상당히 다른 은혜론을 말합니다. 결국 그는 바울 은혜신학을 땅에 묻었습니다. 바울 신학은 천 년 동안 묻혀 있다가 16세기에 루터에 의해 발굴됩니다.

실용주의 철학자 윌리엄 제임스는 아우구스티누스와 루터가 우울한 인간형이라서 이 우울이 기독교에 짙게 깔려 있다고 합니다. 아우구스티누스 「고백록」에는 일상의 삶이 죄로 고백되는 내용이 허다합니다. 예수께서 우리에게 기대하는 이 세상은 죄를 고백하고 용서를 빌어야 하는 세상이 아니라 믿음을 통해서 참 생명과 자유-평화를 향유하는 세상입니다. 우리가 서구 신학을 따라야 할 이유가 하나도 없습니다. 그것도 성공한 신학이 아니라 천오백 년 동안 성공하지 못한 신학입니다. 신학이란 자기 시대 고백입니다. 우리가 성서로 가야 하는데 저마다 성서로 간다고 하지만 성서는 위험한 글입니다. 바른 성서학자가 해설한 해설서와 함께 읽어야 합니다. 우리가 우리 삶에서 예수그리스도가 주시는 참 생명과 자유-평화를 얻는 게 믿음의 길입니다.

---

1) 볼프하르트 판넨베르그 「판넨베르그 조직신학 3」 신준호 새물결플러스 2019, 243-244p
2) 루트비히 비트겐슈타인 「철학적 탐구」 이승종 아카넷 1916, 642p
3) 같은 책 142-145p
4) 같은 책 162-163p
5) 김동건 「그리스도인의 역사」 대한기독교서회 2018, 393p
6) 같은 책 386-387p
7) 존 캅 「영적인 파산」 박만 한국기독교연구소 2014, 79-80p
8) 마르틴 부버 「인간의 문제」 윤석빈 도서출판 길 2007, 79-80p
9) 같은 책 487-488p
10) 한나 아렌트 「사랑 개념과 성 아우구스티누스」 서유경 도서출판 텍스트 2013, 91p
11) 게리 윌스 「성 아우구스티누스」 안인희 푸른숲 2005, 199-200p

성서와 다른 신학이 정립되다 3

　기독교가 시작되었을 때 유대인들로부터 그리스도인들은 조상 신앙을 버리고 심각한 죄를 저지른 광신도로 불리게 되었습니다. 로마 그리스인들로부터는 그리스도인들이 로마제국 수호신에 대한 경배를 거부했기 때문에 무신론자로 몰렸습니다. 그래서 교부들은 기독교가 미신이 아니라 새로운 철학임을 입증하려는 노력을 기울였습니다. 당시 철학은 오늘날과 같이 이론 학문이 아니라 삶과 연결된 종교와 구별이 없었습니다. 4세기 초에 기독교 아킬레스건이 될 '예수가 누구인가'를 철학으로 설명하는 정확한 교리를 키워나갔습니다.[1] 5세기에 아우구스티누스는 이러한 풍토에서 성서를 바탕으로 신학을 세우지 못했습니다.
　성서에는 예수그리스도가 갈릴래아에서 가난한 사람들과 법 밖의 소외된 죄인들 병자들에게 참 생명과 자유-평화를 부여하고 지금 이 땅 하나님나라에서 낮은 자 약한 자가 존중받고 인간 존엄이 지켜지는 정의-평화 사회를 위해서 한 사람 한 사람 변화된 삶이 이루어지기를 가르쳤습니다. 3년여 사역을 마지막으로 예루살렘에 입성하여 차별 상징이 된 성전에서 채찍을 휘두르며 항쟁하셨습니다. 예수그리스도께서 기득세력인 서기관들과 바리새인들에게 너희가 법(모세)의 자리에 앉아 판단하며 사람들을 하나님나라에 들어가지 못하게 한다고 질타하십니다. 더불어 살려고 하지 않는 그 기득세력에게 뱀 새끼 독사 새끼라고 쌍욕하시며 저항합니다(마 23장).
　아우구스티누스는 이러한 성서를 바탕으로 그리스도인이 예수 사역과 가르침을 따라 어떻게 살아야 하는가를 찾는 성서 중심 신학을 세우지 못했습니다. 그는 그리스 철학에 따라 자신 안에서 하나님을 찾는 내면 성찰의 신학과 지적 동의를 위한 교리를 정립했습니다.

아우구스티누스 영 이해

아우구스티누스는 영을 성령 하나님으로 인식하지 못했습니다. 그는 그리스 철학에 따라 영을 하나님이 주시는 선물인 은사 개념으로 파악합니다. 영 인격성이 퇴각했습니다. 이에 따라서 대부분 중세 신학자들은 성령을 우리 마음에 부어지는 사랑(롬 5:5)과 동일시하는 것에 동의하지 않았습니다. 하나님이 주시는 그 은사를 피조적 은사로 여기며 성령과 구분했습니다. 영은 곤란한 곳에서는 어느 곳이나 등장하는 미봉책이 아닙니다. 성령은 나를 사랑으로 인도하시며 언제나 나와 함께 하시는 하나님 힘으로 인식하는 자세가 필요합니다.[2] 구약성서에서 영은 숨 바람이라는 뜻의 "루아흐"인데 신의 나타남(현현)을 의미합니다.

"육신의 생각은 사망이요 영의 생각은 생명과 평안이니라"(롬 8:6)
"살리는 것은 영이니 육은 무익하니라 내가 너희에게 이른 말은 영이요 생명이라"(요 6:63)

"그가 또한 우리를 새 언약의 일꾼 되기에 만족하게 하셨으니 율법 조문으로 하지 아니하고 오직 영으로 함이니 율법 조문은 죽이는 것이요 영은 살리는 것이니라"(고후 3:6)

요한복음 6:63과 고린도후서 3:6은 영을 인격화해서 지금 삶에서 우리 생명을 살리시는 분으로 표현합니다. 그래서 칼 바르트는 이러한 본문을 하나님이 지금 이 땅에서 우리를 구원하시는 구원론으로 읽어야 한다고 합니다.[3]

아우구스티누스 하나님나라 이해

그는 정신 심령의 하나님나라와 세속 나라를 구별하여 하나님 구원 사역을 세속사 밖의 영적구원 의미로 파악합니다. 즉 그는 현재 우리 삶에 와있는 하나님나라를 알지 못합니다. 또한 교회를 세상과 구별하여 예수 재림 때까지 사회 절대자로 군림하는 사상을 낳아서 역사와 사회 안에 있는 하나님나라 사상이 없어졌습니다. 즉 하나님나라 현재성이 상실되었습니다.[4] 교회와 그리스도인이 세상을 구원하시는 하나님 역사에 참여하지 못했다는 말입니다.

교부 가이샤라 유세비우스는 기독교를 국교화한 로마 황제 콘스탄티누스 대제와 로마제국을 하나님 도구라고 하는 제국 신학을 세웠습니다. 그러나 야만인 서고트족에 의해 서로마제국이 멸망하자(410년) 기독교 존립이 위험하게 되었습니다. 아우구스티누스는 이 문제에 답하고 서로마 그리스도인들을 위로하기 위해서「하나님의 도성」을 집필하였습니다. 그는 그 책에서 하나님나라는 이 땅에 있지 않고 하늘에 있다고 했습니다.[5] 성서는 하나님나라가 지금 이 땅 우리의 삶에서 이루어가는 길임을 무수히 증언합니다.

이러한 아우구스티누스 신학은 예수께서 고통받고 신음하는 가난한 사람들과 죄인 사회 낙오자들에게 주시는 생명과 자유 평화 그리고 이러한 하나님 사역을 방해하는 기득세력에 저항하시는 예수에 대해 증언한 복음서가 필요하지 않았습니다. 아우구스티누스 신학에서 말하는 사랑은 공허합니다. 이러한 아우구스티누스 신학이 20세기가 올 때까지 기독교 신학 중심이었습니다.

아직까지 한국 대부분 교회와 성당은 이러한 신학에 머물러 있습니다. 때문에 아직도 복음서에서 하나님나라 현재성을 파악하지 못하고 심지어는 바울서신들이 하나님나라 사역의 현실성에 대한 증언이 아니라 심령적이고 저 세상 피안 구원에 대한 진술로 여깁니다. 그래서 보수 신학은 아직도 구원을 영혼구원이라면서 심령 피안 구원을 말하고 사회 구조악을 보지 못합니다. 기독교가 현실성을 잃었습니다. 진보 신학자들은 현재 신학이 현실과 맞지 않으므로 성서를 외면하고 사회과학을 교회에 그대로 접목합니다.

혹은 동양 사상을 성서와 곁들여 전하는데 주력합니다. 그래서 종교와 사회과학 구별이 없게 되었습니다. 한편으로는 스스로 성서 연구가 짧으므로 루터식 바울 이해를 그대로 따라, 바울을 오해하여 바울을 버리고 예수에게 가자고 합니다(문동환).

삼위일체 신론과 하나님나라 현재성 실종은 예수사랑도 함께 실종되는 결과로 이어졌습니다. 기독교 신학이 정립될 시부터 영으로 현재 우리와 함께 하시는 하나님 즉 삼위일체 하나님을 인식하지 못하는 것과 하나님나라가 현재 우리 삶에서 작동하고 있다는 사실을 인식하지 못하는 신학은 예수께서 우리에게 당부하신 사랑이 전혀 필요하지도 작동하지도 않게 되었습니다. 세계인들이 그리스도인을 사랑 많은 사람으로 인식하나요? 그렇지 않기 때문에 아우구스티누스 신학인 현재 신학 바탕에서 예수 사역과 그분의 최고 가르침인 사랑이 유명무실해졌음을 알 수 있습니다.

아우구스티누스 삼위일체 신학

삼위일체 신론은 아버지 아들 성령의 삼위 내부 문제를 성찰한 내재삼위일체와 삼위 하나님이 역사에 사역work하시는 경륜삼위일체가 있습니다. 경륜삼위일체는 그리스 카파도키아 신학자들이 세웠고 내재삼위일체는 아우구스티누스가 세웠습니다. 아우구스티누스 관심은 인간 영혼구원입니다. 그는 인간 영혼 안에 담긴 삼위일체 형상을 묵상함으로써 인간 영혼이 형상의 원형인 하나님께 돌아갈 수 있다고 생각했습니다.

신플라톤주의 창시자 플로티노스는 인간은 일자 지성 영혼으로 구성되었다고 합니다. 아우구스티누스는 이 삼자 관계에 기초하여 삼위일체 신을 사유했습니다. 그는 성서가 역사에서 사역하시는 예수를 신으로 고백한 사실을 증언하기 위해 정립한 삼위일체신을 인간 내면 문제를 해결하는 삼위일체 신으로 파악했습니다.

그가 구원을 성서가 증언하는 삶의 구원이 아니라 영혼구원으로 인식한 것과 인간이 신에게로 돌아가는 것이 구원이라는 인식은 신플라톤주의 사유입니다.

오늘날 그리스도인들이 구원을 삶의 구원이 아니라 영혼구원으로 인식하는 것은 전적으로 아우구스티누스 신학이 그 원인입니다.

플로티노스는 인간 영혼은 근원이 되는 하나님으로 회귀를 열망한다고 합니다. '하나님과 영혼, 영혼과 하나님!'은 아우구스티누스 정서와 사유로 나가는 공식입니다. 아우구스티누스는 이렇게 말합니다. "우리 마음이 당신 안에 쉼을 얻기까지 우리는 쉼을 얻을 수 없습니다."

아우구스티누스에게는 삶의 구원이 아니라 심리적 안정이 구원입니다.

영혼 안에 각인된 삼위일체

그는 하나님 형상인 인간 정신을 탐구합니다. 인간 정신은 기억 이해 의지로 존재하는데 이들은 모두 합해서 세 실체들이 아니라 하나의 실체입니다. 그는 인간 정신에 대한 유비로 삼위일체 하나님을 사유합니다. 카파도키아 신학자들은 위격들의 다원성을 설명하는데 반해서, 아우구스티누스는 인간 정신의 일체에 유비해서 신적 본질의 일치를 주장합니다. 그리스 카파도키아의 삼위일체 하나님은 위격의 다원성을 강조하고 역사 하나님을 강조합니다. 그러나 아우구스티누스는 삼위 하나님의 본성을 강조합니다. 카파도키아 신학자들은 삼위일체 원리를 본체hypostasis와 위격person으로 보았습니다. 그러나 아우구스티누스는 본질ousia과 실체substance로 인식합니다. 삼위일체 하나님의 활동보다 그 본성이 무엇인가를 사유한 것입니다. 이러한 아우구스티누스 삼위일체 신학이 가톨릭 신학과 개신교 신학 즉 서구 신학의 중심이 되어서 기독교가 예수 역사성을 잃은 원인이 되었습니다.

점유appropriations 교의

본성과 위격을 예리하게 구분한 아우구스티누스 삼위일체는 점유 교의를 만들었는데, 이것은 어떤 속성(지혜 등)이나 어떤 활동(창조 구원 등)을 위격 중 하나에 돌리는 것을 말합니다. 아우구스티누스는 창조를 아버지에게 구원을 아들에게 성화(신화)를 성령에게 점유합니다. 여기에서 그가 성령이 우리를 성화한다고 말하는 것은 전형적인 신플라톤주의 사유입니다. 성서는 성령이 역사에서 우리를 구원으로 인도한다고 하는데 그는 성령이 우리를 거룩하게 만든다고 합니다. 신플라톤주의에서는 인간 신성화를 통해 신에게 가는 것이 구원입니다.[6] 아우구스티누스가 신플라톤주의와 다른 점은, 신플라톤주의는 인간 스스로 성화 길을 가지만 아우구스티누스는 인간 스스로는 할 수 없고 성령 도우심으로 가능하다고 합니다. 아우구스티누스의 심리 내재삼위일체는 창조-구원-역사완성이라는 하나님 경륜(오이코노미아)과의 접촉점을 찾을 수 없습니다.

아우구스티누스의 심리 유비에 의한 삼위일체 신학은 내재삼위일체로서 믿음이 하나님께서 구원하시는 역사에 참여하지 못하고 개인화 내면화 관념화되었습니다. 그래서 현대 신앙인들이 믿음을 내면화하여 하나님의 역사 경륜을 바라보지 못하여 역사에 동참하는 신앙이 아니라 개인주의 신앙이 되었습니다. 이러한 개인주의 신앙은 자기와 자기 교회에 집중합니다. 그리하여 경쟁하고 번영하는 자본주의 논리에 편승하게 되어 교회가 비대해지는 현실이 됩니다. 결국 기독교는 잔인한 경쟁사회에 절망하는 젊은이와 소외자들에게 아무런 역할을 하지 못하게 되었습니다.

아우구스티누스가 은혜를 물화物化reification하다

은혜(은총 카리스)는 하나님의 하나 이름입니다.

요한복음 저자는 예수를 길 진리 생명 양의문 포도나무 등으로 부릅니다. 이처럼 은혜는 하나님은 사랑이시다와 같은 하나 이름입니다. 따라서 은사(카리스마)는 하나님이 주신 재능이 아니라 하나님과 함께하는 힘입니다.

아우구스티누스는 은혜를 하나님이 주신 어떤 결과로, 그 은혜를 물화物化했습니다.[7]

그는 은혜 과정을 모릅니다. 이것은 결국 기독교가 예수께서 제시한 길이 아닌 다른 길을 가게 했습니다.

믿음을 기복신앙이 되게 했고 신의 은혜를 받기 위해 내면 성찰하는 믿음이 되었습니다.

또한 믿음이 내면으로 향하여 심리안정 행복추구를 목표하게 되었습니다.

아우구스티누스에 의한 은혜의 물화物化는 예수 사역과 가르침 즉 하나님나라는 그리스도인 믿음에서 작동하지 않게 되었습니다.

아우구스티누스의 내면 성찰 신학에 대한 비판 이해

거듭 말씀드리지만 참 자아를 찾는 내면 성찰은 모든 종교가 가는 길입니다. 기독교도 종교 틀을 갖추기 때문에 내면 성찰과 교리를 소홀히 할 수 없습니다. 그러나 오늘날 교회와 성당은 예수 따르는 삶은 없고 내면 성찰과 교리만 있습니다. 본말이 전도된 현실입니다. 종교학자들과 동양학자들이 모든 종교가 추구하는 내면 성찰을 중심으로 기독교를 버무리는 것은 기독교에 대한 심각한 왜곡입니다. 동양학과 다른 종교는 자기 길을 가고 기독교는 참 생명과 자유 평화를 위해 예수 따르는 삶의 길을 가면 그것이 세계 평화를 위한 길입니다. 참 자아를 찾는 내면 성찰을 혼자 하면 좋습니다. 그러나 이것이 교회와 성당에서 신앙생활 일환이면 내면 성찰하기 위한 바른 사람들 세가 형성되고 그 수준에 미치지 못하는 소외자가 발생합니다. 이것이 신앙 엘리트인 바리새인입니다. 바울은 심지어 신에게서 오는 영 현상도 사랑이 아니면 무익하다는 인상적인 말을 합니다. 세계 모든 종교는 세상을 떠나서 자기 자아를 찾습니다. 그러나 기독교는 세계와 함께 합니다.

우리가 예수그리스도를 따르는데요 예수는 내면 성찰을 위해 수련하지 않고 제자들에게 요구하지도 않습니다. 가난한 사람들과 함께 하기 위해, 손 씻지 않고 식사하는 가난한 사람들처럼 자신도 손 씻지 않고 식사합니다. 당시에 식사 전 손 씻기는 중요한 정결법입니다. 예수께서 술꾼이요 먹보라는 비난을 들으셨습니다. 가난한 사람과 소외된 사람들과 소통하고 교제하기 위해서입니다. 사랑은 자기 성찰이 아니라 상대를 용납하는 행위입니다. 오늘날 가난한 사람 성 소수자 성 매매자 사회 약자 노숙인 부랑자가 마음 편히 교회와 성당에 참석할 수 있나요? 예수께서 이러한 사람들이 성전에 가지 못하는 것을 항의하기 위해 예루살렘 성전에서 채찍을 휘두르며 항쟁하신 현실이 지금 한국에도 같은 현실입니다. 기독교는 자아 성찰을 통해 바른 사람 되는 게 목표가 아닙니다. 기독교는 가난한 사람 소외된 자가 존중받고 한 인간의 존엄이 지켜짐으로써 이루는 화해-평화를 목표합니다. 기독교가 출발부터 이것을 잃어버렸습니다.

---

1) 카렌 암스트롱 「신을 위한 변론」 정준형 웅진지식하우스 2013, 165-166, 177p
2) 볼프하르트 판넨베르그 「판넨베르그 조직신학 3」 새물결플러스 2019, 28p
3) 칼 바르트 「교회교의학 1-1」 박순경 대한기독교서회 2003, 605p
4) 서남동 「민중신학의 탐구」 죽재서남동기념사업회 2018, 22-23p
5) 알리스터 맥그레이브 「복음주의와 기독교적 지성」 김선일 IVP 2001, 66p
6) 캐서린 모리 라쿠나 「우리를 위한 하나님」 이세형 대한기독교서회 2008, 127-165p
7) 한스 큉 그리스도교 이종환 분도출판사 2019, 381, 533p

2

4세기 삼위일체 신론이 정립되다

삼위일체 신론이 정립되다 1

　김삼환 목사가 세월호 사건은 하나님께서 우리나라에 경고하기 위해 즉 더 큰 재난을 주기 전에 회개하라는 의미로 일으킨 사건이라고 설교해서 국민 공분을 샀습니다. 문창극 장로는 일제시대와 육이오 전쟁은 하나님께서 우리나라를 번영 국가로 이끄시기 위해 우리를 단련시키신 사건이라고 설교한 영상이 공개되어서 총리 인준에서 낙마했습니다. 더 심각한 문제는 그리스도인들이 세상 사람들은 하나님을 몰라서 당연한 말을 공연히 트집 잡는다고 생각하는 데 있습니다. 이렇게 일반 상식에 위배되는 신관은 하나님은 전지전능하셔서 자신이 계획한 바대로 세상을 섭리한다는 신관에서 오는 사유입니다.

　두 사람과 같은 신관은 예수그리스도를 따른 가난한 사람 소외자 약한 자 실패자 하나님이 아니라 플라톤 즉 신플라톤주의에 따라서 부자 강한 자 기득세력 성공자 하나님입니다. 위안부 할머니에게 하나님께서 우리나라 번영을 위해 당신을 그렇게 험한 일 당하게 하셨다고 말할 수 있나요? 우리는 개신교 주류 교회가 어떻게 이런 황당한 신관을 갖게 되었나, 기독교 바른 신관은 무엇인가를 알기 위해서

　1. 우리 삶에서 왜 신이어야 하는가?
　2. 유대교 유신론
　3. 그리스 유신론, 전지전능 신관이 오게 된 과정
　4. 삼위일체 신관을 살펴봅니다.

신론은 크게 2가지로 나뉩니다. 하나는 신이 세계와는 별개라는 유신론인데 이스라엘과 그리스 로마 신론입니다. 또 하나는 만물과 신 구별이 없는 물 자체가 신성을 포함한다는 범신론입니다. 범신론은 힌두교 자이나교 불교 등인데 한국 불교는 최근에 와서 석가모니를 신으로 경배하는 유신론화 경향을 보입니다. 달라이 라마도 석가모니를 신으로 경배하는 데 무리가 없다고 합니다. 기독교 신론은 비판적 유신론과 범재신론이 있고 우리가 주목하는 삼위일체 신론이 있습니다. 김삼환 목사와 문창극 장로가 이해한 신관은 그리스 유신론입니다. 앞으로 유대교 신관도 아니고 그리스 신관이 기독교에 똬리 틀고 앉게 된 경위를 설명합니다.

우리 삶에서 왜 신이어야 하는가?

고대인들은 신을 존재에서 찾습니다. 고대인들은 인간 존재 자체를 불안으로 생각했습니다. 그래서 지성인들은 금욕주의가 대세였습니다. 이러한 금욕주의에서 인간 의지 스스로 신에게 가는 구원이 있음을 알리는, 플라톤과 아리스토텔레스 사상을 종합한 종교성 짙은 신플라톤주의 사상이 태동했습니다. 아리스토텔레스는 세상에 모든 사물과 사건은 원인이 있기 때문에 제 일 원인이 신이고, 또한 인간은 선을 추구하기 때문에 인간이 도달할 수 없고 도달하기를 갈망하는 최고선이 신이라 합니다. 또 신을 자신은 움직이지 않으면서 만물을 움직이게 하는 부동의 동자動者라 했습니다. 나중에 살펴보겠지만 여기에서 전지전능 섭리 신관이 나왔습니다.

유신론은 우리가 어떻게 존재하는가를 묻는 존재론에서 나왔기 때문에 관념(개념)입니다. 그리고 관념은 반드시 추상입니다. 존재론은 어떻게 존재하는가에 대해서만 묻지 어떻게 행위하는가에 대해선 묻지 않습니다. 이러한 이론은 행위와 경험을 완전히 무시합니다. 삼위일체신론이 아닌 유신론은 행위를 사유하지 않습니다. 세상에는 완벽함이 없음에도 불구하고 관념은 거짓된 완벽함으로 풍요와 평화를 대신하려고 합니다. 실제 우리가 살아가는 세상은 아름다움과 추함 선과 악이 공존하기 때문에 누구도 결백이나 무결점 경지에 이를 수 없습니다.[1]

한계를 가진 인간은 유의미하게 살기 위해 신에게 의지합니다(롬 7:14-25). '나'는 세계 만물과 연결되어 있습니다. 하나 예를 들자면, 태양 궤도 항성마다 각각 다른 색이 있고 그 색은 우리에게 영향을 줍니다. 각 사람에게 적합한 색이 있습니다. 선글라스에 갈색과 곤색이 많은 것은 그 색에 적합한 사람이 많기 때문입니다. 갈색은 안 맞는 사람이 없습니다. 특별한 색은 본인에게 안 맞아 머리 아플 수 있습니다. 우주와 세상 돌멩이 하나도 나와 무관한 것은 없습니다. 한 개인은 전체와 관계하고 있습니다. 부분은 전체를 알 수도 없고 부분이 전체를 담을 수도 없습니다. 우리가 과학으로부터 발견하는 것은 그것이 무엇이든지 우주 전체의 일부분으로서 그것으로 전체를 설명할 수 없습니다.[2]

공간과 시간은 만들어졌습니다. 존재는 공간에 있음을 말합니다. 공간도 만들어진 것이지만 존재도 만들어진 것입니다. 그러나 신은 만들어진 것이 아니라 존재 이전의 어떤 것입니다. 그렇기 때문에 신은 있다 없다 말할 수 없습니다. 왜냐하면 있다고 말하면 공간 안에 있는 것이고 만들어진 것이기 때문입니다.

우리가 하나님 아버지라고 부르는데, 신이 인격으로 어딘가 존재한다는 의미가 아닙니다. 우리가 신과 관계하기 위해서 인격으로 신을 부릅니다. 하나님을 주(主)로서 영으로 우리와 관계하는 의미로 인격입니다.[3] 기독교가 인격신 개념을 강조하는 이유는, 기독교 신론이 자연주의 철학과 범신론에 대한 투쟁으로 발생했기 때문입니다.[4] 그렇더라도 칼 바르트는 기독교가 인격신을 택한 것은 기독교 비극이라고 합니다. 토마스 아퀴나스는 신은 행위라 하고 괴테는 태초에 행위가 있었다고 합니다. 이 행위는 예수께서 나는 길이요 진리요 생명이라고 할 때의 그 길입니다.

고대 교부들과 폴 틸리히 하이데거 등 철학자들은 신을 존재에서 찾습니다. 그러나 삼위일체 신론은 유신론 즉 관념 신관이 주는 추상을 탈피하고 역사 그리고 우리 삶과 함께하는 신을 설명하기 위한 방편입니다. 직접으로는 2천 년 전 역사 예수가 어떻게 신이고 어떻게 지금도 우리에게 신인가를 말하기 위한 방편입니다. 삼위일체 신은 신이 있다 혹은 없다라고 질문할 수 없습니다. 우리가 신을 통해 생명 자유-평화를 누릴 수 있는가 없는가를 질문할 수 있을 뿐입니다.

사물이나 어떤 원리는 모든 것의 기준이 될 수 없습니다. 왜냐하면 그 사물과 원리는 언제나 전체가 아닌 부분이기 때문입니다. 불경한 말이지만 다른 표현이 없기 때문에, 신은 우리가 만물과 관계하는 도구입니다. 우리는 이 도구를 통해서 모든 관계를 검증합니다. 그러므로 신은 묘사되는 어떤 것이 아니라 우리 삶을 검증하는 수단입니다. 예수 가르침을 따르면 오직 하나님 사랑을 매개로 이웃과 만물을 사랑하며 오직 이웃 사랑을 매개로 하나님을 사랑합니다. 신은 나와 이웃을 사랑으로 연결하는 매개입니다.[5]

유사 기독교를 포함해서 그리스도인이 일으키는 대부분 불화는 이러한 신학을 바르게 이해하지 못함이 원인입니다. 율법주의 유사 기독교와 그러한 성향의 교회는 세상 향유享有enjoy를 타락으로 인식합니다. 이것은 명백히 기독교 사유가 아니고 신플라톤주의를 비롯한 세상 모든 종교 사유입니다. 오늘날 기독교가 세상을 악한 곳으로 인식하는 것은 기독교 최대 비극입니다. 원시 기독교는 세상을 악하게 인식하는 영지주의를 극복했습니다. 그러나 아우구스티누스에 의해 세상을 악하게 인식하는 사유가 다시 기독교 현실이 되었습니다.

우리가 신을 사랑한다는 것은 부분인 내가 전체인 세계를 사랑하는 것과 같습니다. 내가 신을 통해 만물과 관계함으로써 신의 뜻과 목적에 참여하여 생명과 자유-평화를 얻습니다. 그것이 구원입니다. 그러므로 아우구스티누스가 세상을 이용하여 하나님을 향유하라는 신학은 신플라톤주의에 따른 잘못된 신학입니다.

기독교는 그의 표현을 따르자면 하나님 이용으로 세상을 향유 합니다. 우리식 표현으로는 하나님께서 초대하는 하나님나라에서 좋은 관계로 기쁨과 평화로 사는 게 구원입니다(롬 14:17).

유대교 유신론

하나님이 모세에게 말씀하시길, 조상들에게 야훼란 이름을 알리지 않았다고 합니다(출 6:3). 후에 야훼 하나님은 이스라엘 부족 신으로 고유명사가 됩니다. '엘'은 중동 전역에 알려진 신입니다. 이스라엘 조상인 아브라함 이삭 야곱과 이집트를 탈출한 노예 민족과 결합한 떠돌이들인 하비루(히브리)족을 포함해서 중동 전체가 섬기는 하나님으로서, 신이라는 일반 명사입니다.[6] 지금 이슬람에서 부르는 알라가 엘 신입니다.

이스라엘 민족의 이집트 탈출은 서기전 14세기이고 창세기는 그들 조상 이야기인데 서기전 10세기에 기록되었습니다.

창세기를 포함해 구약에는 여러 문서가 함께 편집되어 있습니다. 야훼문서 J는 서기전 10세기 엘로힘문서 E는 서기전 9세기 신명기학파문서 D는 서기전 7세기 제사장문서 P는 서기전 7~6세기에 기록되었습니다. 그래서 엘과 야훼가 혼합되어 기록됩니다. 야곱이 형 이삭을 피해 외삼촌 라반에게 도주할 때 꿈에서 만난 하나님이 야훼이고 그곳을 기념하여 이름 지은 곳이 벧엘인데 벧엘은 '엘 신의 집'이라는 뜻입니다(창 28:10-22).[7] 야곱이 브니엘에서 하나님과 씨름하고 얻은 이름인 이스라엘 끝의 '엘'도 엘 신의 이름입니다(창 32:24-32). 후대에 오면서 야훼 신으로 통일됩니다.

신명기 32:8에서 지극히 높으신 자가 각각 민족을 만들어 낼 때 신들 숫자에 따랐고 그때 엘 신은 야훼 신에게 야곱 곧 이스라엘 민족을 몫으로 주었다는 것입니다. 엘 신을 최고신으로 하는 가나안 만신전이 전제되지 않으면 성립할 수 없는 이야기입니다. 이스라엘과 대척한 가나안 농경신 바알은 엘 신 아들입니다. 시편 89편은 신들 천상 회의를 배경으로 합니다. 신들이 모여 하늘에서 회의를 하는데 그 신들 중 야훼 하나님을 가장 두렵고 위엄이 있고 능력 있는 성실한 분이라고 찬양합니다.[8]

이스라엘에서 야훼나 엘 신은 전지전능한 신이 아닙니다. 이스라엘 민족 탈출은 마술 형식으로 이루어지지 않았습니다. 홍해가 갈라지는 이야기는 헐리웃 영화 '십계'가 그렇게 묘사해서 인식된 현상입니다. 그들은 갖은 고생과 반란을 겪으며 사막을 횡단했습니다.

탈출 후 주전 11세기 국가가 형성되기 전까지는 이스라엘은 산악지대에서 2백여 년 이상 살아야 했습니다. 여호수아서는 단숨에 가나안을 정복한 이야기지만 후대 기록이고요 판관기(사사기)는 산악지대에 살며 전쟁에 시달리는 이야기입니다. 기존 가나안 민족인 블레셋(팔레스타인) 민족이 평야에서 풍요롭게 살았습니다. 산악지대에 사는 삼손은 공연한 심술로 평야 곡식을 불태웁니다. 8세기 선지자들은 이스라엘 죄가 커서 하나님 진노로 고난을 겪는다고 말하지만 이스라엘은 처음부터 험난한 인생이었습니다. 결코 전지전능한 신 도움이라 할 수 없습니다. 고대 이스라엘은 신이 전지전능한 신이 아니므로 무신론이 없습니다. 그래서 히브리어에는 신뢰한다는 의미인 믿음(피스티스)이라는 단어가 아예 없습니다.

무신론 개념은 전지전능한 신인 그리스 로마 신 개념과 함께 발생했습니다. 그리스 로마 사람들 중에 신이 전지전능하다고 생각할 수 없어서 못 믿는 사람이 발생했습니다.

가톨릭은 하느님이라 부르고 개신교는 하나님이라 부르며 서로 옳다고 다툽니다. 위 예에서 보듯이 신을 무어라 부르는 것은 큰 의미가 없습니다. 우리가 계속해서 살펴보려는 것은 신 이름이 어떠해야 하는가가 아니라 신에 대한 의미가 무엇인가입니다.

오늘날 그리스도인들은, 우리가 기독교이므로 삼위일체 신론이어야 하는데 안타깝게도 유대교 신론에도 못 미치고 그리스 신론을 따르는 현실입니다.

---

1) 윌리엄 제임스 「하버드 철학수업」 이지은 나무와열매 2020, 52-53p
2) 한스페퍼 뒤르 외 「신 인간 과학」 여상훈 씽크스마트 2018, 44p

3) 칼 바르트 「교회교의학 1-1」 박순경 대한기독교서회 2003, 464-465p
4) 같은 책 454p
5) 케네스 레이너드-에릭 L 샌트너-슬라보예 지젝 「이웃」 정옥현 도서출판 b 2010, 113-114p
6) 길희성 「종교 10강」 동 2020, 60p
7) 김기홍 「유일신 야훼」 삼인 2019, 128p
8) 같은 책 125p

삼위일체 신론이 정립되다 2

우리가 앞에서 살펴본 대로 유대교 유일신 유신론은 후대에 와서 정립되었습니다. 이스라엘 후대 유일신 유신론은 강한 배타성을 보이는데 그것은 이 개념이 만물을 섭리하는 감독자로 존재하는 그리스 철학 신과 밀접하게 연관되었기 때문입니다.[1] 유대교 후기 신론이 그리스 철학 영향을 받아서 정립되었다는 말입니다. 이스라엘과 그리스 등 고대 신 본질은 폭력에 있습니다. 신이 폭력 속성을 가졌다는 말이 아니라 폭력을 통해 평화를 구합니다. 야훼 신도 적을 멸절하는 폭력 신입니다.

그리스 신 디오니소스는 많은 재앙들을 주관합니다. 디오니소스는 갑작스런 변동 뜻밖의 재난 공포 신으로 규정됩니다. 신이 깨뜨린 평화를 스스로 복구함으로써 신의 정당성을 찾습니다.[2] 교부들은 출발부터 강한 배타성을 가진 신 개념을 토대로 신학했습니다. 교부들은 기독교가 이러한 신 개념과는 전혀 다른 예수그리스도를 신으로 신앙한다는 사실에 조금도 주목하지 못했습니다. 실은 오늘날도 기독교가 이 사실에 주목하지 않습니다. 4~5 세기 교부신학을 지금도 이어가고 있기 때문입니다.

4세기 교부들은 "신은 누구인가? 신이 이 땅에 오셔서 무슨 일을 하셨는가?"에 대해 집중하지 못했습니다. "신 본성이 무엇인가?"에 집중했습니다. 그래서 성서가 증언하는 예수그리스도가 아니라 신 본성을 플라톤 철학으로 설명하여 예수께서 신 동일본질인가 유사본질인가 하는 문제의 투쟁에 생사를 걸었습니다. 교부들은 "예수는 근본 하나님의 본체시나 동등됨을 취하지 않으시고 종의 형체를 취하셨다"(빌 2:6-11), 또 "신(말씀)이 육신이 되셨고"(요 1:14) "세상을 사랑하셔서 심판하려는 것이 아니라

구원하려 하신다"(요 3:16-17) 등 성서가 증언하는 기독론에 대한 심오한 통찰을 외면했습니다.[3]

섭리론攝理論providence

라틴어에서 섭리providere라는 말은 미리 정해져 있음fore-ordering을 미리 본다는fore-seeing 말입니다. 기독교 섭리론은 구약성서가 아니라 그리스 플라톤 사상에서 유래했습니다. 플라톤은 10번째 법규에서 아테네 손님에게 이렇게 말했습니다. "신들은 자신의 소유물 즉 하늘과 땅의 모든 피조물을 애지중지 돌본다. 더구나 만물 중에서 미미한 것들이나 소소한 것들을 돌본다."[4] 이 섭리 신앙을 종교성 짙은 신플라톤주의 사상에서 세네카와 키케로도 가르쳤습니다.

기독교 최초 신학자 오리게네스(185~254)에 의해 이 섭리론이 인류 구속사를 해석하기 위해 신 양육 의미로 기독교에 유입되었습니다. 5세기에 아우구스티누스가 이것을 받아들여 요한복음 5:17 "아버지께서 일하시니 나도 일한다"는 예수 말씀과 연계해서 발전시켰습니다.[5] 16세기 종교개혁자들은 이 신플라톤주의 섭리 신앙과 기독교 믿음이 어떻게 다른지 인식하지 못했습니다.[6] 신플라톤주의 섭리론 강조점은 미리 정해진 것을 신이 그렇게 되도록 이끈다는 것입니다. 삼위일체 성령론 강조점은 신이 변화무쌍한 우리 현실을 돌보는 데 있습니다(요 6:66 고후 3:16). 섭리론 신관에서는 "진리가 너희를 자유케 한다"는 예수 말씀(요 8:36)은 거부되는 형국입니다.

16세기 종교개혁자 칼뱅은 섭리론을 적극 수용하여 신 작정론과 예정론 교리를 정립했습니다. 그는 하나님은 일어날 모든 일을 아시며 그의 목적에 맞게 이런 일들이 발생하도록 하시며 그의 목적대로 되도록 인도하신다고 합니다. 창세 전에 그리스도인이 선택되었다는 성서 진술(엡 1:4)은 그리스도인이 탄압으로 생명이 위협받는 엄혹한 현실에서 신앙을 지키고자 한 진술입니다. 성공자가 성서의 극히 미미한 진술을 바탕으로 자기가 구원받았다는 확신을 가진다면

  1. "행위에 따라서 심판 받는다"(롬 2:6) "주여 주여 하는 자마다 모두 천국에 들어가지 못한다"(마 7:21) "내가 이미 얻었다 함도 아니요 온전히 이루었다 함도 아니라 오직 내가 그리스도 예수께 잡힌 바 된 그것을 잡으려고 달려가노라"(엡 3:12) 등 성서 말씀은 거부되는 형국입니다.

  2. 기독교 신은 가난한 사람 소외자 실패자의 하나님이라는 진리가 거부됩니다.

  성서는 하나님께서 원하지 않는 일이 일어나므로 "성령 하나님께서 말할 수 없는 탄식으로 우리를 위하여 기도하신다"고 합니다(롬 8:26). 기독교가 이 지경이 되었으면 신학과 역사를 돌아보고 새로운 길을 모색함이 순리일 텐데 오늘날 기독교 주류가 성서도 아니고 중세신학 신론을 그대로 따르는 이유는, 그러한 신학이 신학자와 목사 신부가 공동체를 통제하고 지배하기 쉽기 때문입니다.

전지전능한 신

  구약성서에 하나님은 야훼와 엘 샤다이로 표기됩니다. 히에로니무스(Jerom 347~420)는 히브리 성서를 라틴어로 번역하면서(불가타 역) 야훼는 '주님'으로, 엘 샤다이는 '전능한 하나님' God almighty으로 번역했

습니다. 이 결정으로 모든 그리스도인들은 하나님을 전능한 분으로 생각하게 되었습니다. 그러나 현재 이스라엘 랍비들은 엘 샤다이를 '젖가슴 가진 분'breasted One이라는 뜻이라고 말합니다.[7] 삼위일체 신인 보혜사 성령 하나님과 유사한 의미입니다. 전능한 신 개념은 히에로니무스의 잘못된 번역과 교부들이 신 개념을 그리스 신 개념에서 찾았기 때문입니다. 한편, 엘욘은 '지극히 높으신 이'(마소라 텍스트)와 '강력한 자'(바룩2서)로 번역합니다.[8]

고대와 중세에서 신 개념을 논할 때 요한복음과 같이 예수께서 어떻게 신인가는 전혀 논의되지 않은 현실이 기이합니다. 그동안 신학에서 전능한 하나님이란, 사건들에 영향을 주기보다는 오히려 완전히 그 모든 사항을 결정하신다는 의미로 쓰였습니다. 이러한 의미는 성서에 분명하게 나타나 있지 않습니다. 전지전능한 신 개념은 중세 서양사 산물로서 서구 신학 개념입니다.[9]

종교개혁자 칼뱅에게서 하나님 전능이란 하나님 자신이 비밀스런 계획에 따라 만물을 통제하는 것을 말합니다(「기독교강요 3」 23, 7). 이러한 입장은 모든 성공이 하나님 축복이고 재난과 역경은 하나님 저주라는 의미입니다(「기독교강요 1」 16, 4, 6, 8).[10] 칼뱅 주님은 예수그리스도가 아니고 플라톤입니다. 절대 무한 불변 전지전능 완전한 선이라는 신 개념은 플라톤 신 범주입니다. 이러한 신플라톤주의 신 개념이 아우구스티누스 토마스 아퀴나스 루터 칼뱅과 현재 그들을 따르는 서구 신학 정통주의 입장입니다.[11] 성서 시대를 제외하곤 오늘날까지 주류 신학은 한 번도 민중 하나님을 고백한 때가 없습니다. 언제나 교회와 국가 지도자가 지배하는 데 봉사하는 신학입니다.

현재 한국 개신교 주류인 복음주의는 19세기에 미국에서 이신론과 자유주의 신학에 대항하기 위해 발흥했습니다. 복음주의는 성서 문자주의와 칼뱅 신론에 의해 자본주의 세계와 완벽하게 결합했습니다.[12] 복음주의 신학자와 목회자들은 2세기 교부들이 신학을 정립할 때 성서와 그리스 철학이 어떻게 다른지 인식하지 못한 것처럼 성서와 자본주의가 어떻게 다른지 인식하지 못했습니다. 이러한 성공 성취 업적 신학이 교회를 부패하고 병들게 하여 기독교 쇠락 길로 가는 중입니다. 젊은이들은 화려하고 웅장한 교회와 성당을 보고 기독교 성공이 자신들과 무슨 관계인가 묻습니다.

자본주의의 신자유주의 정책으로 인해 빈부격차가 증대되어 발생하는 가난한 사람들과 과도한 경쟁에 밀리는 청년들에게 교회와 성당이 위로와 희망이 되지 못합니다. 오히려 이러한 현실을 교회와 성당이 조장합니다. 부자와 성공자가 교회에서 우대받고 좋은 대학 좋은 직장 젊은이가 하나님 축복으로 칭송되고 있는 현실이 분명한 사례입니다. 오늘날 그리스도인은 예수께서 화려한 교회를 싫어 하신다는 사실을 모릅니다. 예수께서 화려한 예루살렘 성전을 보고 우셨습니다(눅 19:41-44). 또한 예수께서 차별 상징이 되고 있는 예루살렘 성전에서 채찍을 휘두르시며 항쟁하십니다.

성서는 하나님을 전지전능한 신으로 고백하지 않습니다.

하나님 힘은 설득이지 통제와 지배가 아닙니다. 화이트헤드는 "선은 어떤 악이 만들어내는 것보다 더 많은 선을 만들어낸다"고 합니다.[13] 과정신학 신론은 하나님은 인간 자유를 위해서 모든 것을 열어두신 분이라는 것입니다. 하나님과 세계는 서로 별개가 아니라 서로에게 영향을 줍니다. 사태가 피조물에게 좋지 않게 흘러갈 때 하나님은 고통을 당하십니다.[14]

성령 하나님은 말할 수 없는 탄식으로 우리를 위해 기도하십니다(롬 8:26)

전지전능 신 개념은 인간 자유의지를 부정합니다. 전지전능 신개념으로 인해, 오늘날 우리는 타인의 삶을 삽니다. 명예 권력을 비교우위에 두기 위하여 행위하고 행복도 타인과 관계하는 나 속에서 찾습니다. 믿음은 법과 관습 그리고 타인의 시선에 매이지 않는 자유로 인도합니다. 그럼에도 불구하고 오늘날 신앙인은 잘못된 전통을 정통이라 우기며 억압된 신앙생활을 하는 현실입니다. 자유의지는 인간 진보를 추동하고 행복을 가져다줍니다. 감정 감성은 뇌의 전두엽에서 작용합니다. 이처럼 기억 이해 등 의식작용은 뇌의 지정된 기관의 작용입니다. 그러나 자유의지는 어느 기관이 있지 않고 뇌 전체의 통섭統攝consilience 작용에 의해 발현합니다.[15]

우리는 자유의지가 존재하는 것으로 착각하고 삽니다. 그러나 자유의지는 우리의 끊임없는 노력과 투쟁으로 계발됩니다. 자유는 구하는 자에게 주시는 하나님 선물입니다. 칼 바르트 스승인 W. 헤르만은 "실재 근원은 인간 이성에 있지 않고 신에게 있다"고 합니다. 이러한 인식에 따라서 칼 바르트는 우리에게 오는 절대 타자로서 신 개념을 계발했습니다.[16] 신은 실제 효과를 주기 때문에 실재합니다.[17]

그는 우주의 가장 중심 실재는 '모든 사물과 사건의 현실 배후에 있는 무한한 생명과 힘을 가진 영'이라고 합니다. 우리 인간의 삶에서 가장 중심은 이 무한한 생명인 하나님 생명 흐름에 나를 열어놓는 것입니다.[18]

우리에게 신 인식이 왜 중요할까요?

포이어바흐는 신이란 인간 의식이 투사된 존재라고 합니다. 절반은 맞는 말입니다. 인간은 자기가 믿는 신이 어떠한가에 따라 신을 따라서 행위하기 때문입니다. 그동안 기독교 신은 지배하고 통치하는 폭력신입니다. 12세기 3차 십자군은 예루살렘을 함락하고 유대인과 이슬람인 어린이와 여성을 포함해 1만여 명을 학살했습니다. 당시 1만 명은 오늘날 비중으로 백만 명도 넘습니다. 예루살렘 도시에 피가 말발굽까지 찼다고 합니다. 16세기 종교개혁 30년 전쟁으로 유럽 인구의 35%가 죽었습니다.

오늘날도 교회와 성당 하나님은 지배하고 통치하는 하나님입니다. 재미있는 표현은 목사 신부들은 교회와 성당은 민주 제도가 아니라 하나님 통치 제도라고 떳떳하게 말합니다. 그러고서 자기가 하나님 대리자라고 우기고 자기가 통치합니다. 내가 제일 싫어하는 말은 교회 성당은 인본주의가 아닌 신본주의라는 말입니다. 인간성을 잃고 무엇을 하겠다는 건지 모르겠습니다.

흥미로운 사실은 신자들도 목사 신부가 하나님 대리자라는 데 동의합니다. 그리스도인 모두는 하나님과 직접 관계하는 왕 같은 제사장이라는 성서는 무시된 지 오래입니다(벧전 2:9). 16세기에 칼뱅이 그렇게 해서 제네바 시를 4년여 엄숙 통치하여 예배 불참자를 감옥에 가두었습니다. 그는 재세례파 그리스도인 7천 명을 교리가 다르다는 이유로 학살했습니다. 삼위일체 신을 반대하는 세르베투스를 화형시켰는데 정작 자신은 삼위일체 신을 좋아하지 않았습니다. 자기가 통치해야 하기 때문입니다. 오늘날 만약 법이 허용한다면 교회에 살인과 고문이 만연할 거라는 게 나의 생각입니다. 거듭 말씀드리지만 전지전능 신 개념은 기독교 배타성과 폭력을 조장합니다. 전지전능 신 개념은 하나님나라 현재성과 삼위일체 신론 실종이 원인입니다.

---

1) 리처드 보컴 「예수와 이스라엘의 하나님」 이형일-안영미 새물결플러스 2019, 37p
2) 르네 지라르 「폭력과 성스러움」 김진식-박무호 민음사 2019, 201-202p
3) 리차드 보컴 113p
4) 볼프하르트 판넨베르그 「신학과 철학」 오성현 종문화사 2019, 114-115p
5) 볼프하르트 판넨베르그 「판넨베르그 조직신학 2」 새물결플러스 2018, 84-85p
6) 칼 바르트 「교회교의학 3」 윤응진 대한기독교서회 2016, 55p
7) 존 캅 「예수의 아바 하나님」 박만 한국기독교연구소 2018, 20-21p
8) 리처드 보컴 「예수와 이스라엘의 하나님」 이형일-양영미 새물결플러스 2019, 202-213p
9) 찰스 하트숀 「하나님은 어떤 분이신가」, 홍기석-임인영 한들출판사 1995, 19, 29p
10) 데이빗 그리핀 「과정신정론」 이세형 이문출판사 2007, 139p
11) 존 쿠퍼 「철학자들의 신과 성서의 하나님」 김재영 새물결플러스 2011, 53-54p
12) 카렌 암스트롱 「신을 위한 변론」 정준형 웅진지식하우스 2013, 366-371p
13) 찰스 하트숀 349, 375p
14) 존 쿠퍼 311p
15) 에드워드 윌슨 「통섭」 최재천-장대익 사이언스북스 2016, 183-227p
16) 하워드 아일랜드-마이클 제임스 발터, 「벤야민 평전」, 김정아 글항아리, 2018, 225p
17) 윌리엄 제임스 「종교적 경험의 다양성」 김재영 한길사 2019, 604p
18) 같은 책 166p

삼위일체 신론이 정립되다 3

신앙인과 비신앙인 변곡점은 "우주가 어떤 목적을 향해 가고 있는가, 아무 의미 없는 우연으로 가고 있는가"입니다. 신앙인은 신 힘에 의해 역사하는 우주에서 나의 역할이 무엇인가를 찾습니다. 신앙인인 나는 세계와 함께하는 나입니다. 교향곡에서 하나 음표가 전체에 기여하는 주제 없는 음표라면, 별개로 떼어놓을 땐 아무 의미 없는 기표에 불과하고 산만한 소리에 불과합니다. 그 음표가 주제에 맞추어 함께 소리를 낼 때 감동을 일으킵니다. 철학계는 오랫동안 일원주의 관념론과 다원주의 경험론 혹은 프래그머티즘(실용 실제주의) 간 투쟁이 있습니다. 일원주의 관념론 나라 독일은 히틀러 나치와 독일 병정을 낳았고, 다원주의 프래그머티즘 미국은 연방국가를 낳았습니다. 한국 교회 성당은 다원주의 삼위일체 신론이 실종되고 일원주의 관념론 신앙 즉 아버지 하나님 중심이라 각 개별 신자 중심 신앙이 아니고 목사 신부 중심 신앙생활 합니다.

고대 기독교가 저항한 당시 세계 사상은 영지주의입니다.
1. 영지주의는 가장 잘난 사람을 숭상하지만 예수께서는 약하고 보잘 것 없는 사람과 자신을 동일시합니다. 잃은 양 비유에서 우리 복음서는 그냥 잃은 양 한 마리인 반면에 영지 문서인 도마복음은 아흔아홉 마리보다 잃어버린 한 마리가 크고 귀해서 찾아 나섭니다(도마복음 107장). 예수께서 "너희가 지극히 작은 자 중에 한 것이 곧 내게 한 것이니라" 하십니다(마 25:31-46).
2. 영지주의는 하나로 일치를 주장하는 일원주의입니다. 즉 전체주의

입니다. "너희 둘을 하나로 만들 때 너희들이 속을 겉과 같이 만들고 겉을 속과 같이 만들고 ... 남자와 여자를 하나로 된 자로 만들어 ..."(도마복음 22장)

3. 영지주의는 하늘 천국을 구원으로 여기고 이 세상을 악한 곳으로 파악하여 잠시 사는 세상으로 여깁니다. 영지주의는 예수께서 가라사대 "우리는 지나가는 존재들이다"라고 합니다(도마복음 42장). 오쇼 라즈니쉬 번역이고 김용옥 번역은 "방랑하는 자들이 되어라"입니다).[1]

지도자 중심 신앙인 일자 the one 개념은 소외를 발생합니다. 각 개 신앙인 별로 독립성을 보장하는 다자 the many 개념이 친밀성과 화해-평화로 인도합니다.[2] 다자 개념인 삼위일체 신론은 4세기에 오늘날 터키 북부 카파도키아 교부들인 카에사리아 바실리오스와 니사 그레고리오스 형제 나지안조스 그레고리오스에 의해 성립되었습니다. 성서에 하나님이 예수와 동등하고 예수와 성령이 같다는 진술을 담기 위한 방편입니다.[3] 모든 신 이름은 인간 의지가 투영된 이름입니다. 그러나 삼위일체 신은 성서에 계시된 신의 뜻을 찾아서 불리어진 이름입니다. 주님으로서 하나님 자기 계시는 계시자(아버지 하나님) 계시(아들 하나님) 계시되어 있음(성령 하나님)의 삼위일체 구조를 가지고 있습니다. 이것이 삼위일체 성서 기초입니다.[4] 앞서 말씀드린 대로 우리는 하나님을 존재로 파악할 수 없습니다. 부분은 전체를 담을 수 없고 하나님은 우리 의식 밖 무엇이기 때문입니다. 그래서 우리는 신을 무 무한 절대타자 등으로 부릅니다. 우리는 신이 우리에게 계시해 주는 한도 내에서 알 수 있을 뿐입니다.

기독교는 신이 인간이 되셔서(요 1:14) 사역하시고 가르치시고 생명과 자유-평화로 인도하심을 믿습니다. 따라서 신을 존재로 파악하는 것이 아니라 행위로 파악합니다. 삼위일체 신은 행위로 파악하고자 하는 일환입니다. 삼위일체 신은 신이 3이라는 삼신론과 1신이 각각 3형태로 존재한다는 양태론에 빠질 염려가 있습니다. 그리스도인 가운데도 셋이 하나라는 논리 결함 때문에 반대하는 사람이 있습니다. 신을 인격으로 이해해서 오는 오해입니다. 신은 인격이 아니라 영입니다. 그동안 삼위일체 신을 우리 현실에 빗대어 설명하려는 노력이 있었는데 모두 적절치 않습니다. 신은 우리 현실 너머 무엇이기 때문에 우리 현실에 유비allegory할 수 없습니다. 삼위일체신은 1+1+1=1라는 말이 아닙니다. 무한+무한+무한=무한이라는 뜻입니다.[5] 0+0+0=0과 같습니다.

  4세기 삼위일체 신론이 정립된 이후 현대에 볼프하르트 판넨베르그 위르겐 몰트만 미로슬라브 볼프 등 학자들이 적극 개진하기 전까지는 잊혀 있었습니다. 11세기를 전후한 스콜라 신학은 이성과 자연에서 창조주 신을 파악하는 입장에서, 16세기 종교개혁자들은 전쟁통에 강력한 지도력 발휘를 위해 하나님 주권 신학을 강조하기 위해서, 18~19세기는 계몽주의로부터 비롯된 이신론과 자유주의 신학이 윤리 도덕이 중심되어 예수 인성을 강조하기 위해서 삼위일체 신론이 필요하지 않았고 잊혀 있었습니다.

  신학은 자기 시대 고백입니다. 오늘날도 교회와 성당은 신자들 복종을 통해서 신자 숫자를 성장시키려는 의도로 하나님 주권 신학을 강조하고 삼위일체 신은 외면합니다. 한편 예수 세미나 등 소위 진보 신학은 예수 역사성과 윤리를 강조하기 위해서 삼위일체 신을 외면합니다. 오늘날 각 부분 독립성을 보장하는 다원주의 시대에 삼위일체 신이 우리에게 생명과 화해-평화로 인도합니다. 삼위일체 신은 내재삼위일체와 경륜삼위일체로 이해합니다.

내재삼위일체 perichoresis

니케아 공의회(325년)와 콘스탄티노플 공의회(381년)에서 삼위일체 신이 기독교 신으로 공식화됐습니다. 이때는 아버지 하나님 아들 하나님 성령 하나님인 내재 상호교류 perichoresis 삼위일체로 설명되었습니다. 페리코레시스 즉 동등함으로 상호 교류하는 삼위일체 신은 각 개체가 존중되는 보편주의로서 기독교 근본이념입니다. 삼위일체 신에게 자기 본위란 있을 수 없습니다. 침묵과 자기 비움(케노시스)이 있을 뿐입니다.

그런데 이때 하나님 영원성과 불변성에 집중하여 역사 진행 과정과 접촉하는 신은 설명하지 못했습니다. 즉 경륜 하나님은 설명하지 못했습니다. 현재 한국에서는 유대교처럼 창조주 하나님만 설명되고 있습니다. 혹 설명되는 삼위일체 신도 내재 삼위일체 신에 머물러 있는 실정입니다. 한국 교회가 세상과 갈등하는 이유는 삼위일체 신이 아니라 아버지 하나님 주권만 강조하고 영은 물질 반대 개념으로 파악하는 데 있습니다.

경륜삼위일체

창조자 하나님 화해자(역사) 하나님 구원하시는 하나님인 경륜 삼위일체는 해석 출발점이 신 주체라는 표상이 아니라 신을 세계 사건 과정과 그 맥락에 대한 경험에서 얻은 해석입니다.[6] 삼위일체 신을 외면하고 성부 하나님 중심 믿음을 가지면 자기가 바라는 것이 신이 되므로(루터) 현대판 우상 섬기기가 됩니다. 야훼는 창조주 하나님이시고, 갈릴래아 사람 예수는 신 비움(케노시스)을 우리에게 보이시고 사역하신 겸허한 하나님으로 화해자 하나님이시고, 성령 하나님은 우리 고통에 탄식하면서 사랑으로 우리 삶에 실존하는 구원자 하나님입니다.[7]

이러한 신이 한 분 하나님이라는 신론이 삼위일체 신론입니다.

아버지 하나님 : 창조자 하나님

고대 기독교에서 이단은 하나님 창조 성육신 삼위일체 하나님 중 어느 하나라도 부정하는 것이 기준이었습니다. 삼위일체 신이란 아버지 하나님이 창조하시고 아들 하나님이 계시하시고 성령 하나님이 구원하시는데 같은 한 분이라는 뜻입니다. 하나님이 세계를 창조하셨다는 뜻은 과학이 무엇을 발견하든지 그것이 하나님 사역이고 또한 세계가 아무 목적 없이 우연으로 운행하는 것이 아니라 신 목적에 따라 필연과 우연 속에서 하나님 선한 의지로 운행한다는 의미입니다.

아들 하나님 : 화해자 하나님

삼위일체 신은 예수께서 어떻게 신인가를 설명하는 과정에서 성립했습니다. 즉 예수 신성을 확립하려는 의도입니다. 신이 땅으로 오셔서 우리 삶 가운데 거하시며 우리를 심판하지 않고 구원하시는 일환으로 우리에게 기쁨-평화로 인도합니다. 기독교 하나님이 아들 하나님이라는 고백은 우리에게 더 이상 지배 형태를 주장하는 어떤 담론도 믿지 말 것을 주장하는 신앙입니다.[8] 유대교 아버지 하나님 담론은 자신들만의 하나님이라는 인식하에 스스로 세계로부터 고립되었으나 아들 하나님이라는 담론은 더 이상 고립이 아니라 세계와 연대입니다.[9] 하나님께 순종하라며 주권 신학을 강조하는 목사 신부는 신자를 지배하려는 의도만 아니라, 교회를 세계로부터 고립시키는 결과를 가져옵니다.

신이 인간이 되셨다는 성육신(요 1:14)은 은유metaphor입니다. 은유는 시와 같아서 산문으로 번역할 수 없습니다. 은유는 공동연상체계system of associated commonplaces 즉 공동체가 다양하게 해석함으로서 이해 폭을 넓히는 언어입니다.[10] 신이 인간이 되셨다는 성육신은 신이 스스로 자신 권한을 제한한 사건입니다. 신 제한은 신이 인간에게 주신 선물입니다. 지배 권한 남용 등은 우리를 평화로 인도하지 않고 불행으로 인도합니다. 하나로 일치 강함 크게 됨 성공 풍요 번영은 당시 영지주의 사유입니다. 이러한 풍토에서 구별되나 배척하지 않고 연대 연약함 실패가 은혜라는 성육신 사유는 충격입니다.

기독교는 무능이 계시된 신을 믿습니다. 신이 인간이 되셔서 신 힘을 행사하지 않고 포기하여(케노시스) 화해 사역을 감당하셨다는 의미는 부자와 강한 자는 교만하지 않아야 하며 가난한 사람과 실패자 병든 자 소외자 약한 자가 존엄이 지켜지는 가운데 화해-평화하는 세상이 되어야 한다는 뜻입니다. 또한 교회가 성공한 사람이 자랑질하는 곳이 아니라 가난한 사람 병든 자 실패자가 존중받는 곳이어야 한다는 의미입니다.

오늘날 개신교 주류 신학인 복음주의는 가장 멋진 이름을 가졌음에도 불구하고 2천년 기독교 역사상 가장 엉터리 신학 사조입니다. 왜냐하면 기독교가 가장 저항했던 1세기 영지주의 사유와 같기 때문입니다. 기독교는 영원으로부터 오는 계시를 통해 이 땅에 새로운 가치를 전하는 종교입니다. 그러나 19세기 미국에서 발흥한 복음주의는 세상과 결합하여 교회를 자본주의화하는데로 앞장섭니다. 안타까운 사실은 복음주의가 예수 바울 루터가 종교 억압으로부터 자유하기 위하여 종교를 세속화하여 삶의 기쁨으로 인도한 삶의 여러 가지 편의와 놀이 문화 등을 영지주의와 같이 경건을 이유로 거부합니다.

다시 말씀드리면 영지주의는 세 가지 핵심 사상입니다.
1. 개체 독립성을 존중하지 않는 일원주의입니다.
2. 크게 됨 하나로 일치함 즉 성공과 업적을 존중하고 약함과 실패를 저주합니다.
3. 세상을 악하게 인식하여 세상을 벗어나 하늘 천국을 구원으로 인식합니다. 따라서 세상 즐거움을 거부하고 오락 놀이 문화를 죄악시합니다.

오늘날 개신교 주류인 복음주의가 이러한 고대 영지주의와 같은 사유 속에서 신앙생활 합니다. 고대 기독교는 당시 시대사상인 영지주의를 이기고 세상에 우뚝 서서 빛과 소금이 되었습니다. 그러나 오늘날 기독교는 자본주의에 굴복하고 세상으로 흡수되었습니다. 칼뱅 신학과 복음주의는 놀라울 정도로 고대 영지주의, 또한 오늘날 자본주의와 같습니다. 칼뱅 신학은 강함과 성공은 하나님 축복이고 약함과 실패는 하나님 저주입니다. 이렇게 예수와 반대되는 신학으로 무장한 복음주의가 기독교를 세상에 굴복하게 했습니다.

성령 하나님 : 구원자 하나님

오늘날 교회와 성당에서 영을 물질 반대 개념이나 신이 나에게 준 특별한 재능이라는 은사 개념으로 인식하는 경향을 보입니다. 그래서 은사 체험이라는 등 이상한 행동을 하기도 합니다. 그러나 이러한 개념은 그리스 사상 즉 신플라톤주의 사상입니다. 기독교 성령은 현재를 세계 가치관이 끝나고 신이 새롭게 열어 주시는 하나님나라 삶으로 인도하는 종말로 인식합니다. 즉 하나님나라입니다. 이때에 성령은 하나님이 함께 하시는 보증으로 인간에게 부어지는 힘입니다(고후 1:22, 롬 5:5, 갈 5:22-23).[11] 영은 현재 나의 삶을 의미 있는 삶으로 인도합니다. 영은 우리에게 자유를 주고 우리를 살리는 생명입니다.

"육신의 생각은 사망이요 영의 생각은 생명과 평안이니라"(롬 8:6)
"살리는 것은 영이니 육은 무익하니라 내가 너희에게 이른 말은 영이요 생명이라"(요 6:63)

"그가 또한 우리를 새 언약의 일꾼 되기에 만족하게 하셨으니 율법 조문으로 하지 아니하고 오직 영으로 함이니 율법 조문은 죽이는 것이요 영은 살리는 것이니라"(고후 3:6)

1) 이정만 「기독교는 왜 도덕과 경건이 아닌 사랑인가」 한들출판사 2016, 22-32p
2) 윌리엄 제임스 「다원주의자의 우주」 김혜련 아카넷 2018, 299p
3) 삼위일체 신론 근거 본문은 사 61:1 마 28:19 롬 1:1-4 살후 2:13 벧전 1:2 계 1:4 고후 13:13 고전 12:4 엡 4:4 빌 2:6-11 등
4) 칼 바르트 「교회교의학 1-1」 박순경 대한기독교서회 2003, 408p
5) 카렌 암스트롱 「신을 위한 변론」 정준형 웅진지식하우스 2013, 196p
6) 볼프하르트 판넨베르그 「판넨베르그 조직신학 1」 김영선 은성 2003, 629p
7) A N 화이트헤드 「과정과 실재」 오영환 민음사 1991, 588-590p
8) 알랭 바디우 「사도 바울」 현성환 새물결플러스 2008, 87p
9) 도미니크 핀켈테 「바울의 정치적 종말론」 오진석 도서출판 b 2015, 39p
10) 존 힉 「성육신의 새로운 이해」 변선환 이화여자대학교출판부 1997, 145-147p
11) 한스 큉 「교회」 정지연 한들출판사 2014, 233p

3

스콜라 신학에 대하여

신약성서가 증언하는 하나님나라는 이스라엘 백성들이 기대했던 정치-군사 하나님나라도 아니고 오늘날 그리스도인들이 생각하는 저 세상 천국인 피안 하나님나라도 아닙니다. 신약성서는 지금 이 땅에서 하나님 백성으로서 어떻게 살아서 생명과 자유-평화를 얻을 수 있는가를 예수께서 사역하시고 가르치신 내용과 그에 따라서 1세기 성서 시대 그리스도인들이 어떻게 신앙생활 했는가에 대한 증언입니다. 즉 지금 내 삶에서 이루어가는 하나님나라 삶에 대한 이야기입니다. 그럼에도 불구하고 오늘날은 믿음과 삶이 유리된 현실입니다. 우리는 구원을 우주화 내면화함으로써 성서에서 말하는 풍부한 삶 이야기를 놓치고 있습니다. 우리는 신학의 역사 과정을 찾아가면서 이 문제에 대한 원인을 밝히려는 목표가 있습니다. 거듭 말씀드리지만 우리는 신학 전반을 평가하려는 의도가 아니라 신학이 성서와 어떻게 다르고 성서가 제시하며 요구하는 삶을 떠난 신학인가를 밝히는 데 주력합니다.

스콜라 신학은 유럽이 기독교 국가로 통일되었던 시대인 샤를 대제(742~814)부터 중세 말기인 14세기까지 신학을 말합니다. 이 신학은 이성과 믿음 지성과 의지를 탐구했습니다. 즉 믿음을 철학으로 탐구했습니다. 성서에 계시된 하나님 의가 인간 의와 어떻게 다른지 주목하지 못했습니다. 스콜라 신학 표어는 '이해하는 믿음'입니다. 이성으로 믿음(계시)을 파악하려고 했습니다. 그래서 이에 대한 반작용으로, 기독교 역사상 최대 베스트셀러인 중세 말기 토마스 아 켐피스의 「그리스도를 본받아」는 이성으로 믿음(계시)을 이해하려 하지 말고 헌신하라는 요구입니다. 당시 성서가 연구되지 못한 결과로 도덕과 선을 강조하기는 했지만 말입니다.

스콜라 철학이라는 용어는 학교school라는 말에서 파생되었습니다. 처음에 이 말은 현실과 전혀 관계하지 않는 무엇인가 삶과는 동떨어진 것이라는 의미가 있었습니다. 당시 신학은 고대 라틴어로 되어 있어서 대부분 대중은 이 문헌에 가까이할 수 없었습니다. 스콜라 신학자들은 지성과 동시에 신비주의자들입니다. 누미노제 즉 성스러운 예배 건축 미술 음악을 발전시켰습니다.[1] 예수께서 제시한 하나님나라 새로운 삶에 대한 자각이나 인식은 전혀 없었습니다. 이들 신학에 성서가 전혀 역할하지 못했습니다. 오늘날 기독교도 마찬가지입니다.

안셀무스(1033/34~1109)

안셀무스는 플라톤에 충실하여 물질세계를 영 실재보다 저등하다고 보았습니다. 그래서 물질세계는 진리 추구와 조화되지 않는다고 합니다. 그리고 실제 개별보다 보편 존재를 중요시했습니다. '노랑'이나 '인간성' 등입니다. 각각으로 존재하는 국화가 '노랗다'로 개별 존재하는 게 아니라 실재하는 '노란색'이 보편으로 존재한다는 의미입니다. 각 사람마다 개별 '인간성'을 인정하고 존중하는 게 아니라 보편으로 실재하는 '인간성'이 있다는 뜻입니다.[2] 개별보다 보편을 존중하고 실존(실제 삶)보다 본질(하늘 천국)을 중요시합니다. 한편 신앙 개인주의는 아우구스티누스에 의해 세워지고 프란치스코회로 이어졌습니다.[3] 개신교가 스콜라 신학을 거부하고 아우구스티누스 신학을 이어갔기 때문에, 개신교가 스콜라 신학을 이어받은 가톨릭보다 더 개인주의 신앙이 심화되었습니다.

개별을 존중하지 않고 물질은 천상보다 저등하다는 사유는 천상과 가까운 사람이 있다는 사회 구조 사상을 일으켰습니다. 사회를 계층으로 인식하여 평신도-사제-주교-교황이라는 위계제도hiearachy를 세웠습니다.⁴⁾ 모든 신자는 왕 같은 제사장이라는(벧전 2:9) 성서 말씀은 무시되었습니다. '다시 서는 기독교'는 성직자 없는 민주 제도여야 합니다. 지도자는 성서신학을 전공한 성서 해설자가 맡습니다. 교회에서 설교는 성서가 해설 증언되고 말씀이 선포됩니다. 그렇게 함으로써 하나님 의가 인간 가치체계와 어떻게 다른지 체화함으로써 삶의 변화를 이루어갑니다. 교양 교육 문화 예술 등은 교회 밖에서 펼쳐나가면 됩니다. 미국에서 귀국하여 부모 따라서 필자 교회에 출석한 40대 신자가 평생 처음으로 성서 설교를 들었다고 합니다. 현재 기독교 실정입니다. 교회는 철저히 성서가 증언되는 곳이어야 합니다.

죄 용서는 노예 해방을 위해 대신 값을 치른다는 의미인 대속이었으나 안셀무스는 그리스도의 죄 용서에 대해 만족설을 계발했습니다. 십자군 병사를 모병하기 위해 그리스도께서 하나님을 만족시키기 위해 죽으신 것처럼 병사들 죽음이 하나님을 만족시킨다는 교리입니다. 이해하는 신앙은 안셀무스 주장입니다.

토마스 아퀴나스(1224~1274)

아리스토텔레스 철학은 이슬람의 스페인 지배시에 유럽으로 도입되었습니다. 토마스는 아리스토텔레스 철학을 받아들여 신학을 세웠습니다. 토마스는 이 세계가 천상 그림자라는 플라톤 철학을 벗어나서 아리스토텔레스의 어느 정도 감각 세계가 실재한다는 주장을 받아들였습니다. 창조 세계가 선하고 좋았다는 기독교 실재론을 펴서 자연신학 근거를 세웠습니다.⁵⁾ 플라톤은 대상은 가짜이고 본질은 천상에 있다고 했지만 아리스토텔레스는 대상 안에 보이는 질료와 보이지 않는 형상이 있다고 합니다. 플라톤보다 대상 자체는 인정하는 사유입니다. 종교개혁자들이 스콜라 신학을 거부하고 오늘날 개신교가 자연신학을 발전시키지 못한 건 불행입니다. 자연신학 소홀은 지구 환경 폐해에 기독교가 역할하지 못하는 원인이 됩니다.

성서는 인간은 구원과 죄에 관한 한 철저하게 무력한 인간임을 증언합니다(롬 7:14-25). 토마스는 바울과는 다르게 인간 본성에 덕을 향한 지향성이 있다고 보았고 그것을 "인간본성 선"이라 불렀습니다. 그는 덕을 인간 본성이 나아가는 최종 목표로 보았기 때문에 거의 진리나 구원과 유사한 의미로 사용합니다.⁶⁾ 성서와는 다른 신플라톤주의 사유와 같습니다. 토마스에게서 하나님과 연합하는 은혜는 성화은혜sanctifying grace입니다. 성화은혜는 인간을 거룩하게 하는 은혜입니다. 이것이 가톨릭 정화 개신교 성화신학 기초가 됩니다. 토마스는 아리스토텔레스 덕을 받아들여 종교화한 신플라톤주의 사상을 수용하여 덕과 성화신학을 세웠습니다. 성서에는 덕을 통해 구원으로 간다거나 하나님이 인간을 거룩하게 하신다는 내용은 전혀 없습니다. 즉 정화나 성화는 성서에 없습니다.⁷⁾

4세기 아타나시우스에 의해 성서가 정립될 때 복음서와 하나님 의가 강조된 바울서신을 중심으로 이루어지고 인간 의 즉 성화가 강조된 서신들은 외경이 되었습니다. 디다케 클레멘스 등 주옥같은 교훈 글들은 도덕과 선으로서, 인간 의이기 때문에 성서가 될 수 없었고 외경이 되었습니다. 토마스는 아리스토텔레스 운동 법칙을 받아들여 구원 서정(순서) 신학을 세웠습니다. 인간 정화-신 조명-그리스도와 연합입니다. 구원 전에 인간에게 정화가 먼저 있어야 한다는 사상인데요 이것은 모든 종교가 같이하는 사상이고 죄인임에도 불구하고 하나님 은혜로 구원받는다는 기독교 사상과 다릅니다.

필자가 계속해서 기독교는 도덕과 선이 아니라 사랑이라고 주장하는 이유는 도덕과 선을 추구하는 신앙은 다른 사람과 자신을 구별하면서 인식하는 행위이므로 차별과 배제를 일으키기 때문입니다. 예수사랑은 차별과 배제가 아니라 선하지 않은 사람을 용납하는 행위입니다. 예수사랑에 억압하고 지배하려는 세력은 포함되지 않습니다. 왜냐하면 예수께서 그들에게는 저항하셨기 때문입니다.

한편, 스콜라 신학자들 특히 토마스는 이성과 믿음을 이해하기 위해서 그 둘을 확연히 구별했습니다. 그에게는 신은 이성으로 파악할 수 없는 존재입니다. 그러나 안셀무스와 토마스 이성은 신을 구별하여 이해하기 위한 이성이지만, 유명론자 오캄은 신은 이성으로 파악할 수 없는 확연히 구별된 존재입니다. 우리는 앞으로 이러한 인식이 스콜라 신학과 유명론에서 이성과 계시를 구분한 것과 함께 루터에게서 믿음이 이성과 의지와는 별개가 되는 과정을 살펴봅니다.

---

1) 폴 틸리히 「그리스도교 사상사」 잉게베르크 C 헤넬 엮음 송기득 대한기독교서회 2020, 227-228p
2) 로저 E 올슨 「이야기로 읽는 기독교 신학」 김주한-김학도 대한기독교서회 2009, 372p
3) 폴 틸리히 289p
4) 김용규 「신」 IVP 2018, 114-116p
5) 존 D 카푸토 「철학과 신학」 김완종-박규철 기독교문서선교회 2016, 50-51p
6) 김동건 「그리스도론의 역사」 대한기독교서회 2018, 403p
7) 이정만 「기독교의 본류를 찾아서」 한들출판사 2015 259-286p에서 기독교는 왜 성화가 아닌가에 대해 논구했습니다.

4

근대 시작과 기독교

유명론과 기독교

플라톤은 세계가 천상의 그림자라고 하면서도 인간은 자신 안에 절대선과 신 그리고 보편에 대한 관념idea을 가지고 있다고 합니다. 보편은 감각 세계에서는 찾을 수 없다고 하더라도 그 볼 수 없는 보편이 실재reality 한다는 사상입니다. 스콜라학자들은 사물에 대한 실재와 관념 사이의 관계에 관심을 가졌습니다. 한 사물이 그 자체로만 존재하는지 혹은 그 사물이 가지고 있는 관념도 존재하는지에 대한 추구입니다. 중세 스콜라학자들은 플라톤 사상에 따라서 실제 존재는 경험되는 개체가 아니라 천상에 존재하는 보편이 실재라고 합니다.

빌헬름 폰 오캄(1285/90~1348년경)은 이에 반기를 들었습니다. 그는 '노란색'은 어딘가 존재하는 것이 아니라 이름뿐이고 실체를 설명하는 술어이고 의미를 전달하는 기호일 뿐입니다. 노란 꽃으로 존재하는 것만이 실재입니다. 보편은 정신 속에 있거나 말이나 글 속에 존재합니다. 보편은 어떤 의미를 전달하는 개념입니다. 보편이 이름으로만 존재한다 해서 유명론입니다. 오캄은 토마스 아퀴나스가 세운 이성과 신앙 협력 관계를 거부했습니다. 오캄에게 신은 이성으로 파악할 수 없는 존재로서 믿음 대상입니다. 토마스와 안셀무스는 이해 가능한 계시와 이해 가능하지 못한 계시를 구분합니다. 오캄은 모든 계시는 이성으로 이해 가능하지 못하다고 합니다. 오캄에 와서 이성과 계시가 최종으로 결별합니다.[1] 그리고 신이 철학 대상이 아니고 역사를 지배하는 실재라는 사상은 신학의 새로운 차원을 열었습니다.[2]

오캄은 보편을 중시하는 중세 체제를 해체하고 개별을 존중하는 근대 사상을 연 새 시대를 만든 인물로 평가됩니다.[3] 개별주의는 교회의 성직

계급 위계제도를 반대했습니다.[4] 오캄은 최상위 존재라 하며 예수 요구인 사도 빈곤을 위반한 교황을 이단이라고 비난했습니다. 루터는 오캄 학파를 두루 섭렵하여 그로부터 영향을 크게 받았습니다.[5] 중세 실재론은 개인에게 그 가능성을 발전시키지 못했습니다. 개인 인격성에 대한 존중은 유명론에서 싹텄습니다. 중세 성례전(예배)은 신과 개인에 대한 관계를 물을 수 없었습니다. 집행자 주관 요소만 있을 뿐입니다. 이것이 중세 교회가 무너지고 루터 등에 의해 종교개혁이 일어난 동기입니다.[6] 중세 자연신학에서는 자연이 하나님 직접계시입니다. 오캄은 이에 반대하여, 인간은 자연에 편만해 있는 신 계시를 파악하는 노력을 해야 한다고 합니다. 이것은 믿음이 신 계시의 진리를 믿는 기초가 되었습니다.[7]

유명론은 집단으로 존재하는 중세 실재론을 마감하고 궁극 실재는 각 개인에 있다고 하여 르네상스(문예부흥) 종교개혁으로 이어져서 자기 자신으로 존재하려는 용기가 전면으로 등장하게 되었습니다.[8] 개인에 고유한 자유는 하나님께서 자신 힘을 제한하면서까지 인간에게 준 선물입니다. 우리가 고대로부터 내려온 종교 지도자 자신들 지배를 위해 세운 신학을 거부할 때 종교 억압으로부터 자유할 수 있습니다. 이 점은 종교개혁 신학을 논의하면서 설명하겠습니다.

유명론이 근대 경험론과 유물론 토대입니다. 앞으로 우리는 근대가 시작하면서 종교개혁이 일어나고 그 종교개혁 신학이 어떻게 성서 중심 신앙을 가로막게 됐는지 살펴봅니다. 유명론과 종교개혁이 인간 존엄과 평등에 기여한 바가 실로 커서 인류 정신사 발전에 괄목할 사건임에 틀림없습니다. 그러나 후대는 그 정신을 올바로 따르지 못해서 믿음에 치명상을 입습니다. 앞으로 설명합니다.

모든 사상은 일방적이지 않습니다. 유명론이 인류 정신사에서 인간 존엄과 평등에 기여하여 근대를 연 사상임에 틀림없습니다.

그러나 유명론이 보편을 무시해서 기독교에 어떤 일이 발생했는지 살펴봅니다.

2세기 신학자 오리게네스는 보편을 중요시했습니다. 아우구스티누스는 오리게네스 신학을 따랐지만 보편은 무시하고 개인 신앙을 중요시했습니다.

루터는 보편을 중시하는 스콜라 신학을 버리고 단독자로서 하나님을 만나는 아우구스티누스 신학을 자신의 신학으로 삼았고 또한 믿음과 개인을 중시하는 유명론 신학을 자신의 신학 토대로 삼았습니다. 이로써 개신교가 이스라엘 공동체 중심의 외향적 신앙 형태를 따르지 못하고 내향적 개인 중심 믿음이 되었습니다.

내향적 개인 중심 신앙은 예수께서 여신 하나님나라에 대해 둔감합니다. 즉 성서에 풍부하게 증언된 예수 사역과 가르침에 주목하지 않는 믿음이 되었습니다. 반복해서 말씀드리지만, 기독교 믿음이 역사 믿음이 아니라 관념 믿음이 되었습니다.

공동체 중심이 아닌 개인 중심 믿음은 사회악에 대해 둔감하게 됩니다. 이로써 기독교는 성서가 증언하는 예수의 평화에 대해 더욱 둔감하게 되었습니다. 먼저 종교개혁이 일어나게 된 배경입니다.

종교개혁 전야

16세기까지 교황국 이탈리아는 전혀 신앙 모습이 아니었습니다. 백성들은 명예욕 노름 복수 간통 도둑질이 일상이었습니다. 도미니크 수도회에 종교경찰(종교재판관) 직이 주어졌는데 백성들 미움과 조롱 대상이었습니다. 탁발수도회인 프란치스코회는 속이고 도둑질하고 간음하고 돈이 떨어지면 스스로 성자라 하면서 하인을 매수하여 거짓 병든 체하다가 자신 옷자락을 만지고 낫는 모습을 사람들에게 보이고 모금했습니다.[9)]

교황 알렉산더 6세 사생아인 체사레 보르지아(1475~1507)는 아버지를 협박하고 형제 매제 친척들을 그들이 교황 은총을 많이 받거나 그들 지위가 불쾌하면 모두 죽였습니다. 교황국을 넓히기 위해 점령한 도시들에서 약탈 방화 살인을 서슴지 않았습니다.[10)] 교회는 신부가 지배하기 좋게 만들어진 교리와 폭력 수단까지도 함께 아울러 참된 진리라고 우기고 있었습니다. 당시 성서 진리가 그 시대 가치체계에 전혀 울림을 주지 못했습니다. 오늘날 교회에서 성서 진리가 자본주의 특히 신자유주의가 주는 불공정과 빈부 격차에 전혀 감동을 주지 못하는 것과 같습니다. 이탈리아는 권력을 부정하는 일 외에는 어떤 것도 하지 못했습니다. 반면에 독일은 확고한 교리 덕을 입어서 종교개혁에 성공합니다. 그 교리는 선한 행위로는 아무 소용이 없고 믿음으로만 구원이 있다는 교리입니다.[11)]

알비파 그리스도인은 12~13세기 가톨릭 교리에 반대하여 프랑스 남부와 이베리아반도 일대에서 발생한 카타르파 그리스도인입니다. 이들은 신부들 부패를 비판하고 반 신부 교파를 결성했습니다. 교황청은 백여 년 동안 십자군을 파병하여 5백만여 명 알비파 그리스도인을 학살했습니다. 얀 후스(1372/3~1415)는 체코 신부로 교황 등 로마 신부들 부패를 비판하다가, 1415년 신변 안전을 보장할 테니 오라는 로마 교황청 부름에 응했다가 거기서 화형당했습니다. 그는 교회 위장은 너무나 튼튼해서 모든 것을 삼켜도 체하지 않는다고 한탄합니다. 그의 사상을 이어받은 보헤미안(모라비안) 신앙 공동체가 형성되었습니다. 종교개혁자 웨슬리는 이들 신앙 모습에 감명받고 종교개혁 운동에 투신합니다. 얀 후스 개혁은 루터 종교개혁 기틀이 되었습니다.

　니체가 유일하게 존경하는 그의 스승인 야콥 부르크하르트는 가톨릭이 부패로 인해 사회로부터 버림받고 망할 것인데 루터 종교개혁으로 인해 자정하여 살아남게 되었다고 합니다. 종교개혁 전까지는 믿음에 성서가 전혀 역할하지 못했습니다. 성서가 집 반채 값이고 신부를 포함해서 거의 모든 사람이 고대 라틴어를 모르기 때문에 성서는 교회 비치용이었습니다. 번역 성서는 종교개혁과 함께 인쇄술 발달을 통해 세계로 전해졌습니다. 중세는 성서를 사용하지 않아서 문제고 오늘날은 성서가 자기주장 전거로 사용되는 등 오남용이 심해서 문제입니다. 예나 지금이나 성서 저자들은 하나님 의가 지금 이 땅에서 어떻게 실현되고 있는가를 증언했음에도 불구하고 그리스도인은 인간 가치체계와 하나님 의가 어떻게 다른지 주목하지 않습니다.

---

1) 에띠엔느 질송 「중세철학입문」 강영계 서광사 1987, 85p
2) 김동건 「그리스도론의 역사」 대한기독교서회 2018, 278, 377, 424, 430p
3) 헤를레-바그너 「신학자 사전」 남정우 한들출판사 1992, 255p
4) 로저 E 올슨 「이야기로 읽는 기독교 신학」 김주한-김학도 대한기독교서회 2009, 426p
5) 헤를러-바그너 255p
6) 폴 틸리히 「그리스도교 사상사」 잉게베르크 C 헤넬 엮음 송기득 대한기독교서회 2020, 237, 255p
7) 로저 E 올슨 423p
8) 폴 틸리히 「존재의 용기」 차성구 예영 2012, 132p.
9) 야콥 부르크하르트 「이탈리아 르네상스의 문화」 안인희 푸른숲 1999, 515-548p
10) 같은 책 156p
11) 같은 책 544p

16세기 종교개혁이 일어나다

우리 목표는 성서가 증언하는 예수 사역과 가르침 즉 하나님나라가 우리 신앙생활에서 작동하지 않게 된 원인과 과정을 찾아가는 데 있습니다. 이해를 돕기 위해서 목표에 맞추어 과정을 다시 조망하고 종교개혁 신학 문제를 설명합니다.

1. 1세기 신약성서 시대를 마감하고 2-3세기부터 신학화 작업이 시작됩니다. 신학이란 자기 시대를 살아가기 위해 신앙을 학문화하는 작업을 말합니다. 4세기까지는 성서 정경화가 이루어지지 않았기 때문에 이때는 여러 단편 글들이 예배시에 읽혔습니다. 이때 신학은 예수 사역과 가르침이 아니라 기독교를 세계에 전도하기 위해서 그리스 철학으로 예수께서 하나님임을 밝히는 데 주력했습니다.

2. 4세기에 아타나시우스에 의해 성서 정경화가 이루어집니다. 복음서 4편과 하나님 의가 강조된 바울서신들이 성서가 되고 디다케 바나바서 등 선과 도덕 교훈 즉 인간 의가 강조된 주옥같은 글들은 외경이 됩니다. 5세기에 아우구스티누스에 의해 기독교 신학이 정립됩니다. 이 신학이 현재까지도 유효하기 때문에 정립했다고 합니다. 이때도 성서가 증언하는 예수 사역과 가르침 중심 신학이 아니라 그리스 철학이 종교화한 신플라톤주의가 기독교 신학 주춧돌이 됩니다. 기독교를 제외한 모든 종교는 인간 본성 회복이 구원입니다. 아우구스티누스는 성서가 아니라 신플라톤주의

를 따라 인간 본성에 대한 성찰을 중요하게 여기게 됩니다. 인간 본성이란 불교는 참나 혹은 불성이고 힌두교는 아트만입니다.

그리고 신플라톤주의는 신성화입니다. 이에 따라서 아우구스티누스는 신 모방imago dei 신학을 세웠습니다. 우리는, 기독교(예수교)이기 때문에 당연히 예수를 닮아야 합니다. 그런데 예수는 약하고 볼품없고 실패한 듯하여 예수 닮는 건 모양 빠지는 일이라 생각하게 되었습니다. 그래서 신학은 멋지고 강한 신플라톤주의 신을 닮습니다. 이 신이 유대교 신과도 비슷해서 문제가 없어 보입니다. 그리스 신인 신플라톤주의 신은 지배하고 통치하며 순종을 요구하는 강력한 신입니다. 기독교 신앙인 폭력성은 예수를 닮지 않고 신플라톤주의 신 혹은 유대교 신을 닮는 데서 나왔습니다. 신플라톤주의 신이 최고선이므로 기독교가 성화(정화)의 길을 택합니다. 성서는 예수를 모범으로 따르려는 모범기독론이 다수입니다. 성서를 따르지 않고 플라톤을 따른 결과입니다.

또 하나는 선과 관계해서 인간 타락을 강조하기 위해 죄가 기독교 신학 중심이 됩니다. 죄도 성서에는 십자가에 대한 해석으로 극히 일부 진술(막 10:45, 마 26:28)이 있을 뿐이고 거의 전부는 예수께서 제시한 계시를 따르는 삶으로 구원받는 이야기입니다. 세계 모든 종교는 어떤 인간이 될 것인가입니다. 그러나 성서는 어떻게 살아서 생명과 자유-평화를 얻는가에 대한 증언입니다. 성서는 삶의 변화에 대한 이야기이지 인간 본성에 대한 성찰은 없습니다.

인간 본성에 대한 성찰은 자기가 선함을 찾기 때문에 반드시 선하지 않은 사람이 지목되어 차별과 배제가 발생합니다. 예수사랑은 나쁜 사람 부정한 사람 죄인을 용납함으로써 화해-평화를 이룹니다. 아우구스티누스가 기독교 신학을 정립하면서 성서가 증언하는 예수 사역과 가르침을 통해 삶의 변화를 이루는 신학을 하지 않고 신플라톤주의 사상인 인간 본성 회복을 위한 신학을 했습니다. 기독교가 초기나 현재를 불문하고 이 점을 주목하지 못한다는 것이 나의 생각입니다.

3. 13세기 토마스 아퀴나스 등 스콜라 철학자들에 의해 현존하는 가톨릭 신학이 정립됩니다. 토마스는 이성과 믿음을 구분하여 이해했습니다. 토마스에게서 신은 이성으로 파악할 수 없는 존재입니다.

토마스는 인간 지성이 어떻게 해서든지 하나님의 영원한 진리를 접하게 된다는 사실을 받아들일 수 없었습니다.[1]

그는 이성과 믿음, 자연과 초자연 두 길을 확연히 구별했습니다. 토마스가 의도한 바는 아니지만 결국 이성이 믿음과 분리되어 믿음 길과는 다른 무신앙 길이 열리게 되었습니다. 믿음이 교회의 가르침을 수용하는 의지 문제가 되었고 토마스 자신은 이성으로 믿음을 이해하려고 구분했지만 후대에 와서 오히려 믿음이 지성의 희생을 강요하게 되었습니다.[2] 이때도 성서신학이 아니라 철학이었기 때문에 예수 사역과 가르침은 대두되지 못했습니다. 토마스 아퀴나스는 신이 땅으로 오셔서 무엇을 했는가에 주목하지 않고 신이 누구인가, 우리가 신을 어떻게 알 수 있는가를 주목했습니다. 당연히 토마스 신학에는 예수그리스도가 없습니다.

4. 14세기 윌리엄 오캄에 의해 보편은 이름으로만 존재한다는 유명론이 일어납니다. 유명론은 보편이 아니라 개체를 존중하면서 신도 별개 개체가 됩니다. 그래서 이성과 계시가 날카롭게 구분됩니다. 토마스는 이성과 계시를 종합하려다가 오히려 이성과 믿음을 구분하는 결과를 낳았는데, 오캄은 노골적으로 이성과 믿음을 구분했습니다. 그래서 믿음이 순전

히 권위에 순종하고 그 가르침을 수용하는 행위가 되었습니다.³⁾

우리는 이제까지 종교개혁 신학이 중시한 믿음이 이성과 의지와 관계하지 않는 것으로 인식하게 된 경위를 살펴보았습니다.

유명론은 종교개혁자 루터와 칼뱅에게 지대한 영향을 줍니다. 이성과 믿음의 날카로운 구분은 루터에게 영향을 주어서 행위가 아닌 믿음으로 구원이라는 개신교 중심 신학이 태동합니다. 특히 유명론의 개체 존중이 하나님 존중과 연결되어서 칼뱅의 하나님 주권신학에 지대한 영향을 주었습니다.

기독교와 달리 철학에서는 유명론 이후 이성 존중 시대가 열립니다. 데카르트가 사람은 생각하는 존재라고 한 이후로 더욱 이성과 지성 존중 시대로 향하게 되어 18세기 계몽주의와 합리주의를 거쳐 과학과 자본주의 혹은 사회주의가 신앙 대상이 되는 무신론 시대가 열립니다. 비신앙인들은 자본주의가 추구하는 번영과 재물을 통해 그리고 사회주의가 추구하는 공정과 평등 사회를 통해 불안과 외로움을 해결하려 합니다.

5. 16세기에 종교개혁이 일어납니다. 루터는 오직 믿음 오직 은혜 오직 성서를 구호로 삼았습니다. 루터의 믿음구원은 은혜와 결부하여 완전구원으로 오해되었습니다. 목사 신부들에 의해 교회에 참여하고만 있으면 구원받는 것으로 오해하게 되었습니다. 오직 성서는 성서 문자주의를 낳았습니다. 현대인은 과학 문명에 의해 사실인가 거짓인가를 구분하는 실증 사고에 익숙합니다. 고대 언어인 성서 언어는 사실 표현으로 기록되었지만 모두가 상징과 은유입니다. 고대인들은 사실 여부에 상관없이 그 의미를 전달하는 게 주요 목표입니다. 그러므로 신약학자 불트만의 "성서에

서 신화를 벗겨내고 실존 해석해야 한다"는 주장(비신화화)은 고대인 사유를 무시하는 행위입니다. 상징은 우리를 생각하게 합니다(폴 리꾀르).

반면에, 성서 문자를 그대로 믿는다는 자세는 더 우스운 현상을 초래합니다. 성서 문자대로 믿는다는 사람 중에 죄를 짓거든 한 눈을 빼거나 한 손을 자르라는 예수 말씀을 따랐다는 소리를 들어보지 못했습니다(마 5:29-30). 자기들이 따를 수 있는 말씀만 골라서 따르면서 문자대로 믿는다고 우깁니다. 이러한 문자주의는 그 주장이 사실이 아니므로 거부하는 무신론자를 만듭니다. 유명론 영향을 받은 칼뱅의 주권신학은 하나님 권능 지배와 통치를 강조하고 그에 순종할 것을 요구하므로 여기에 성서와 예수는 없습니다. 칼뱅이 예수께서 신으로 고백된 삼위일체 신론을 싫어한 것은 우연이 아닙니다.

종교개혁 신학을 살펴보기 전에 종교개혁 실상을 먼저 봅니다.

1. 종교개혁자인 루터는 토마스 뮌쩌가 이끄는 농민군에 대하여 "그들을 찔러 죽이고 태워 죽여라"는 선언문을 발표했습니다. 농민군 10만여 명이 학살되었습니다. 그리고 말년 루터가 격렬한 반유대주의를 표방한 것으로 말미암아 그에게 인도주의자란 명예를 줄 수는 없습니다.

2. 칼뱅은 제네바를 4년여 간 강력한 교리와 도덕률로 신정정치를 행했습니다. 예배 불참자를 거리에서 체포하여 감옥에 가두었습니다. 그는 1553년에 신학자 세르베투스를 삼위일체 교리를 부정했다는 이유로 화형에 처했습니다. 그는 유아 세례를 인정하지 않는 재세례파 그리스도인 7천여 명을 학살했습니다. 한 때 칼뱅 친구였던 카스텔리오가 가장 맹렬한 비판을 가했는데 그는 이 잔악한 행위를 보고 「의심 믿음, 무지 지식의 기술」이라는 책을 써서 칼뱅의 광신을 논했습니다.[4] 폴 틸리히는 칼뱅을

광신자라고 합니다. 30년 간 종교개혁 전쟁으로 유럽인구 35%가 죽었습니다. 종교개혁이라기보다는 교황청 영향으로부터 벗어나려는 영주들 정치혁명이었습니다(김균진 「루터의 종교개혁」).

우리는 누구를 영웅화하는 경향이 있습니다. 뛰어난 지도자가 우리를 행복과 평화로 인도하기를 기대합니다. 그래서 대통령을 열렬히 선출하고 말년에 죽어라고 욕합니다. 나는 여러분이 믿음만은 누구에게도 어떤 신학에도 의지 말고 성서로 가서 그리스도예수를 만나기를 권고합니다. 물론 좋은 성서신학자 글과 함께여야 합니다. 성서는 분명히 우리를 구원으로 인도하는 책이지만 위험한 책이기도 합니다.

---

1. 한스 큉 그리스도교 이종환 분도출판사 2019, 531-532p
2. 길희성 「영적 휴머니즘」 아카넷 2021, 227p
3. 같은 책 229p
4. 피터 버거 외 「의심에 대한 옹호」 함규진 산책자 2010, 153, 172p

5

종교개혁 신학에 대하여

가톨릭 신학은 아우구스티누스 신학 기초 위에 아리스토텔레스 형이상학을 받아들인 토마스 아퀴나스에 의해 정립되었습니다. 아리스토텔레스는 현상 중시와 운동 법칙 영향으로 행위를 중시합니다. 종교개혁 신학은 토마스 아퀴나스 등 스콜라 신학을 폐기하고 신플라톤주의자 아우구스티누스 신학을 비판 없이 그대로 계승합니다. 그 결과로 개신교 신학은 플라톤 관념론에 깊은 영향을 받았습니다.

종교개혁 신학을 이어받은 개신교 신학은 칸트 철학과 독일 관념론으로 세웠습니다.[1] 믿음이 칸트 도덕철학으로 인해 도덕주의가 되었고 관념론으로 인해 믿음이 이 땅에서 하나님나라 구원이 아니라 피안 내세 구원이 되었습니다. 신학교에서 칸트를 배웠는데 기독교와는 다른 길인 도덕철학을 공부한 것은, 신학자들이 예수께서 제시한 계시가 인간 가치체계와 어떻게 다른지 알지 못했기 때문입니다. 종교개혁자들은 성서가 증언하는 예수그리스도를 따르는 신학이 아니라 사회개혁을 위한 신학에 집중했습니다. 이들이 기독교 핵심인 사랑에 대해 거의 말하지 않은 건 우연이 아닙니다.

루터는 가톨릭 지배체제인 위계제도hierarchie에 저항하여, 모든 사람이 믿음으로 구원받는다는 '이신칭의(의인義認)' 교리를 세웠습니다. 루터는 그 교리를 하나님 선택을 받은 신자는 모두가 평등하다는 사회 원리로 삼았습니다. 루터는 믿음의 권리 회복을 사회 변혁 원리로 삼았습니다. 그러나 루터 종말론은 내세 종말입니다. 복음서와 바울은 지금 이 땅에서 예수께서 옛 시대 가치체계와 현저히 다른 새로운 시대를 열었음을 종말로 증언하는 데 반하여 루터는 아우구스티누스를 따라서 저 세상 피안을 종말로 인식했습니다.[2] 후대 신학자들과 목사 신부들은 믿음에서 사회 윤리와 삶 중심성을 외면하고 이러한 루터 신학을 영혼구원에 대한 원리로 삼았습니다.

기독교의 삶 중심성은(실존 요소) 종교개혁자들 자신이 아닌 후계자들에 의해 루터 칭의(의인義認)와 칼뱅 예정 교리를 강조하다가 상실되었습니다. 데카르트가 인간을 생각하는 주체로 삼았듯이 특히 한국 개신교 대세인 장로교 칼뱅주의와 그 분파들에서 인간이 점점 추상적인 도덕 주체로 변해갔습니다. 도덕 합리 과학으로 무장된 주체가 많은 갈등과 절망으로 점철된 실존 주체(삶의 중심 주체) 자리를 대신 차지합니다.[3] 특히 도덕이 성서가 증언하는 예수그리스도 계시(예수 사역과 가르침)를 제치고 믿음의 자리를 차지했습니다. 지배층이 대중을 지배하는 데 도덕만큼 좋은 구실도 없습니다.

개신교 중심 신학인 복음주의는(하는 짓은 이상하면서 좋은 이름은 다 가지고 있습니다) 계몽주의 이래로 신앙을 변증하기 위해 자유주의와 역사 실증주의에 의해 성서가 분석되고 비평되는 현실을 신앙 타락으로 인식했습니다. 그래서 이들은 성서 문자주의로 가게 되고 현실과 맞지 않는 부분을 극복하기 위해서 성서보다는 교리에 대한 이해와 동의를 중요하게 여겼습니다. 그 결과로 성서가 증언하는 삶 중심이 아니라 하나님을 신뢰하며 헌신하는 '구원의 믿음'이라는 개념으로 물러나게 되었습니다.[4] 개신교 대세인 개혁주의(복음주의) 신학에서 믿음은 예수그리스도를 따르는 데 있지 않고 앎 동의 신뢰라는 연속된 세 가지가 필수가 되었습니다.[5]

루터 신학

하나님께서 그리스도인을 의롭다고 인정하셨다는 뜻인 칭의(의인義認)에 대해 루터가 말한 내용은 다음과 같습니다.[6]
1. 의롭지 않은 인간을 하나님은 믿음을 통해 의롭다 하셨다.
2. 이러한 의는 예수그리스도 의가 인간에게 전가된 것이다.
3. 칭의(의인義認) 교리는 교회 존폐를 가늠하는 중요한 교리이다.

루터는 성서를 해석한 것이 아니라 공로구원을 주장하며 면죄부(죄 용서 받는 표식)를 파는 가톨릭을 공격하기 위해 믿음구원 교리를 세웠습니다. 성서 즉 바울 의도는 루터와 전혀 다릅니다. 루터가 행위구원이 아닌 믿음구원 교리를 세운 로마서 3:28 "사람이 의롭다 하심을 얻는 것은 (율)법의 행위에 있지 않고 믿음으로 되는 줄 우리가 인정하노라"에서, 의롭다는 의는 히브리어 '체다카'로서 '미슈파트'와 함께 이스라엘 천년 이상 내려온 다양한 개념입니다. 하나님 의는 심판 판단 자비 자선 구원 등 다양한 개념입니다. 또한 그 단어에 '관계'라는 의미가 있습니다.

이 용어가 신약성서 언어인 그리스어 '디카이오슈네'로 쓰였습니다. 이 그리스어 뜻은 '옳음' 혹은 '정의'입니다. 루터는 그리스어 뜻을 따라 하나님이 그리스도인을 옳은 사람으로 인정하셨다는 의미로 인식했습니다. 그래서 예수그리스도 의가 인간에게 전가되었다고 합니다. 그러나 바울이 유대인이므로 히브리어 의미로 사용했다고 봐야 합니다. 그러므로 "하나님이 의롭다고 인정했다"는 "하나님과 관계하는 사람으로 인정했다"로 읽을 수 있습니다(김창락). 바울은 하나님께서 의롭다고 인정하셨다는 칭의(의인義認)를 로마서 2:4을 시작으로 여러 곳에서 '받아들임' 즉 용납이라는 의미로 사용합니다. 즉 화해를 위해 사용했습니다.

그러므로 바울 의도에서 하나님이 믿음으로 의롭다 하셨다는 의미는, 유대인들은 자신들 혈통과 할례 음식규정 절기지키기 등 법으로 하나님으로부터 선택받은 백성이라 주장하지만, 이제는 이방인도 믿음으로 선택받아 하나님과 관계하게 되었다고 말하고 있습니다.

또 하나는, 바울이 말한 행위는 유대인들이 이방인을 용납하지 않고 자기들 정체성을 주장하는 할례 음식규정 절기지키기에 한해서입니다. 바울이 믿음을 주장하면서 행위 일반 즉 법을 거부한 것이 아닙니다. 바울은 로마서 3:31에서 이 점을 설명합니다.

"그런즉 우리가 믿음으로 말미암아 율법을 파기하느냐 그럴 수 없느니라 도리어 율법을 굳게 세우느니라"(롬 3:31)

기독교 초기부터 아우구스티누스 이전까지는 법으로 의롭지 않고 믿음으로 의롭다는 바울 진술은 신학화하지 않았습니다. 이때까지는 기독교에서 바울 영향이 미미했습니다.[7] 그래서 4세기에 바울서신 중심으로 성서가 정립된 것은 부활 그리스도께서 바울을 부르신 것과 함께 기적입니다.

5세기 아우구스티누스에 와서 의롭다는 바울 진술이 신학화되었습니다. 아우구스티누스는 기독교 최초로 자아에 집중하는 영적 자서전「고백록」을 저술한 인물입니다. 아우구스티누스는 신플라톤주의에 따라서 인간성 회복을 구원으로 인식했기 때문에 그에 의해서 내면 성찰을 강조하는 서방 기독교가 시작되었습니다. 유대인이 이방인을 받아들이도록 적용한 혈통이나 법이 아니라 믿음으로 의롭다 하신다는 바울 진술을 개인 양심 문제에 처음 적용한 사람이 아우구스티누스입니다. 그리스 정교회 러시아 정교회 콥트 교회(아프라카) 마르 도마 교회(인도)는 이러한 믿음이 개인 양심 문제가 되는 일이 없습니다. 자기 내면을 들여다보는 양심은 서구에서 발견된 것이며 서구인 질병입니다.[8]

루터에 의해 발굴된 바울 신학은 아우구스티누스와 루터에 의해 신학화된 바울입니다. 이들은 죄에 대한 성찰을 바울이 시작한 것으로 인식하지만 그것은 오해입니다. 바울은 로마서에서 죄 용서를 3:25에서 한번 말할 뿐이고 하나님께서 믿음으로 우리를 용납하셨다는 칭의(의인義認)를 50번 말합니다(스텐달).

대개는 로마서 5장을 바울이 원죄를 말한 것으로 이해합니다. 그러나 로마서 5장은 원죄 문제가 아니라 아담 시대가 끝나고 새로운 구원 시대 즉 하나님나라인 예수 시대가 시작되었음을 알리는 장입니다. 바울은 하나님께서 믿음으로 인간을 의롭다 하셨다는 칭의(의인義認)를 통해
1. 법에 대한 새로운 인식을 합니다. 바울은 이제는 법 이외에 하나님의 한 의가 나타났다고 합니다(롬 3:21).
2. 유대인과 이방인에 대한 화해 문제를 새롭게 했습니다.[9] "하나님이 이방인을 믿음으로 용납했으니 너희 유대인도 이방인을 용납하라"입니다.

아우구스티누스와 루터는 바울이 말한 할례 음식규정 절기지키기 같은 구체 행위를 일반 행위로 인식했습니다. 그래서 유대 법 준수를 인간 행위와 공로구원을 얻는 '율법주의'로 해석했습니다. 유대인과 이방인이 어

떻게 화해하고 이방인이 어떻게 하나님나라 백성이 될 수 있는가에 대한 바울 고찰이 근원적 곤경에 빠진 인간이 어떻게 구원에 대한 확신을 가질 수 있는가 라는 질문에 대한 답변으로 해석되었습니다.[10]

바울 취지는 하나님께서 이방인 믿음을 통해 의롭다 하시니 즉 이방인을 용납하시니 너희 유대인도 이방인이 유대 혈통이 아니거나 할례 받지 않고 유대 규정을 안 지킨다고 차별하고 배제하지 말고 용납하라는 것입니다. 바울이 칭의(의인義認)를 말한 의도는 유대인과 세계인의 화해-평화를 위해서입니다. 따라서 우리 해석에서, 칭의(의인義認)는 그리스도인이 세계인과 연대와 평화를 위해 바울이 세운 교리입니다. 이것이 바울 의도입니다.

또한 바울이 하나님께서 이방인을 믿음을 통해 의롭다 하셨다는 용납은 완전구원이 아니라 이제 하나님 백성으로 선택하셨다는 뜻입니다. 바울의 십자가 이해 특징은 예수 십자가가 완전구원이 아니라는 데 있습니다. 십자가는 하나님 백성으로 삼을 수 없는 우리를 예수 십자가의 죄 용서로 하나님 백성 삼으셨으니 그 구원을 이루어가라는 의미입니다.

십자가 용서는 우리에게 언제나 다시 한번 더 기회를 주신다는 의미가 있습니다.

그러나 루터 해석은 개신교 교리로서 지금도 유효합니다. 믿음으로 구원받는다는 고백이 적절합니다. 행위로 구원받는다고 하면 자기 행위로 인한 교만과 자랑으로 인해 불화 차별 배제가 일어나기 때문입니다. 다만 "믿음으로 구원받는다"에서 그 믿음이 행위와 구별된 믿음이 아니라 사랑으로 행위되는 믿음이어야 합니다(갈 5:6). 또한 그 구원은 완전구원이 아닙니다. 우리 각자는 자기 행위대로 심판받습니다(롬 2:6).

믿음으로 구원받음이 완전 구원이라고 우기는 사람은 다음 성서 구절을 고대 마르키온이 그랬던 것처럼 성서에서 지워야 할 것입니다.

"나더러 주여주여 하는 자마다 다 천국에 들어갈 것이 아니요 다만 하늘에 계신 내 아버지의 뜻대로 행하는 자라야 들어가리라" (마 7:21)

"하나님께서 각 사람에게 그 행한 대로 보응하시되"(롬 2:6)

12 내가 이미 얻었다 함도 아니요 온전히 이루었다 함도 아니라 오직 내가 그리스도 예수께 잡힌 바 된 그것을 잡으려고 달려가노라
13 형제들아 나는 아직 내가 잡은 줄로 여기지 아니하고 오직 한 일 즉 뒤에 있는 것은 잊어버리고 앞에 있는 것을 잡으려고
14 푯대를 향하여 그리스도 예수 안에서 하나님이 위에서 부르신 부름의 상을 위하여 달려가노라 (빌립보서 3장)

예수그리스도 사역과 가르침에 따라 살아서 어떠한 상황과 현실에서도 그분이 주시는 의미 있는 삶(생명)과 자유-평화를 얻는 기쁜 삶이 구원입니다(롬 14:17).

1) 서남동 「민중신학의 탐구」 죽재서남동기념사업회 동연 2018, 209p
2) 폴 틸리히 「그리스도교 사상사」 잉게베르크 C 헤넬 엮음 송기득 대한기독교 서회 2020, 356p
3) 폴 틸리히 「존재의 용기」 차성구 예영 2012, 169p
4) 볼프하르트 판넨베르크 「판넨베르크 조직신학 3」 신준호 새물결플러스 2019, 248p
5) 같은 책 252p
6) 니콜라스 페린-리차드 헤이스 「예수, 바울, 하나님의 백성」 최현만 에클레시아북스 2013, 307p
7) 크리스터 스텐달 「유대인과 이방인 사이에 있는 바울」 김선우-이영옥 감은사 2021, 176p
8) 같은 책 65-67p
9) 같은 책 177p
10) 같은 책 180p

칼뱅 신학

종교개혁자들의 삶에 대한 이해에서 루터의 '새 사람'이란 공포와 두려움으로부터 안정된 사람이고 칼뱅(1509~1564)의 '새 사람'이란 도덕으로 경건한 사람입니다. 성서 바울의 '새 사람'이란 화목하게 하는 직책을 맡은 사람으로서 평화를 일구는 사람입니다(고후 5:17-21). 특히 칼뱅에게 세계란 인간이 하늘에서 추방된 존재이고 육체는 혼의 쓸모없는 감옥입니다. 예수께서 세상이 잠시 지나가는 헛된 삶이 아니라 생명과 자유-평화를 통해서 삶의 축제가 이루어지기를 바라십니다. 칼뱅은 예수보다 플라톤에 더 가깝습니다(폴 틸리히). 특히 종교개혁자들의 죄인(악인)에 대한 태도가 죄인을 용납하는 예수보다 죄인을 차별하고 배제하는 플라톤을 따른다는 말입니다. 예수그리스도와 칼뱅의 평화에 대한 인식에 어떤 차이가 있는지 아는 게 우리 목표입니다.

칼뱅 소명신학

소명이 오늘날 하나님 일하는 직업으로 인식하는 것은 칼뱅 오해로부터입니다. 바울은 할례를 안 받았든지 노예이든지 부름 받은 현재 상태 그대로 살아가라고 합니다(고전 7:17-22). 여기서 부름인 '크레시스'는 소명하다 혹은 소환하다인 동사 '카레오'에서 유래합니다.

'크레시스'를 루터가 자기 번역 성서에서 직업(베르프)으로 번역했고 칼뱅이 이것을 따랐습니다. 바울의 "부름받은 상태대로 살라"를 칼뱅과 그

후예 청교도들은 전혀 새로운 의미를 부여해 소명을 하나님 일하는 직업으로 이해해서 오늘에 이르렀습니다.[1] 하나님 일한다는 사람들이 세상으로부터 조롱받는 일이 다반사입니다. 세상이 하나님 의를 몰라서가 아니라 하나님 일한다면서 악이 발생하기 때문입니다. 그런데 놀라운 일은 하나님 일하는 사람이 하나님으로부터 버림받기도 합니다. 예수께서 체포되기 직전에 모든 제자들이 배반할 것임을 말씀합니다. 그러면서 인용한 성서입니다(마 26:31).

"만군의 여호와가 말하노라 칼아 깨어서 내 목자, 내 짝 된 자를 치라 목자를 치면 양이 흩어지려니와 작은 자들 위에는 내가 내 손을 드리우리라"(슥 13:7)

예수께서 하나님 일하는 일꾼을 칼로 친다는 성서를 인용해서 제자들이 배반할 거라고 말씀합니다. 제자들이 하나님 일한다며 예수그리스도를 따라다니면서 무엇을 몰랐을까요? 위 성서 말씀에서 하나님은 자기 일꾼을 치지만 하나님은 작은 자들과 함께하신다고 합니다. 하나님 일한다며 작은 자들과 함께하지 않는 일꾼을 칼로 친다고 이해할 수 있습니다.

우리는 여기에서 하나님 일이란 작은 자 약한 자 가난한 사람 죄인(악인)을 구원하시는 하나님 사역에 참여하는 자이며 이러한 일을 하지 않고 하나님 일한다는 사람은 예수그리스도를 배반하는 사람임을 알 수 있습니다. 하나님 일한다면서 의료 교육 언론 사회봉사 수익 사업하며 불의하고 부패하며 특히 힘 있는 기득세력과 함께 하면서 힘없는 약한 자 가난한 사람을 보호하지 않습니다. 이러한 이유로 오늘날 기독교가 사회로부터 버림받았습니다. 하나님 일한다는 그 현실에 하나님 의보다 인간 의가 더 발현되었기 때문입니다. 하나님 일하는 특별한 직업이 따로 없습니다. 대한민국 실정법이 허용하는 모든 직업에서 삶의 현실에서 하나님 의를 이루어가는 삶이 소명입니다.

칼뱅 예정신학

칼뱅은 그리스 철학의 섭리론을 적극 수용하여 신 작정론과 예정론 교리를 정립했습니다. 그는 하나님은 일어날 모든 일을 아시며 그의 목적에 맞게 이런 일들이 발생하도록 하시며 그의 목적대로 되도록 인도하신다고 합니다. 구원받을 자가 예정되어 있고 저주받을 자가 따로 예정되어 있습니다(이중예정). 이스라엘 예언자들은 그리스 섭리 철학이나 칼뱅과 같이 가르치지 않았습니다. 그들은 하나님과 역사가 일치한다고 가르치지 않았으며 아래에서 일어나는 모든 일이 위 하나님 뜻이 반영된 것이라고 가르치지 않았습니다. 그들에게 역사는 하나님께서 도전받는 장이며 정의가 패배를 맛보는 곳입니다. 다만 역사에 하나님 뜻이 계시되는 순간들이 있고 때로는 뒤로 물러서기도 하며 아주 조금씩 하나님 의가 실현되는 곳입니다.[2] 하나님은 약속한 복을 뒤집기도 합니다.

"7 내가 어느 민족이나 국가를 뽑거나 부수거나 멸하려 할 때에 8 만일 내가 말한 그 민족이 그의 악에서 돌이키면 내가 그에게 내리기로 생각하였던 재앙에 대하여 뜻을 돌이키겠고 9 내가 어느 민족이나 국가를 건설하거나 심으려 할 때에 10 만일 그들이 나 보기에 악한 것을 행하여 내 목소리를 청종하지 아니하면 내가 그에게 유익하게 하리라고 한 복에 대하여 뜻을 돌이키리라"(렘 18:7-10)

칼뱅 예정론은 근대 이전 결정론 세계관입니다. 오늘날은 양자역학 세계관입니다. 양자역학에서 빛을 포함한 모든 최소 물질은 입자와 파동으로 되어 있습니다. 그동안은 물질이 입자로만 되어 있는 줄로 알았는데 움직이는 파동과 함께 있음이 밝혀졌습니다. 이해하기 어렵지만 물질이 필연으로 존재하지 않고 확률로 존재한다고 합니다. 이것은 해가 움직이지 않고 지구가 움직인다는 사실을 밝힌 코페르니쿠스 세계관 변혁보다도 더 엄청난 세계에 대한 인식 변화입니다. 실은 진화론보다 더 크게 기독교에 충격을 준 사건인데 기독교가 잠잠한 것이 의아합니다.

하이젠베르크 불확정성 원리에 의하면 어떤 물질에서 입자 위치와 파동 운동량을 동시에 정확하게 측정한다는 것은 불가능합니다. 이것을 거시 세계에 적용하면 세계는 필연과 우연으로 움직입니다. 여기서 우연은 제멋대로 움직인다는 뜻이 아니고 하나님께서 자유를 허락하신 가운데 하나님이 원하지 않는 일도 일어난다는 의미입니다(칼 융). 아인슈타인은 양자역학 세계관을 인정하지 않았습니다. 그는 "신은 주사위 놀이를 하지 않는다"고 말했습니다. 그는 신이 모르는 우연을 인정하지 않는다는 말입니다. 그러나 성서는 하나님이 원하지 않는 일이 일어나기 때문에 하나님도 가슴 아파하며 기도하신다고 합니다.

"이와 같이 성령도 우리의 연약함을 도우시나니 우리는 마땅히 기도할 바를 알지 못하나 오직 성령이 말할 수 없는 탄식으로 우리를 위하여 친히 간구하시느니라"(롬 8:26)

하나님께서 우주 만물에 자유를 주셔서 하나님이 원하지 않는 일이 발생합니다. 하나님은 순종하는 인간으로서의 믿음을 원하지 않으시고 자

칼뱅 신학

유와 책임 있는 인간으로서의 믿음을 원하십니다. 자유는 우리에게 그렇게 소중합니다.

칼뱅 예정론 신학은 현대 세계관인 양자역학 세계관에 전혀 맞지 않는 신학입니다.

칼뱅 주권신학

칼뱅은 하나님 절대주권을 세운 신학자입니다. 칼뱅 주권신학은 인간 가치체계보다 예수그리스도 계시가 우선한다는 주권신학이 아닙니다. 지배하고 통치하는 신 주권을 강조하는 신학입니다. 종교개혁 전에는 스콜라 신학에 의해 교회에 권위가 있었습니다. 종교개혁에 의해 권위가 성서로 옮기게 되었는데 하나님 주권신학에 의해 신 권위가 성서의 역사 증언(예수 사역과 가르침)에 대한 권위를 덮어버렸습니다. 주권신학에서는 신이 예수그리스도가 아니라 기독교 초기부터 발달한 그리스 철학으로 설명된 하나님이기 때문입니다.[3] 다시 말씀드리지만 주권신학에서는 강하고 힘센 신을 닮아 가기를 원합니다.

칼뱅에게서는 하나님 주권이란 하나님 자신이 비밀스런 독자 계획에 따라 만물을 통제하는 것을 말합니다(「기독교강요 3」 23). 이러한 입장은 모든 성공이 하나님의 축복이고 재난과 역경은 하나님의 저주라는 의미입니다(「기독교강요 1」 16, 4, 6, 8).[4] 절대 무한불변 전지전능 완전한 선이라는 신 개념은 플라톤 신 범주입니다. 신이 모든 사항을 주관한다는 섭리providence 개념이 발생한 그리스에서도 운명에는 섭리가 미치지 않는 구석이 있음을 인정했습니다.[5] 칼뱅은 하나님 주권신학을 통해 하나님이 전지전능한 힘을 행사하는 절대 섭리신학을 세웠습니다. 힘으로 통치하는 신플라톤주의 신 개념이 아우구스티누스 토마스 아퀴나스 루터 칼뱅과 현재 그들을 따르는 서구 신학 정통주의 입장입니다.[6]

 종교 발생 이래로 사제들은 신 주권을 강조하며 권력자와 결탁하여 평화를 준다는 빌미로 민중을 억압했습니다. 하나님 주권신학이란 결국 하나님 대리자 연하는 목사 신부 자신 권한을 높이는 것으로 귀결됩니다. 칼뱅 자신이 막강한 권한을 행사했습니다. 이것은 예수그리스도와는 다르게 힘으로 평화를 얻으려는 사상입니다.

 장이머우 감독 영화 '영웅'에서 이연걸은 각고 노력 끝에 자기 부족을 몰살한 진시황을 암살하기 직전에 섰습니다. 진시황은 자기가 죽으면 다시 전란이 일어나서 세상 평화가 깨진다고 말합니다. 이연걸은 세상 평화를 위해 암살을 포기하고 철수합니다. 인류는 힘으로 평화를 구해왔습니다.

 법 사상가 칼 슈미트(1888~1985)는 정치권력의 정당성을 유일신론 monotheism에서 찾습니다. 그는 권력 주권을 예외사태 the state of except-ionality로 규정합니다. 쉽게 말해서 주권자는 신과 같이 모든 권한을 갖는다는 말입니다. 강력한 통제력이 있어야 평화를 얻는다는 뜻입니다. 그래서 그는 히틀러 권력에 정당성을 부여했습니다. 예수그리스도는 힘으로 평화를 구하지 않습니다. 기독교 신인 예수그리스도가 어떤 분인가 성서가 증언합니다.

"그는 주 앞에서 자라나기를 연한 순 같고 마른 땅에서 나온 뿌리 같아서 고운 모양도 없고 풍채도 없은즉 우리가 보기에 흠모할 만한 아름다운 것이 없도다"(사 53:2)

"그가 찔림은 우리의 허물 때문이요 그가 상함은 우리의 죄악 때문이라 그가 징계를 받으므로 우리는 평화를 누리고 그가 채찍에 맞으므로 우리는 나음을 받았도다"(사 53:5)

성서는 우리에게 약한 신에게서 우리가 평화를 얻는다고 분명히 말합니다. 신이 자신 힘을 비우고(케노시스) 연약하고 실패한 모습으로 우리에게 보인 까닭은 힘으로 얻는 평화가 거짓 평화임을 알리기 위함입니다. 예수평화는 강자가 자신 힘을 내려놓을 때 이루어지는 평화입니다. 그리고 예수평화는 약자가 강자와 동등한 권리를 보장받을 때 이루어지는 평화입니다. 이러한 예수평화는 가정 직장 사회 전반에서 필요로 합니다. 예수께서 이러한 평화를 방해하는 기득세력인 서기관과 제사장 그리고 바리새인들에게 강력하게 저항하십니다.

칼뱅 주권신학에는 약한 신 그리고 힘을 포기한 신을 닮아감으로서 얻는 평화는 없습니다. 성공과 번영은 하나님 축복이고 재난 역경 실패는 하나님의 저주라는 칼뱅 신학은 고대 영지주의 개혁주의(복음주의) 자본주의가 추구하는 바와 똑같고 예수그리스도와는 상관이 하나도 없습니다. 이로써 교회 성당이 세상에 대한 예언자와 제사장 역할이 아니라 세상과 부와 명예 권력을 얻기 위해 경쟁하게 되었습니다.

2세기 첫 신학자 오리게네스 5세기 가톨릭과 개신교 신학 주춧돌을 놓은 아우구스티누스 가톨릭 신학이 된 11세기 스콜라 신학 모두는 예수그리스도가 신학 중심이 아닙니다. 플라톤과 아리스토텔레스 세계관이 이들 신학 중심이었습니다. 종교개혁자들도 예수그리스도 중심으로 개혁하지 않았습니다. 종교개혁자들은 예수그리스도를 따르지 않고 초기에 계발된 그리스 신관을 따랐습니다. 이것이 성서가 그리스도인 믿음 중심에 있지 못한 원인이고 이것이 오늘날 기독교가 사회로부터 버림받게 된 원인입니다.

---

1) 조르즈 아감벤 「남겨진 시간」 강승훈 코나투스 2008, 40-45p
2) 아브라함 J 헤셸 「예언자들」 이현주 삼인 2020, 275p
3) 볼프하르트 판넨베르그 「판넨베르그 조직신학 3」 신준호 새물결플러스 2019, 245p
4) 데이빗 그리핀 「과정신정론」 이세형 이문출판사 2007, 139p
5) 아브라함 J 헤셸 377p
6) 존 쿠퍼 「철학자들의 신과 성서의 하나님」 김재영 새물결플러스 2011, 53-54p

6

기독교 죄에 대하여

신학이란 자기 시대를 살아가기 위해서 믿음을 고백하는 학문입니다. 옛 신앙인들 믿음을 연구하는 목적도 결국은 오늘을 살아가기 위함입니다. 한국 교회가 오늘 시대를 위한 성찰을 게을리 하고 고대와 중세 신학에 목매어 있는 현실이 안타깝습니다. 나는 1세기 성서 시대인 사도 시대를 끝으로 2세기 속사도교부 시대부터 복음서가 증언하는 하나님나라 신학이 실종된 과정을 추적했습니다. 믿음이 삶과 괴리되는 현상을 추적한 것입니다. 이번 글인 죄론도 이러한 관점에서 쓰게 됩니다.

모든 기독교 교리는 잠정입니다. 한 번도 모두가 동의하는 보편 교리가 합의된 적이 없습니다. 끊임없이 탐구되고 개혁되어 왔습니다. 합의를 위한 노력들이 있어 왔습니다. 가톨릭은 325년 삼위일체 교리 기초가 세워진 니케아 공의회부터 1965년 제2차 바티칸 공의회까지 21번 공의회를 인정합니다. 개신교는 니케아 공의회부터 451년 예수께서 어떤 분인가에 대해서 즉 예수는 한 위격hypostases에 두 본성(ousia 인성과 신성)을 가지신 분임을 확립한 칼케돈 공의회까지 4번만 인정합니다.[1] 어느 조직신학자도 기독교 죄론을 체계화한 학자는 없습니다. 죄론은 그만큼 논란도 많고 합의가 이루어지지 않은 교리입니다. 때문에 죄론에서 출발한 유사기독교가 가장 많습니다. 한국에만 3백만 명 정도입니다.

나는 이번 글을 통해 다음 문제들에 대한 해결 길이 열리기를 기대합니다. 우선 제시하고 이어서 보충 설명합니다.

1. 기독교 죄 교리가 인간 의지력을 약화시킨다.
2. 목사 신부가 죄의식을 강화하여 지배하고 통제함으로써 자기 영향력 확대를 꾀한다.
3. 원죄교리는 필연으로 순종교리를 만들어 신앙인 폭력성을 유도한다.

4. 예수그리스도 죄 용서를 피해자에 대한 면책으로 인식하여 사회로부터 뻔뻔한 신앙인이라는 비난을 받는다.
5. 죄 용서가 영혼구원이라 하여 삶과는 상관없는 구원이 된다.

1. 반기독교 철학자 프리드리히 니체와 에른스트 블로흐 그리고 종교학자 오강남 등은 기독교 죄론이 인간을 주눅 들게 한다는 이유로 기독교 교리에서 없애라고 합니다. 역사에서 교회가 그렇게 이용해 온 측면이 있습니다. 그러나 이들 주장은 바울 죄론이 세력으로서 죄론임을 몰라서 하는 소리입니다.
2. 예수는 죄의식을 없애 주려고 하셨으며 바울은 죄를 세력으로 인식함에도 불구하고 목사 신부들은 믿음 안에(교회 안에) 있어야 죄 용서 받고 즉 지은 죄가 없어져서 지옥 가지 않는다고 겁박합니다.
3. 에덴동산 이야기는 선과 악을 구별하며 살아가야 하는 인간실존을 이야기한 것인데 여기에서 순종교리를 만들어서 신앙인이 말씀대로 살아야 한다면서 성서를 문자대로 주장하여 차별과 배제를 일으키는 폭력성 신앙인을 만듭니다. 이것은 복음서가 증언하는 하나님나라 백성으로서 영과 자유 그리고 삶의 기쁨-평화와는 거리가 먼 교리입니다.
4. 죄 용서를 예수가 죄를 없애 준다고 인식하고 자기는 이제 죄가 없어졌다고 생각하여 피해자에 대한 보상이 없어도 되는 줄 압니다.
5. 예수 죄 용서가 새로운 삶으로 인도해 준 것이기 때문에 이제 믿음으로 살아가야 함에도 불구하고 죄 용서를 완전구원으로 인식합니다.

거듭 말씀드리지만 필자는 학자가 아닙니다. 학자들이 성서와 교리를 해설한 걸 대중에게 전달하는 설교자입니다. 많이 미흡할 것입니다. 무거운 주제이고 합의되지 않은 내용이라 걱정이 앞섭니다. 특히 나의 글을 통해 깊은 신앙인이 상처받을까 염려됩니다. 나의 글에 모두가 동의하기를 바라지 않습니다. 그게 좋지도 않고요. 그것은 전제주의적 발상입니다. 다만 유례없는 사회 억압으로 고통하는 오늘날 삶에서 신앙 문제를 깊이 생각해 보는 계기가 되기를 기대합니다. 특히 죄론에 대한 이해가 깊으면 유사 기독교로부터 자신과 가족을 지킬 수 있습니다. 나는 안 끌려갈 자신 있다고 생각하지 마세요. 그 사람들에게 걸리면 걸립니다. 빨래 해 주고 아이들 등하교시켜주고 돈 빌려주며 한 번만 가자는데 안 갈 재간이 없습니다. 일단 가면 논리정연하고 달콤합니다. 나의 글을 그리스도인이 아닌 분들도 읽는데 기독교가 무엇을 지향하는지 알 수 있겠습니다.

---

1) 로저 E 올슨 「이야기로 읽는 기독교 신학」 김주한-김학도 대한기독교서회 2009, 236p

인간 원죄가 있는가?

성서 첫 순서가 창세기이기 때문에 보통은 창세기가 처음 쓰였을 거라고 생각합니다. 주전 14세기에 이집트를 탈출하고 출애굽기(탈출기)가 쓰이고 떠돌이 백성인 하비루(히브리)와 융합 과정을 거치며 국가가 세워진 후에 민족 정체성과 자신들과 하나님 관계가 어떠한지를 밝혀둘 필요가 있었습니다. 주전 10세기에 주전 18세기 자신들 조상인 아브라함 이야기와 원 역사로서 연대를 알 수 없는 에덴동산 이야기를 포함한 창세기가 쓰였습니다. 에덴동산 이야기는 죄에 관한 이야기가 아닙니다. 죄 문제는 주전 8세기 선지자들이 이스라엘 권력자들과 기득세력 부패와 타락을 하나님 앞 죄로 인식하여 회개를 요청하며 죄 문제가 전개되기 시작합니다. 우리는 선지자들이 오늘날처럼 사회에서 낙오하여 일으키는 범죄가 아니라 지배층인 사회 기득세력이 암암리에 벌이는 범죄를 하나님 앞의 죄로 인식했음을 주목합니다. 당시에나 오늘날이나 도덕과 경건으로 무장한 엘리트 신앙인도 기득세력입니다.

에덴동산 이야기

하나님이 아담과 하와에게 선악과를 먹지 말라고 명령했는데 그들이 선악과를 먹고 선과 악을 알게 되어 에덴동산에서 추방되었다는 이야기입니다. 유대인들은 에덴동산 이야기에서 죄를 인식하지 않습니다. 이스라엘 성서 주석인 미드라시 14:7에 나오는 이야기입니다.

아담과 하와는 20살로 만들어졌습니다. 왜냐하면 이스라엘은 18세에 결혼하고 20세에 선악을 구별하는 나이가 되어 전문 직업을 구하고 증인으로 법정에 설 수 있기 때문입니다.

아담과 하와가 20살에 선악과를 먹고 선과 악을 구별하는 지혜를 얻어 실제 삶을 꾸려갈 수 있게 되었다고 생각합니다. 또한 랍비들은 선악을 알게 하는 나무를 지식나무라고 합니다. 랍비들은 지식이 없는 사람을 '밀빵을 먹어 보지 못한 사람'이라고 합니다. 선악과인 지식나무가 생존의 필수 양식인 밀인데 밀빵을 먹어 보지 못했다는 말은 지식이 없어서 전문 직업을 얻지 못하므로 밀빵을 먹을 수 없다는 말입니다.[1] 선악을 구별해야 필수로 지식을 얻어 세상을 살아가는데 하나님이 아담과 하와에게 그 길을 열어주었다는 의미입니다.

이처럼 유대인들에게 에덴동산 이야기는 기독교처럼 인간 타락에 따른 원죄교리가 아니라 하나님이 인간 현실에서 살아갈 수 있도록 한 은혜교리입니다. 하나님은 동생 아벨을 죽인 가인에게 다른 사람으로부터 해를 당하지 않도록 보호표를 줍니다. 또한 가인을 죽이는 사람은 하나님이 일곱 갑절로 벌을 내리겠다고 으름장을 놓으십니다(창 4:15-16). 에덴동산 이야기를 죄 이야기가 아니라 하나님 은혜 이야기로 읽지 않으면 가인 이야기는 해석이 불가능합니다. 또한 은혜가 아닌 죄 이야기로 이해하면, 합당한 제사를 드린 아벨은 죽고 잘못된 제사를 드리고 동생을 죽인 살인자 가인은 하나님 보호받으며 사는 이야기는 이해할 수 없습니다.

성서를 맥락으로 읽어야 하는데 기독교 신학자들이 창세기 에덴동산 이야기에서 가인 이야기는 빼고 아담과 하와 이야기만 선택해 읽음으로써, 에덴동산 이야기가 은혜 이야기임에도 불구하고 원죄 이야기로 만들었습니다.

기독교 교리는 여러 논쟁으로 이어오다가 5세기에 아우구스티누스 Agustine(354~430)에 의해 정립되어 오늘날까지 이어지고 있습니다. 그는 "아담 범죄 이후 모든 인류는 죄의 뿌리인 아담 안에서 타락하게 되었으며 그로 인해 인류는 사망 형벌을 받게 되었다. 그리고 모든 사람들은 아담과 그를 죄로 인도했던 여인(하와)으로부터 나왔고 동시에 그와 함께 정죄 받게 된다. 어린이들은 아담과 하와의 죄를 짊어지고 태어나며 출생 때부터 타락해 있다"고 합니다(Agustine The enchiridion 26).

그는 로마서 5:12 "모든 사람이 죄를 지었으므로 사망이 모든 사람에게 이르렀느니라"를 가지고 에덴동산 이야기를 통해 원죄교리를 만들었습니다. 그런데 아우구스티누스는 성서 언어인 그리스어를 모릅니다. 그래서 히에로무니스Jerom가 라틴어로 번역한 불가타 역으로 성서를 읽었습니다. 그 불가타 역은 정교하지 못합니다. 그 불가타 역에는 바울 로마서 5:12이 "그(아담)에게서 모든 사람이 죄를 범했다"로 번역되었습니다. 우리 성서는 "한 사람으로 말미암아 죄가 들어오고"로 번역했습니다. 비슷해 보이지만 자세히 보면 히에로니무스 불가타 역이 확대 해석했음을 알 수 있습니다.

바울이 아담 시대가 가고 이제 구원 시대인 예수 시대가 왔다고 한 본문을 아우구스티누스와 히에로니무스는 아담 안에서 모든 사람이 범죄하였기 때문에 모든 인류에게 사망이 왔다고 이해했습니다. 이러한 아우구스티누스 신학이 기독교 정통신학이 되었습니다.[2] 아직도 대부분 신학자와 목사 신부들은 로마서 5장을 예수 시대인 하나님나라가 도래했다는 말씀으로 읽지 않고 죄 기원으로 읽습니다. 지독한 로마서 오독입니다. 아우구스티누스는 신플라톤주의자입니다
(화이트헤드). 신플라톤주의는 오염되고 악한 이 세상을 떠나서 에로스

(인간의지)를 통해 신에게로 가는 것이 구원입니다. 신플라톤주의는 신에게로 가기 위해 '신성화'와 '완전한 인간'을 추구합니다. 아우구스티누스는 이것을 이루기 위해 '선의 결핍' 즉 인간 잘못을 죄라고 합니다. 또한 그는 터툴리안이 계발한 원죄 개념을 더욱 발전시켰습니다.

심리학자 프로이드는 고대 기독교가 에덴동산 이야기를 타락과 원죄 이야기로 해석한 것은 당시에 만연한 오르페우스 종교의 영향 때문이라고 합니다. 오르페우스교 창조신화에 인간 조상인 티탄 형제들이 자신들 아버지인 디오니시오스 자그레우스를 토막 살인합니다. 인류는 이 티탄들 후예이기 때문에 범죄 짐을 나누어지고 태어납니다.[3] 인류에게 특히 여성에게 원죄라는 무거운 처벌을 다룬 신학은 성서 저자들과는 다른 신학과 세계관을 가진 신학자들로부터 나온 후대 신학입니다.[4] 서기전 6세기 초 예레미야는 유다 왕국 종말을 경험합니다. 그는 지금은 조상들 죄로 자신들이 망하지만 구원 때가 오면 모든 사람은 자신 범죄로만 심판받는다고 합니다(렘 31:29-30). 구원 시대인 하나님나라에서는 조상 범죄에서 조차도 벗어난다는 말입니다.

다시 에덴동산 이야기로 돌아갑니다. 하나님 저주는 뱀과 땅에 선포되고 남자와 여자에게는 선포되지 않습니다(창 3:14-19). 인간 노동은 형벌로 인식되지 않습니다. 원 역사는 인간 타락에 대해 말하지 않으며 성서에는 유전될 수 있는 어떤 죄도 설명되지 않습니다.[5] 에덴동산 이야기는 죄 기원을 말하려는 것이 아니라 선과 악 실존에서 살아야 하는 인간 한계와 하나님과 관계가 어떠해야 하는지, 하나님 사랑이 얼마나 큰지를 말하는 이야기입니다.[6] 폴 틸리히는 원죄교리는 인간의 자유로운 원초적 행위와는 부합하지 않다고 합니다. 인간 문제를 말할 때는 운명과 자유가 반드시 말해져야 합니다.[7]

여성 조직신학자인 도로테 죌레는 에덴동산 이야기에서 원죄 개념은 전혀 없으며 여기서 하나님께 불복종했다고 말하는 것은 잘못이라고 합니다. 아이 성장에 비유해서 아이가 어떤 권위에 대해 아니라고 하는 것은 이 작은 인격이 인간으로서 발달했다는 표징입니다. 신에 대한 인간 저항을 그렇게 나쁘게만 보지 말라는 뜻입니다. 하나님도 인정하고 살아갈 방도를 마련해 줍니다. 죌레는 노동과 성은 신의 저주가 아니라 축복이라고 말합니다.[8] 저항 없는 해방과 자유는 없습니다. 희망 철학자 블로흐는 기독교 원죄론이 인간을 불구로 만들었으며 이로인해 사람들이 의연한 걸음으로 앞으로 나아가지 못했다고 합니다.[9]

기독교는 에덴동산 이야기에서 원죄교리를 만들고 이어서 필연으로 하나님 명령을 어겼다는 데에서 순종교리를 만들었습니다. 인간 행위는 신에 상응합니다. 신이 우리에게 순종을 요구한다면서 목사 신부가 신앙인에게 하나님 말씀이라며 순종을 요구합니다. 이에 따라서 구역장을 포함해 교회 일꾼은 누구에게나 순종을 요구합니다. 이것은 명백한 폭력입니다. 신앙인도 말씀에 순종하여 산다면서 어느 수준을 따라오지 않는 사람을 차별하고 배제합니다. 예수 시대에 바리새인들이 그랬고 오늘날 깊은 신앙인들이 그렇게 합니다. 실은 이것이 최악 범죄임에도 자신들 신앙을 지킨다며 죄인 줄 모릅니다.

죄는 지배 용어입니다(서남동). 원죄교리에서 출발한 순종이라는 용어는 기독교에서 사라지는 것이 좋습니다. 많은 신앙인들은 유대인들은 억지 순종인데 기독교는 자율 순종이라고 합니다. 바리새인한테 물어보고 그런 소리 하는지 모르겠습니다. 바리새인도 억지 순종이 아니라 자율 순종입니다. 순종이라고 하면 성서 문자를 쫓아 지키는 것을 말합니다. 거기에는 사랑과 자유가 없습니다. 우리는 말씀을 순종해서 살지 않고 믿음으로 삽니다.

예수에게서 그 예를 봅니다. 예수께서 안식일을 지킬 수 없는 병자와 가난한 사람들 편에 서기 위해 안식일을 목숨처럼 여기며 순종하는 바리새인들 앞에서 안식일을 지키지 않았습니다. 그렇다고 예수께서 안식일이 무익하다고 폐기한 것이 아니라 예수께서도 안식일을 지킵니다. 예수께서 법을 지키며 차별과 배제를 일으키지 않습니다. 자신은 철저히 지키면서 때로는 지킬 수 없는 사람을 위해서는 지키지 않는, 예수께서 안식일을 지키는 이 행위가 법을 순종하며 사는 것이 아니라 믿음으로 사는 것입니다. 사랑은 율법의 완성입니다(롬 13:10).

---

1) 조철수 「창세 신화」 서해문집 2008 169-171p
2) 로저 E 올슨 「이야기로 읽는 기독교 신학」 김주한-김학도 대한기독교서회 2009, 321, 328p
3) 지그문트 프로이드 「종교의 기원」 이윤기 열린책들 2020, 230p
4) 캐롤 A 뉴섬외 「여성을 위한 성서주석」 수잔 니디취 창세기 이화여대신학연구소 대한기독교서회 2015, 61p
5) C 베스터만 「창세기 주석」 소형근 한들출판사 1998, 51, 53, 56p
6) 김이곤 「신의 약속은 파기될 수 없다」 한국신학연구소 1999, 123p, 월터 부르그만 「구약신학」 류호준 기독교문서선교회 2003, 665p
7) A J 맥킬웨이 「폴 틸리히 조직신학 요약과 분석」 황재범-김재현 한들출판사 2020, 215p
8) 도로테 쥘레 「사랑과 노동」 박경미 분도출판사 2018, 128-129
9) 에른스트 블로흐 「저항과 반역의 기독교」 박설호 열린책들 2009, 478p

죄의식 문제

죄 개념 시작

서양인에게는 기본으로 죄의식이 있습니다. 그래서 우리와 다르게 서양인은 고대에 동물 제사를 드렸습니다. 내 피 대신 동물 피를 신에게 바칩니다. 신 노여움을 달래기 위해 아들을 제물로 바치기도 했습니다(대하 33:6). 고대 죄는 채무 의식과 관계합니다. 빚진 감정이라는 말입니다. 개인은 공동체 덕으로 살아가는데 개인 잘못은 공동체에 채무의식을 갖게 됩니다. 신앙인에게서 잘못은 공동체에서 신에게 돌려져 신에게 채무의식을 갖게 됩니다. 그러나 예수께서는 잘못을 죄에서 찾지 않고 어리석음에서 찾습니다(마 5:22). 세계와 기독교는 예수가 아니라 유대 의식을 따르게 됐습니다.[1)]

앞서 말씀드린 대로 이스라엘 죄 개념은 에덴동산 이야기에서 시작된 것이 아니라 주전 8세기에 사회 지도층 타락과 부패를 하나님과 관계 단절로 인식한 선지자들이 회개를 요청하며 사용한 용어로부터 시작되었습니다. 서양인들 죄의식은 인류 정신사에 긍정 요소로 기여했습니다. 아우구스티누스의 '만인이 신 앞에 죄인'이라는 성찰은 새로운 인간 이해로서 인류가 평등으로 가는 길을 열었습니다. 루터의 죄인 됨의 태도는 하나님 은혜를 갈망하여 결국 종교개혁을 일으켰습니다.

아우구스티누스와 루터는 우울한 부정형 인간입니다. 아우구스티누스는 일상 삶을 죄로 인식한 고백록을 썼습니다. 루터는 자신이 심판받을까 항상 두려워했습니다. 로마를 방문해서 교황청과 사제들 타락과 부패를 보고 무릎이 깨지면서 무릎걸음으로 1천 계단을 오르며 참회했습니다. 바울은 인간 한계를 깨닫고 신 은혜를 찾은 반면에 이들은 자신들 죄를 깨달음으로써 신 은혜를 찾았습니다. 세상에는 부정형인 종교성 강한 사람과 긍정형인 종교성이 옅은 사람이 있습니다(윌리엄 제임스). 모두가 같은 신앙관을 가질 수 없다는 뜻입니다. 신약성서와도 다른 서양인 죄 개념을 동양인인 우리가 그들과 같은 개념으로 따라야 하는지 의문입니다. 예수 당시에는 죄 개념이 사회 기득세력 지배층이 피지배층에게 자기들 풍습을 따르지 않는데서 죄를 발견한 것입니다. 안식일 음식규정 절기 지키기에서 그것을 따르지 못하는 가난한 사람들과 병자 사회로부터 버림받은 세리 등이 죄인입니다.[2]

이제 죄 개념이 자기 수준에 미치지 못하는 사람을 차별하고 배제하기 위해 작동하는 기제機制mechanism가 되었습니다. 예수는 예루살렘 지배층으로부터 정죄와 차별로 고통하는 갈릴래아 민중의 죄의식을 벗겨주기 위한 사역을 행하십니다. 죄인이라 지목받는 사람들에게 이제 하나님나라 백성 되었으니 평화하라는 설교입니다. 우리는 예수께서 가난한 민중들의 실존 범죄를 한 번도 지적하지 않은 점을 주목합니다. 잘못하는 행위는 법적인 개념으로서 범죄이고 성서에서 말하는 죄는 신학 개념이고 관계 개념입니다.[3] 호세아 등 선지자들이 인식한 죄는 하나님을 배반하고 떠남으로써 하나님과 관계가 틀어진 것입니다.[4] 신과 관계에 상응해서 기독교는 반드시 신과 관계를 이웃과 관계와 상응해야 하므로 우리는 이러한 관계 문제가 죄임을 다루어갈 것입니다. 믿음을 인간 문제가 아닌 신과 관계로만 인식하면 냉수 떠 놓고 비는 미신과 다를 바 없습니다.

기독교 죄의식

　예수께서 하나님나라 복음을 전했고 사도들은 예수 십자가와 부활에 대한 복음을 전했다는 학자들(김세윤 등) 해석은 분석하기 좋아하는 학자들 습관에 의한 오해입니다. 바울은 로마제국 전역에서 활동했기 때문에 이스라엘 안에서 활동한 다른 사람들과는 달라야 했습니다. 그는 제국에 반역한다는 오해를 줄 하나님나라 용어를 사용할 수 없었습니다. 그는 믿음으로 하나님 의가 실현되고 있는 현실을 하나님나라로 인식합니다. 그러므로 바울이 대속구원을 위해서 죄론을 세웠다는 것은 로마서를 잘못 해석한 데서 오는 오해입니다. 바울은 죄를 우리 힘으로는 어쩔 수 없는 세력으로 인식합니다(롬 7장). 어처구니없는 사실은 예수는 하나님나라 즉 우리 삶의 구원을 선포했는데 바울은 대속구원을 말했다고 바울을 싫어하는 사람이 많다는 것입니다. 바울에 대한 대표 오해입니다. 기독교 신학이 정립된 대략 4세기에서 6세기에 이르는 동안 교부들 관심은 복음서가 증언하는 이미 와 있는 하나님나라에서 어떻게 살 것인가에 대한 것이 아니라 창조주 하나님과 죄와 은총에 관한 것이었습니다.[5]

　기독교 죄론은 5세기 아우구스티누스가 세웠습니다. 아우구스티누스는 민중 기독교를 기득세력인 지배층 종교로 바꾸었습니다. 당시 민중의 폭발적 지지를 받던 도나투스파를 이단으로 판정하고 로마 당국의 무자비한 학살과 탄압을 이끌었습니다. 도나투스파가 한 때 배교했던 사제들을 거부하고 지주들에게 반항했기 때문입니다. 죄 개념은 역사상 지배층이 피지배층을 누르는 이념으로 사용되었습니다. 아우구스티누스는 예수의 이 땅에서 구원 사역을 기독교가 잃어버리게 했습니다. 즉 하나님나라 신학이 사라지게 했습니다. 구원이 이 땅에서 지금 우리 삶에서 구원이 아니라 영혼구원이라는 우주 관념 구원으로 구원관을 바꾸었습니다.[6] 다시 말씀드리면 그동안 기독교가 사용한 죄는 하나님나라 구원 즉 종말 구원에서는 사용되지 않고 대속구원에서만 사용되는 용어입니다.

1. 아우구스티누스는 구원을 그리스 영혼불멸설을 받아들여 현재 삶의 구원이 아니라 영혼구원으로 인식했습니다. 또한 그는 그리스 철학 '신성화' 개념에 따라 인간 본성을 신 성품에 참여하는 자가 되는 지점까지 끌어 올려놓는 것을 구원으로 인식했습니다. 이것 때문에 기독교가 세례 후 변화를 몸의 변화라 합니다. 여기에서 개신교 성화와 가톨릭 정화가 나왔습니다. 이로인해 그리스도인에게 우월의식이 생겨서 세상 사람을 죄인으로 차별합니다. 세례 후 변화는 몸 변화가 아니라 삶의 변화가 맞습니다.

2. 아우구스티누스는 신플라톤주의 신에게로 가려는 의지에 따라서 죄를 선善의 결핍으로 인식했습니다. 하나님과 관계에서 죄를 보는 선지자들과는 다르게 잘못된 행위인 범죄를 죄로 인식하게 되었고, 죄를 의지 문제로 파악해서 기독교에 혼선이 오게 되었습니다. 루터와 현대 신학자(김세윤 김영한 등)들이 죄가 하나님께로 '구부러진 의지'라고, 의지 문제로 파악하는 것은 아우구스티누스로부터입니다. 성서는 삶의 변화로 이루는 구원입니다. 그러나 그리스를 포함한 모든 종교는 인간성 회복이 구원입니다. 불교는 참나 혹은 불성을 회복하는 것이 구원이고 힌두교는 자기자신 아트만이 하늘 본질인 브라만과 같으므로 아트만을 회복하는 것이 구원입니다. 아우구스티누스는 신플라톤주의에 따라서 신 모방imago dei 신학을 세웠습니다. 아우구스티누스 신은 아리스토텔레스를 따라서

최고선입니다. 그는 선한 인간을 위해서 인간 타락을 죄로 인식합니다. 즉 그에게 죄는 선의 결핍입니다. 그러나 성서에서는 죄가 영 세력입니다(롬 7장).

성서에서 말하는, 밖에서 나에게 엄습해오는 세력인 죄를 아우구스티누스에 의해 인간 잘못으로 인식하게 됐습니다. 아우구스티누스에 의해 죄가 기독교 신학 중심이 되고 성서가 증언하는 삶의 변화에 대한 예수 사역과 가르침은 기독교가 잃어버리게 되었습니다. 가톨릭과 종교개혁자들이 아우구스티누스 죄론을 이어갔습니다. 아우구스티누스는 만인이 신 앞의 겸손한 인간이라는 뜻으로 죄인 신학을 세웠는데 오늘날은 죄인 개념이 예수 시대 유대인들이 그랬던 것처럼 자기와 다른 사람을 차별하고 배제하는 정죄 이념이 되었습니다.

한국 신앙인 죄의식

한국인은 서양 사람들과는 다르게 죄의식이 없습니다. 우리 제사는 동물 피로 죄를 씻는 제사가 아니라 밥상을 차려 놓고 신과 함께 먹으며 즐기는 제사입니다. 우리나라에 온 초기 선교사들이 본국에 보낸 보고서에 나오는 내용입니다. "한국인에게는 참회를 가르칠 수 없다 그들은 죄를 모른다"라는 기록이 있습니다. 목사 신부들은 원죄도 없고 죄의식도 없는 한국 민족에게 죄를 가르치느라 고생이 많습니다.

죄의식 이대로 좋은가?

죄의식으로 도덕 상태를 유지하려는 열정은 정작 자신들 죄는 인식할 수 없습니다.[7] 자신들 밖의 범죄를 지적하여 차별해야 도덕이 성립되기 때문에 그 행위가 관계를 깨뜨려 죄가 발생하는 줄 모릅니다. 그들 자신이 평화 길을 모르는 죄인입니다(롬 3:17). 바리새인들이 자신들 도덕 신앙을 지키기 위해 가난한 사람들 죄인들 소외자들을 차별하고 배제하는 자체가 죄입니다. 죄의식이란 특정한 희망을 이루기 위해 자기가 수행한 행위에 대해서 내적으로 스스로 내린 유죄 판단입니다. 강박신경증 환자는 죄의식을 고도로 발전시킨 결과인데 이들은 놀라울 정도로 도덕과 양심으로 무장되어있습니다. 즉 죄의식이란 양심 불안입니다.[8] 아우구스티누스나 루터처럼 극도로 부정형인 종교성 강한 사람은 신에 의해 죄의식을 떨칠 수 있지만 긍정형인 사람은 오히려 죄의식이 그 죄 된 행위를 계속하게 하는 동력입니다. 죄의식을 없애면 그 죄 된 행위는 곧 무의미해져서 중단하게 됩니다.[9]

바울은 사랑의 빚 이외에는 아무에게도 빚지지 말라고 합니다(롬 13:8). '아무에게도'에는 신도 포함됩니다. 채권자는 형벌을 가하고 채무자는 움츠립니다. 신과 관계와 인간 서로 관계에 채권 채무 관계를 갖지 말라는 것이 바울이 말하는 하나님나라 삶입니다. 믿음으로 산다는 것은 사랑과 희망으로 사는 것을 말합니다(고전 13:13). 희망은 모자라거나 갖추어 있지 않은 곳에 있는 것이 아니라 이미 받은 곳에 있습니다.[10] 신앙인 희망이 죄의식에 있지 않고 지금 그리스도인이 받은 하나님나라 백성 됨에 있다는 말입니다.

1) 프리드리히 니체「선악의 저편 도덕의 계보」김정현 책세상 2002, 395-448p
2) 서남동「민중신학의 탐구」죽재서남동기념사업회 동연 2018, 259p
3) 폰 라드「창세기 주석」박재순 한국신학연구소 1981, 129p
4) 톰 홀랜드「바울신학 개요」박문재 크리스챤다이제스트 2005, 181-182p
5) 로저 E 올슨「이야기로 읽는 기독교 신학」김주한-김학도 대한기독교서회 2021, 16p
6) 서남동 22-23, 55p
7) 윌리엄 제임스「종교적 경험의 다양성」김재영 한길사 2000, 154p
8) 지그문트 프로이드「종교의 기원」이윤기 열린책들 2020, 122-123p
9) 테리 이글턴「유물론」전대호 갈마바람 2018, 95-96p
10) 위르겐 몰트만「생명의 영」김균진 대한기독교서회 2017, 125p

예수께서 죄에 대해 어떻게 생각하는가?

성실히 신앙생활 하는 어느 부인이 나를 찾아와 상담했습니다. 군에서 제대한 아들을 백혈병으로 잃었는데 출석하는 교회 목사가 어머니에게 죄가 있어서 아들이 죽었으니 앞으로 신앙생활 열심히 하라고 한다며 웁니다. 한국 교회는 이렇게 개인 정죄뿐만 아니라 자기와 다른 신앙을 가졌거나 신앙하지 않는 사람들을 차별하고 배제하여 불화합니다. 사회가 기독교에 대해 가장 크게 우려하는 것은 그리스도인들 배타성입니다. 그리스도인들에게는 예수가 가장 싫어하는 이상한 우월의식이 있습니다. 종교개혁 신학도 따른 아우구스티누스로부터 시작된 서구 신학은 지나치게 주관인 개인 신 경험을 강조합니다. 내가 신을 경험한다는 것은 나를 떠나서 전체를 경험한다는 사실을 서구 신학은 놓쳤습니다. 어떤 이념이든지 고착화 경직화되면 사회를 분열시킵니다. 통일성 안에서 다양성을 인식하지 못하여 자기가 믿는 이념이나 신념을 고집하며 배타하여 신앙인과 사회가 멀어지게 됩니다.

나는 기독교가 우리 사회를 깨우는 소명을 마감하고 이제는 우리 사회를 분열시키는 원인이 되어가는 현실을 보며 이 글을 씁니다. 니체는 기독교가 예수를 따르지 않고 유대교를 따른다고 합니다. 우리가 예수를 따르지 못하는 것이 무엇인지 살펴봅니다.

"1 그 때 마침 두어 사람이 와서 빌라도가 어떤 갈릴래아 사람들의 피를 그들의 제물에 섞은 일로 예수께 아뢰니 2 대답하여 이르시되 너희는 이 갈릴래아 사람들이 이같이 해 받으므로 다른 모든 갈릴래아 사람보다 죄가 더 있는 줄 아느냐 3 너희에게 이르노니 아니라 너희도 만일 회개하지 아니하면 다 이와 같이 망하리라 4 또 실로암에서 망대가 무너져 치어 죽은 열여덟 사람이 예루살렘에 거한 다른 모든 사람보다 죄가 더 있는 줄 아느냐 5 너희에게 이르노니 아니라 너희도 만일 회개하지 아니하면 다 이와 같이 망하리라"(눅 13:1-5)

로마 총독 빌라도가 갈릴래아 저항 세력을 학살하여 무고한 백성이 많이 죽었습니다. 또 망대가 무너져 18명이 죽는 사고가 일어났습니다. 당시에는 병이 들거나 재난과 죽음 원인이 죄라고 생각했습니다. 자기들 보기에도 무고한 사람들이 죽었기 때문에 예수께 그들 죄가 무엇인가를 물었습니다. 예수 대답입니다.

1. 그들에게 죄가 없다. 굳이 있다면 사회가 연대하고 있는 죄로서 여러분보다 적다. 그러므로 하나님이 죄를 지금 물으신 것이 아니다.

죽은 사람들이 살아생전에 이러저러한 생존 죄가 왜 없겠습니까? 하나님이 지금 죄를 묻지 않으시니 여러분도 정죄하지 말라는 의미입니다.

2. 하나님이 죄를 지금 묻지 않더라도 여러분은 새로운 삶(회개)을 살아야 한다.

기독교가 1. 정죄하지 않고 서로 용납함과 2. 새로운 삶을 살아야 한다는 예수를 따르지 않고 정죄하며 배제하는 유대교와 플라톤을 따르는 이유입니다.

1. 성서 시대가 가고 2세기 신학이 성립될 때 교부들은 예수가 왜 하나님인가와 하나님 속성이 무엇인가를 그리스 철학으로 설명하는 것이 주

요한 관심이었습니다. 따라서 복음서가 증언하는 예수께서 우리에게 어떻게 살라고 한 내용은 잃어버렸습니다. 즉 기독교가 오늘날까지 2천 년 동안 하나님나라 신학을 잃었습니다.

 2. 루터가 로마서에서 믿음 원리를 계발했는데 그것이 로마서 저자인 바울 의도와는 다릅니다. 바울은 하나님이 이스라엘을 혈통으로 선택했으나 이제는 믿음으로 우리를 의롭다 하시는 선택을 했으니(롬 3:28) 하나님이 우리를 용납하신 것처럼 서로 용납하고 그 하나님나라 백성으로서 두렵고 떨리는 마음으로 그 구원을 이루어가라고 합니다(빌 2:12). 바울은 이제 혈통이 아니라 믿음으로 의롭다 하는 칭의(의인義認)를 만들었습니다. 그러나 루터는 이것으로 가톨릭의 공로로 구원받는 공로구원에 반대하는 믿음으로 구원받는 믿음구원을 만들었습니다.

 루터의 믿음으로 의롭다 함을 얻는다는 칭의(의인義認)는 바울의 의도와는 다르게 완전구원으로 인식되고 자기는 의로운 사람이라는 이상한 우월의식이 생겼습니다. 인간은 의인도 아니고 죄인도 아닙니다. 신 도움 없이는 살아갈 수 없는 한계를 가진 인간입니다(롬 7:14-25). 우월의식과 죄인의식은 솔직하고 따뜻한 예수 인간성과는 거리가 한참 먼 인간성입니다. 내가 선한 사람이라는 자세는 세상과 연대에 걸림돌이 됩니다. 또 하나는 바울의 칭의(의인義認)는 모든 사람의 죄를 용서하고(롬 3:22) 믿음으로 의롭다 하시는 모든 사람의 하나님인데(롬 3:30, 11:32) 루터는 개인 영혼을 구원하는 하나님으로 고백하여 바울의 사회 윤리 가르침을 놓쳤습니다. 바울이 하나님께서 우리 믿음을 통해 의롭다 하셨다는 칭의(의인義認)를 말한 1차 의도는 이제는 세계인도 하나님께서 믿음으로 선택하심으로 이스라엘이 하나님 선택 백성이라는 우월의식을 버리고 세계인과 평화하라는데 그 목표가 있습니다.

개신교인들은 이것으로 다시 유대인과 같은 우월의식을 가지니 통탄할 노릇입니다. 바울은 이 칭의(의인義認)를 화해 동력으로 삼습니다. 하나님이 여러분을 용납했으니 자유파는 경건파를 업신여기지 말고 경건파는 자유파를 비판하지 말라고 합니다(롬 14:3). 이렇게 용납에 관한 칭의(의인義認)가 로마서에 50번 언급됩니다. 칭의

(의인義認) 즉 상대를 의롭다 하여 용납함 결과가 평화입니다(롬 5:1).

다시 죄 이야기로 돌아갑니다. 유대교는 에덴동산 이야기에서 한 번도 죄를 유추해 내지 않고 예수께서도 사회에서 죄인으로 낙인찍힌 사람을 죄인이라 하지 않고 의롭다고 용납하시어 친구 삼습니다. 그러므로 예수께서 말하는 죄란 원죄도 아니고 살아가며 일으키는 실존 범죄도 아닙니다. 개신교의 날마다 죄인이라는 죄 비관주의는 성서 근거도 신학 근거도 없습니다.1) 필자는 자신이 저지르는 실존 범죄를 하나님과 상대에게 용서를 구할 필요가 없다고 말하는 것이 아닙니다. 시도 때도 없이 구체 범죄도 지목하지 않은 채 죄인으로 분장하는(코스프레) 것은 아우구스티누스나 루터 뜻이지 예수 뜻이 아님을 말합니다.

예수께서 평화를 반대하며 차별과 배제를 일으키는 불의와 폭력 행위를 죄로 봅니다. 예수께서 사회가 죄인이라고 낙인찍은 세리 병자 성 매매 여인 가난한 사람들을 심하게 편듭니다. 그들의 권리 회복을 위해 그들을 버린 사회에 저항합니다. 예수께서 저항한 사람들은 기득권을 만들어 자기들 세계만을 위해 사는 사람들입니다. 그리고 그들은 질서를 지키는 장로들과 세상을 돌보는 제사장들입니다. 예수께서 하나님나라를 대

망하는 서기관과 신앙개혁 운동을 하는 바리새인들에게 저항하다가 십자가에서 죽으셨습니다. 이들 모두가 가난한 사람들과 버림받은 사람들을 외면하고 자기들만을 위하는 기득세력입니다. 이스라엘 선지자 호세아는 목사 신부들이 번성할수록 죄를 짓는다고 합니다. 목사 신부들은 백성들이 하나님께 드리는 제물을 먹고 살며 마음을 죄악에 둔다고 합니다. 대형교회 자체가 죄악임을 성서가 말하고 있습니다.

"7 그들은 번성할수록 내게 범죄하니 내가 그들의 영화를 변하여 욕이 되게 하리라 8 그들이 내 백성의 속죄제물을 먹고 그 마음을 그들의 죄악에 두는도다"(호 4:7-8)

종교 성공은 세상을 불편하게 합니다. 한국 교회 실정도 이와 같습니다. 지금 세상으로부터 지탄받는 대형교회 목사 신부도 초심은 헌신에 불탔습니다. 대형화하면 반드시 타락합니다. 목사 신부 개인 일탈이 아니라도 교회 번영 그 자체가 타락입니다. 그 목사 신부는 명예와 권력을 피할 수 없습니다. 교회 성당 대형화 자체가 범죄입니다. 교인을 개인 죄에 가두고 사회 불의를 못 보게 하는 것은 세상과 화해하는 새로운 삶(고후5:17-21)을 살지 못하게 방해하는 행위입니다.

교회가 죄인 의식을 퍼뜨리는 일은 강한 자들 사회 안정을 이룬 자들이 사회에서 밀려난 사회 약자들 감염병에 걸린 자 동성애자 이혼한 가정과 그의 자녀 자립할 수 없는 노인 사회 진출에 실패한 젊은이 등을 죄인 취급할 수 있고 본인들 스스로도 죄인 연할 수 있습니다. 이들은 교회 돌봄에, 목사 신부 관심에 적대감을 가질 수 있습니다. 강한 자나 약한 자가 서로 신뢰를 갖는 게 중요합니다. 상대를 죄인이 아니라 한 인격으로 존중하여 사귀는 것이 우선입니다. 개신교는 언제나 시선을 개인에 두고 또 이 땅의 삶에 두지 않고 영혼구원과 하늘 천국에만 두어서 사회 구조 죄 중요성을 과소평가합니다.

종교개혁의 칭의(의인義認)론은 하나님이 불의한 자들 권리 없는 자들 가난한 자들을 선택한 칭의(의인義認 용납)를 보지 못했습니다.2) 그 결과로 신앙인들이 세계 사회경제 자연 생태계에 일어나는 불의에 침묵하게 됐습니다. 신앙인은 내가 가진 것으로 사는 게 아니라 나에게 오는 힘(성령)으로 삽니다. 그 오는 힘과 함께 이 세상 불의에 저항하는 것이 죄로부터 자유입니다. 약자와 가난한 자를 차별하여 권리를 박탈하는 죄에 저항하고 편리함과 익숙함 습관화에서 오는 죄에 저항하는 것이 죄로부터 자유이고 믿음입니다.

---

1) 위르겐 몰트만 「생명의 영」 김균진 대한기독교서회 2017, 198p
2) 같은 책 201p

바울은 죄에 대해 어떻게 생각하는가?

바울 독특성

우리 목표는 죄에 대하여 성서가 증언하는 바와 신학자와 목사 신부들이 말하는 것이 어떻게 다른가를 파악하고 우리가 어떻게 해야 하는가를 찾는데 있습니다. 바울의 중요한 죄 이해는 두 가지입니다.
1. "죄가 더한 곳에 은혜가 더욱 넘쳤나니"(롬 5:20)
2. "죄가 기회를 타서 계명(법)으로 말미암아 내 속에서 온갖 탐심을 이루었나니"(롬 7:8)

이번 글은 이 엄청난 진술에 대한 해설이기도 합니다. 표현되는 의미로는 이해하기 어려운 본문입니다. 이 구절을 이해하기 전에 먼저 우리가 알아야 할 것이 있습니다. 1세기 유대교에는 죄의식이 팽배했지만 예수께서 갈릴래아에서 가난한 사람들과 사회 약자들에게 하나님 백성으로서 기쁨과 평화를 심은 이래로 성서 저자들에게 오늘날과 같은 죄의식은 없었습니다.

성서가 쓰이고 천오백여 년이 지나서 고대 그리스어인 성서를 신학자들이 현대 독일어 등으로 번역했습니다. 우리 말 성서에 죄라고 번역된 '하마르티아'는 과녁이 빗나갔다는 의미로서 '잘못'이라는 뜻의 사회 언어입니다. 신학자들은 하마르티아를 신학화해서 종교 언어인 죄라고 번역했습니다. 단어 자체에는 죄라는 의미가 없습니다. 이 '잘못'은 아우구스티누스의 '선의 결핍' 즉 도덕 결함과 의미가 다릅니다. 도덕 결함은 주류사회를 유지하기 위한 교양 쌓기 실패지만 '잘못'은 사회 약자나 가난한 사람들이 살아가며 이렇게 저렇게 저지르는 나쁜 행위를 말합니다.

예수께서 가르치신 주기도문에도 "우리가 우리에게 죄 지은 모든 사람을 용서하오니 우리 죄도 사하여 주옵시고"(마 6:12, 눅 11:4)가 있습니다. 우리에게 '죄 지은'은 고대 그리스어 '오페일레테스'인데 '빚진 자'라는 말입니다. 즉 우리가 그들에게 빚이 있다는 뜻입니다. 누가가 하나님께 용서해 달라고 한다는 '죄'라는 말은 '하마르티아'입니다. '하마르티아'의 뜻이 '잘못'이므로 즉 우리의 잘못을 용서해 달라는 기도입니다. 누가의 올바른 번역은 "우리가 부모나 사회로부터 빚진 것을 갚았으니 하나님도 우리 잘못을 용서해 주옵시고"입니다. 더구나 마태를 번역한 '죄'는 '빚'이나 '의무'라는 '오페일레마'입니다. 즉 마태의 기도는 우리가 사람들에게 빚진 것을 갚았으니 하나님도 우리의 빚을 탕감해 달라는 기도입니다.

다시 설명하면 우리가 이렇게 성공하여 잘 사는 것은 사회 덕으로서 사회에 빚이 있기 때문에 사회 약자나 가난한 사람들에게 빚을 갚았으니, 누가는 하나님이 우리의 잘못도 용서해 달라는 기도이고, 마태는 하나님께 진 우리 빚도 탕감해 달라는 기도입니다. 주기도문할 때 마음이 좀 찔리는 사람이 있겠습니다. 여기에 오늘날과 같은 죄 개념은 없습니다. 필자가 하려고 하는 말은 성서가 '잘못'이라고 한 말을 번역자들이 해석해서 '죄'라고 번역했다는 것입니다. 필자가 성서의 죄를 잘못이라고 바꾸자고 하는 말이 아닙니다. 성서를 올바로 해석하기 위해서 고대와 종교개혁 시대를 거쳐 해석된 성서가 아니라 지금 우리 시대에서 성서 뜻을 올바로 찾자는 말입니다.

그동안 필자도 '하마르티아'(잘못)를 습관으로 아무 문제의식 없이 죄로 번역했습니다. 이번 죄론을 쓰면서 성서 저자들은 '잘못'이라고 썼는데 5세기 불가타 역이나 16세기 에라스무스를 포함한 종교개혁자들에 의해 죄로 번역되었음을 발견했습니다. 신학자도 아닌 한 설교자의 당돌한 주장입니다. 신학자 설교자 연구자들 의견이 있기를 기대합니다. 이제 다시 본문으로 돌아갑니다.

1. 바울이 말한, "죄가 더한 곳에 은혜가 더욱 넘쳤다"에서 죄도 '잘못'을 말하는 '하마르티아'입니다. 즉 '잘못'이 있는 곳에 하나님 은혜가 더욱 넘친다는 뜻입니다. 사회 약자와 가난한 사람들의 '잘못'에 은혜가 임한다는 기쁜 소식(복음)입니다.

서양철학사에서 예수는 운동가이고 바울은 인류 정신사에서 새로운 사상을 일으킨 사상가입니다(렘브레히트 「서양철학사」). 철학자 폴 리꾀르는 바울의 "죄가 더한 곳에 은혜가 넘쳤나니"를 바울의 가장 독특한 사상이라고 합니다. 바울은 인간 의지로 구원할 수 없고 신 은혜로 구원받는다고 말한 인류 최초 사람입니다. 그가 은혜를 주창한 이유는 인간 교만을 없애기 위해서입니다(엡 2:9). 교만은 약자와 가난한 사람을 지배하고 억압하며 착취하는 동인입니다. 퀸 앨러리는 인간의 지배하려는 의지가 악의 기원이라고 합니다.[1] 악이라고 하는 사회 용어가 종교 언어인 죄가 됐습니다.

2. "죄가 나에게 탐심을 이루게 했다"에서 죄도 '잘못'인 '하마르티아'인데, 바울은 '하마르티아'를 사람처럼 의인화해서 사용하고 있습니다. 그래서 여기에서는 죄로 번역하는 것이 적절합니다. 우리는 바울이 죄를

우리 인간 의지로는 어떻게 해 볼 수 없는 세력으로 인식하고 있음을 알 수 있습니다.

이제까지 우리는 예수께서 우리가 사는 동안에는 죄를 심판하지 않으시고(요 3:17 눅 13:1-5), 마지막 날 심판에서는 자기 행위로 심판받으므로(마 16:27 롬 2:6) 새로운 삶을 살아야 한다(회개)고 말씀하신 것을 살펴보았습니다. 바울은 죄가 어떤 사람에게는 해당이 되고 어떤 사람은 피해갈 수 있는 도덕이나 질병으로 보지 않습니다(롬 3:9, 23). 즉 죄는 모든 사람에 해당되는 보편성입니다(롬 5장). 죄가 우리 잘못을 말하는 것임에도 불구하고 우리 안에 내재되어 있는 씻어내야 하는 것으로 설명하면서, 가톨릭은 인간 죄를 용서받는 고백성사를 만들었고 가톨릭과 개신교는 교회를 떠나면 죄로 인해 망하거나 죽을 수밖에 없고 죽어서도 지옥 간다고 겁박합니다. 지배자는 죄라는 용어를 선호합니다. 오늘날 죄는 목사 신부들이 신앙인을 억압하는 기제mechanism가 되었습니다.

필자는 예수그리스도를 믿고 따르면 삶의 힘을 얻고 기쁨과 평화를 누린다는 것 외에는 말씀드릴 게 없습니다. 이것이 하나님나라이고(롬 14:17) 이것이 구원입니다. 죽은 후의 문제는 나는 알지도 못하고 전적으로 하나님 소관이지 나는 1%도 거기에 영향을 줄 수 없기 때문에 할 말이 없습니다. 우리는 어떻게 해서 이렇게 속아 오고 또 이용당해 왔을까요?

종교가 생긴 이래로 지배층과 목사 신부가 결탁하여 약한 자와 가난한 사람들을 억압하고 착취해 왔습니다. 인도 카스트 제도는 성직자인 브라만이 제1서열이고 전사인 크샤트리아가 제2서열입니다. 인류 발전은 지도자에 의해 이끌려 왔습니다. 명령자들은 자신을 양심의 가책으로부터 보호하기 위해 자신을 법이나 정의 심지어 신의 명령을 실행하는 자로 꾸미거나 공공복리를 위하는 자로 꾸밉니다.[2]

1. 기독교 죄론을 계발한 아우구스티누스는 황궁 교사 출신으로서 로마제국 안정과 질서를 꾀하는 신학자입니다. 그는 제국을 위해서 민중 기독교인 도나투스파를 학살하는 결정을 했습니다.

2. 대속기독론은 11세기 안셀무스에 와서 더욱 강화되는데, 그는 십자군 전쟁을 위한 병사 모집을 위해 대속기독론을 사용했습니다. 예수의 죽음을 아버지 하나님이 만족하셨다는 만족설을 계발하여, 우리도 예수를 따라 의를 위해 죽어서 하나님을 만족시키러 가자며 십자군 병사를 모집했습니다. 기독교사에서 하나님 사랑을 가장 아름답게 썼다는 대수도원장 끌레르보의 베르나르도 이러한 대속기독론으로 격문을 써서 십자군 병사들을 독려했습니다.

3. 루터 종교개혁 시대인 16세기까지는 진보가 새로움을 찾는 것이 아닙니다. 좋았던 옛날로 돌아가는 것이 진보입니다. 그래서 루터는 중세 스콜라 신학을 버리고 고대 아우구스티누스 죄론을 비판 없이 수용했습니다.

칼 융은 자연에 담겨있는 정신을 새롭게 발견하면서 우리가 소위 진리라고 하는 것들이 갈릴레오의 예에서 보듯이 역사적 편견에 의해 가려져 있음을 한탄합니다. 그는 인간은 역사로부터 아무것도 배울 수 없다는 것이 슬프지만 불행히도 사실이라고 합니다.[3] 필자가 성서 근거를 제시해도 열린 마음을 가지지 않은 사람은 기존 죄론을 바꾸려 하지 않을 것입니다. 사실을 보고도 기존 인식을 바꾸지 않는 이유를 노벨상 수상자인 프랑스 생물학자 자크 모노는 다음과 같이 말합니다.

"정보를 뇌가 직접 접하는 것이 아니라 중추신경계가 뇌 의식에 정보를 전달하는데 이미 자기에게 수립된 규범에 맞게 틀 지워서 변형하고 암호화해서 전달한다. 즉 외부 정보는 그것 자체로 재현하는 것이 아니라 자기 주관 정보에 맞게 변형되어 온다."[4]

죄와 법으로부터 자유

바울은 죄를 용서받거나 씻어내는 무엇이 아니라 악한 세력이라 하면서 그것으로부터 자유하라고 합니다.(바울이 죄론을 만들었다고 칭송하거나 싫어하거나 둘 중에 하나이니 이 무슨 해괴한 일인지 모르겠습니다) 죄는 풍요와 번영을 약속하며 인간을 기만하는데 법을 통해 들어와서 그 법을 옆으로 제쳐 놓습니다. 그렇게 해서 전통적인 도덕 질서뿐만 아니라 이성도 제 구실을 못합니다. 이것이 죄의 목표입니다.[5] 세계 모든 종교와 사상은 법을 통한 구원입니다. 쉽게 말하자면, 법대로 살면 바르게 살 수 있다고 생각합니다. 바울 위대성은 법은 하나님 도구이지만 죄도 법을 이용한다는 깨달음입니다. 즉 그는 죄가 법을 이용해 우리를 범죄하게 한다고 말합니다. 바울은 법 효능을 무시한 것이 아니라 법이 가진 정죄와 배제 기능을 믿음으로 해결하고자 한 것입니다.

바리새인과 사두개인과 서기관들 즉 그 사회 기득세력들은 정결 규례를 일상화함으로써 그 법을 지킬 수 없는 사회 약자와 가난한 사람들을 차별하고 배제했습니다. 기득권층 안에서도 서로 지키는 규례를 다르게 주장하며 분열되어 서로 증오하는 사회가 되었습니다. 여기에서 법은 해결 도구가 아니라 오히려 갈등을 조장합니다. 유대인 법치주의는 순혈주의가 되고 배타주의가 되면서 죄인을 만들어내는 기제機制mechanism가

되었습니다.⁶⁾ 바울은 예수가 제시한 이웃 사랑을 행하면 법을 다 이룬 것과 같다고 합니다(롬 13:8, 10, 갈 5:14). 바울이 말하고자 하는 것은 이 세상 가치질서인 법이 주가 아니고 예수그리스도가 주라는 것입니다. 이것은 탈가치화이고 가치전복價値顚覆입니다. 이것이 세계 모든 종교와 다른 일대 혁명입니다.⁷⁾ 우리가 이렇게 죄에 대해 탐구해 나가는 것 자체가 죄로부터 자유하는 길임을 인식하기를 기대합니다.

---

1) 퀸 앨러리 「악의 기원」 이가형 시공사 1995
2) 프리드리히 니체 「선악의 저편 도덕의 계보」 김정현 책세상 2002, 155 p
3) 칼 G 융-볼프강 E 파울리 「자연의 해석과 정신」 연암서가 2015, 101 p
4) 자크 모노 「우연과 필연」 조현수 궁리출판 2010, 62p
5) 볼프하르트 판넨베르그 「판넨베르그 조직신학 2」 신준호-안희철 새물결플러스 2018, 468p
6) 김진호 「리부팅 바울」 삼인 2013, 229p
7) 야콥 타우베스 「바울의 정치신학」 조효원 그린비 2012, 55p

죄란 무엇인가?

이스라엘은 모든 것을 신과 관계로 인식하는 종교 국가이고 그리스는 인간 문화를 가장 발달시킨 인간 중심 세속 국가입니다. 유대교로부터 이어받은 기독교 죄 개념이 그리스 인간 중심사상과 결합되며 혼선을 일으켰습니다. 앞에서 살펴본 대로 이스라엘 죄 개념은 빚이나 의무와 같습니다. 죄 문제를 살펴보고 이어서 그리스 사상과 연계된 문제를 봅니다.

베드로가 예수께 죄를 범한(하마르타노 자기에게 잘못한) 사람을 몇 번이나 용서해 주는 게 옳은가 하고 묻자 일곱 번을 일흔 번이라도 용서해 주라 하시며 다음 비유 이야기를 합니다. 어떤 종이 주인에게서 수백억 원(만 달란트)을 탕감 받았는데 정작 그 종이 자기에게 몇 십만 원(백 데나리온) 빚진 사람을 탕감해 주지 않았다는 소리를 주인이 듣고 빚 탕감해 준 것을 무효화했다는 이야기입니다(마 18:21-34). 신앙인은 하나님으로부터 큰 용서를 받고 사는데 정작 이웃의 작은 잘못을 용서하지 않고 사는 사람은 하나님이 용서를 회수해 갈 수 있다는 경고입니다. 우리는 여기에서 죄가 빚이나 의무와 같으며 구체적이고 실제적인 사실을 말하고 있음을 알 수 있습니다.

이스라엘 죄 개념은 사회 전체가 하나님과 관계가 어긋난 것을 말하고 개인 죄를 말할 때는 구체적으로 일어난 상대에 대한 잘못을 말합니다. 이것이 그리스 사상과 결합하면서 도덕화되고 일반화되었습니다. 더불어, 성서의 구체화되어 있고 사실인 빚이나 의무가 모두 일반화되어 죄로 번역되었습니다. 그 결과로 인해 피해 대상이 없는 도덕 문제나 신앙 규칙

전반에 대해 자신과 다른 견해를 가진 사람을 죄인으로 간주합니다. 그 결과로 다음 문제가 발생합니다.

1. 죄 용서를 신과 문제로만 인식합니다. 즉 자신이 잘못을 저지른 상대는 빠집니다.

2. 신에게 죄 용서받음을 몸과 영혼 변화로 인식합니다. 즉 자신이 의인이 되었다고 생각합니다.

3. 자신과 다른 신앙관을 가진 사람이나 비신앙인을 죄인이라 하며 차별하고 배제합니다.

1번과 2번은 다음 절, 용서란 무엇인가에서 설명합니다. 이번 글은 3번에 집중합니다.

한국 사회는 신분 의식이 뚜렷한 사회입니다. 신라는 옷 색깔로 백성들 신분을 구별하였고, 고려는 문반과 무반이 사회를 주도하는 귀족사회였고, 조선은 양반과 상민이 뚜렷이 구분되는 신분사회였습니다. 이것이 동학혁명과 6.25 전쟁을 거치며 단숨에 무너졌습니다. 그러나 우리 의식엔 아직도 신분을 가리고자 하는 의식이 뚜렷합니다. 아직도 우리는 족보를 귀히 여깁니다. 이러한 인식에 신앙인 죄 개념은 차별을 이루는데 제격입니다. 나는 믿음으로 의로운 사람이기 때문에 나와 같지 않은 사람은 죄인이라는 생각이 팽배합니다. 반복해서 말씀드리지만 1세기 이스라엘은 극도로 분열된 사회입니다. 예수께서 예루살렘 성을 보시고 분열하고 있는 이스라엘 멸망을 예견하시며 웁니다. 저들은 하나님나라가 왔다는 걸 몰라서 평화를 모른다

(눅 19:41-44)고 하십니다. 하나님나라에서 사랑하며 기쁨과 평화를 누리고 살아야 하는데 그걸 모르고 서로 죄인이라고 하며 증오하는 사회를

슬퍼하십니다.

세계 석학들이 유례없는 한국의 분열된 민주주의를 염려합니다. 청년들은 경쟁에 지쳐 절망하고 소년들은 제대로 된 인성교육을 받지 못합니다. 우리 사회가 누란 위기입니다. 어째서 신앙인들이 분열 위험을 모를까요? 예수께서 유일하게 지적한 죄에서 그 답을 찾습니다.

"그러나 나를 믿는 이 보잘 것 없는 사람들 가운데 하나라도 죄 짓게 하는(개역개정은 실족하게 하면) 사람은 그 목에 연자 맷돌을 달고 깊은 바다에 던져져 죽는 편이 오히려 나을 것이다. 사람을 죄 짓게 하는 이 세상은 참으로 불행하다. 이 세상에 죄와 유혹은 있게 마련이지만 남을 죄 짓게 하는 사람은 참으로 불행하다."(마 18:6-7 공동번역)

예수께서 정죄하여 차별하고 배제하는 것을 죄 짓게 하는 행위로 인식합니다. 차별받은 사람은 사회에서 배제됨으로써 정상적인 삶이 어렵기 때문입니다. 이 말씀은 약한 사람과 가난한 사람을 업신여기지 말라고 당부하시며(마 18:10) 하신 말씀입니다. 그리고 사랑 예수답지 않게 무지막지하게 저주를 퍼부은 말씀입니다. 보잘 것 없는 사람은 당시 엘리트 신앙인들이 죄인이라고 차별하고 배제한 약한 자들과 가난한 사람들입니다. 이런 사람들을 죄짓게 하는 사람 즉 살아가는 길을 막는 사람은 바다에 그냥 빠지면 누가 건져줄지 모르니 목에다 커다란 맷돌을 걸고 바다에 빠져 죽으라는 악담입니다. 이어서 죄를 짓게 하는 손과 발을 자르고 죄짓게 하는 눈을 빼어 버리라는 말씀이 나오는데 실제 그렇게 하라는 말씀이 아니라 죄짓게 하는 사람이 얼마나 나쁜 사람인가를 말하는 예수 특유 과장법입니다. 타인을 죄짓게 하는 행위가 얼마나 악질인지 말씀하고 있습니다.

예수께서 당시 극도로 엄격하게 법을 준수하며 별도 생활을 하는 에세네인들과는 대립이 없었습니다. 에세네인들은 성서에 아예 언급조차 없습니다. 잘난 체하며 별도로 자기들끼리만 살아서 남에게 죄짓게는 안 합니다. 바리새인들은 법을 완화하여 실생활에 적용하며 신앙개혁 운동을 하는 윤리 도덕이 훌륭한 사람들이고 서기관들은 메시아를 대망하며 묵시 운동을 일으켜 백성들에게 희망을 주는 사람들입니다. 이들은 도덕성과 신앙심으로 인해서 백성들로부터 존경을 받았습니다. 자타가 공인하는 경건한 신앙인들입니다. 그러나 예수는 이들과 격렬하게 대립합니다. 예수께서 이들에게서 본 죄악은 딱 한 가지입니다. 그들이 약한 사람과 가난한 사람을 업신여기며 죄짓게 하는데 그들은 자신들 신앙규칙을 따르지 못하는 약한 사람들과 가난한 사람들을 정죄하여 차별하고 배제합니다. 하나님께서 죄짓는 사람보다 죄를 짓게 하는 사람을 더 싫어합니다. 이것이 예수께서 윤리 도덕이 훌륭한 신앙인인 바리새파와 서기관들을 그렇게 싫어한 이유입니다.

현재 사물들 간에는 함께하려는 생성일치union of becoming가 있습니다. 인간은 함께 하며 평화하려는 의지가 있다는 뜻입니다. 악의 본성은 이 생성 일치를 방해하는 성격입니다.[1] 기독교 사상가 폴 틸리히와 자끄 엘륄 철학자 폴 리꾀르 등은 죄의 근원 의미를 분열로 보고 하나님으로부터 소외와 타인을 소외시키는 상황을 죄라고 합니다.[2] 즉 화해하지 않고 정죄하여 차별하고 배제하는 것이 죄입니다. 죄는 인간 소외 상태를 설명하는 가장 적합한 개념입니다.[3] 기독교 죄에서 일관되게 흐르는 개념은 소외입니다.[4] 기독교 죄의 핵심은 사회 범법이 아니라 하나님에 대한 종교 반역입니다. 따라서 불법인데(요일 3:4), 인간 세계 법이 아니라 하나님 법입니다.[5] 다시 말하자면 하나님 뜻을 거스르는 게 죄인데 예수는 신과 인간이 화해하고 인간 서로 간 화해를 위해 세상에 오셨습니다(바울 칼 바르트). 하나님 뜻은 경건이 아니라 화해입니다. 화해를 방해하는 행위가 죄입니다.

오늘 기독교가 화해보다는 변질 예방을 중요하게 여깁니다. 즉 순수성을 지키는데 온 힘을 다합니다. 변질을 막고 순수성을 지키는 사상은 플라톤이 세웠습니다. 그는 하늘 본질은 순수하고 하늘 그림자인 땅은 타락으로 파악합니다. 플로티노스는 이러한 타락을 신성화하는 것이 구원이라고 가르쳤습니다. 이것을 신플라톤주의라고 합니다. 신성화 사상은 신플라톤주의 핵심 사상입니다. 이것을 5세기에 아우구스티누스가 기독교 신학을 정립할 때 들여왔습니다. 그래서 예수의 화해가 아니라 순수성을 지키는 경건이 기독교 중심이 되었습니다. 화해에 관심 없는 한국 교회는 예수가 주님이 아니고 플라톤이 주님입니다.

19세기 자유주의 신학이 죄를 윤리 도덕 문제로 해결하려 했습니다. 이러한 시도는 신플라톤주의를 답습한 고대 기독교로 돌아가는 것으로서 실패할 수밖에 없었습니다. 기독교 죄란 윤리 도덕 문제가 아니라 존재 현상입니다.[6] 즉 신앙인이 하나님 뜻을 따라 사는가에 있다는 말입니다. 오늘날 그리스도인들은 1세기 유대인보다 윤리 도덕 수준이 현저히 낮으면서 오히려 남을 정죄하고 차별하여 배제하는 것은 유대인들을 훨씬 능가합니다. 경건한 신앙인들이 타인을 죄인으로 지목하는 순간 그 자신이 돌이킬 수 없는 죄에 빠집니다. 성령을 거스르는 죄는 용서받을 수 없다고 했는데(마 12:31-37) 하나님 뜻은 화해에 있습니다.

설교자 유진 피터슨은 다른 사람을 정죄하고 배제하는 죄는 특히 신앙인들이 걸리는 경건병이라고 합니다. 미국 기독교 윤리학자 J.C. 베네트는 그리스도인 경건은 신앙 타락이라고 합니다.[7] 물론 세상을 차별하고 정죄하는 경건을 말합니다. 신앙인들이 자신을 세상과 분리해 세상을 정죄하는 태도는 세상World과 세대Age를 구분하는 데 실패했기 때문입니다.

"너희는 이 세대를 본받지 말고 오직 마음을 새롭게 함으로 변화를 받아 하나님의 선하시고 기뻐하시고 온전하신 뜻이 무엇인지 분별하도록 하라"(롬 12:2)

부에 대한 집착 형제와 재산 싸움 과소비 약한 자와 가난한 사람에 대한 갑질은 일상으로 하면서 영화 대중가요 스포츠 오락 게임 등은 세속이라 하며 멀리하는 신앙인은 실패한 신앙인입니다.

이제까지 죄에 대하여 이야기한 필자 목적은 다음 말이 하고 싶어서입니다. 스스로 죄인 틀framework에 갇혀서 자기비하나 겸손한 척하여 세상 사람들을 불편하게 하지 말고 자기와 다른 신앙을 가졌거나 비신앙인을 정죄하여 배제하지 말라는 것입니다. 이렇게 자연스럽지 않은 행위는 인간성을 잃은 행위이고 아름다운 인간이기를 포기하는 행위입니다. 그리스도인과 세상 사람들이 함께 아름다운 세상을 만들어 가는 것이 하나님 뜻입니다. 죄를 가볍게 보려는 태도나 우리 죄를 속량하기 위해 죽으신 대속기독론을 부정하는 태도는 올바른 그리스도인 자세가 아닙니다. 대속기독론과 구약을 버리자고 주장하는 사람들이 있는데, 이는 목욕물 버리다가 아기까지 버리는 꼴입니다.

죄가 세력으로서 외부에서 들어오는 것과 그 죄 조종으로 범죄하는 것 사이의 구별이 사실상 어렵습니다. 바울 진술을 봅니다.

"탐내지 말라는 법이 없었더라면 탐욕이 죄라는 것을 나는 몰랐을 것입니다. 죄는 이 계명(법)을 기회로 내 속에 온갖 탐욕을 일으켰습니다."(롬 7:8, 공동번역)

법은 하나님 도구지만 죄도 법을 이용합니다. 도덕 결함뿐만 아니라 이성과 법을 통해서 오는 탐욕이 있습니다. 다시 말하자면 탐욕은 이성과 법으로 막을 수 없습니다. 탐욕이 죄의 근원입니다. 19세기와 20세기는 이성과 과학 만능 시대였습니다. 과학이 우리를 구원할 수 없음이 증명되고 있습니다. 인간 탐욕으로 인한 과소비는 기후환경을 악화하고 생태환경을 훼손하여 지구를 살 수 없는 곳으로 만듭니다. 생산 증가가 목표인 자본주의 경제 체제는 탐욕으로 인한 끝없는 무한경쟁으로 낙오자를 만들고 사람을 피로하게 하여 인간성을 파괴합니다. 우리는 탐욕으로 인한 개인 죄와 사회 죄에 대해 하나님께 용서를 구합니다. 예수께서 기득세력으로부터 죄인으로 지목되어 차별과 배제로 고통받는 가난한 사람과 병든 사람 고아 과부 소외된 사람들을 편들며 그들에게 생명 자유 정의 평화를 주시고, 기득세력에는 강력하게 저항하셨습니다. 오늘날 기독교는 한 걸음도 예수께로 가지 못하고 있습니다.

1) 도널드 W 셔번 「화이트헤드의 과정과 실재 입문」 오영환 서광사 2010, 275p
2) 폴 틸리히 「조직신학 2」 유장환 한들출판사 2003, 44-61p
3) 자끄 엘륄 「자유의 윤리 1」 김치수 대장간 2018, 92p
4) 폴 리꾀르 「악의 상징」 양명수 문학과지성사 2017, 94p
5) 헤르만 바빙크 「개혁파 교의학 존 볼트 편」 장호준 새물결플러스 2015, 641p
6) A J 맥컬웨이 「폴 틸리히 조직신학 요약과 분석」 한재범 외 한들출판사 2020, 38p
7) 조셉 플레처 「상황윤리」 김동수 규문각 1968, 230-231p

예수 죄 용서란 무엇인가?

　5세기 신학이 정립될 때 아우구스티누스는 죄를 용서받는다는 것은 죄가 더 이상 있지 않기 때문이 아니라 하나님이 죄를 더 이상 간주하지 않기 때문이라고 합니다.[1] 이것을 이어서 가톨릭은 세례를 통해 인간의 모든 죄가 제거된다고 가르쳤습니다.[2] 개신교 현대 신학자들도 하나님이 마지막 날에 죄를 묻지 않는다고 가르쳤습니다(칼 바르트 등). 최근에 신학자 김세윤이 기존 자신 입장을 바꿔서 마지막 날에 하나님이 죄를 물으신다(유보적 칭의)라고 해서 신학계와 목사 신부들로부터 맹렬한 공격을 받고 있습니다. 그리스도인들은 하나님으로부터 용서받으면 죄가 없어진다고 생각합니다. 죄를 신에게서 용서받기 때문에 잘못을 저지른 상대에 대해서는 관심이 없습니다.
　영화감독 이창동은 이러한 문제에 대해 영화를 통해 비판합니다. 영화 '밀양'에서 전도연은 아들 잃고 고통하다가 신앙에 귀의하여 아들을 살해한 살인범을 용서합니다. 그녀는 면회 가서 살인범을 용서한다고 말합니다. 그런데 그 살인범은 자기는 예수로부터 이미 용서받았기 때문에 상관이 없다고 합니다. 결국 전도연은 실성한다는 영화입니다. 이 영화가 나온 지 14년이 지났지만 어느 신학자도, 교계에서도 이 문제를 논의했다는 소식을 듣지 못했습니다. 이 문제가 계속되고 있습니다. 서지현 검사를 성추행해서 공분을 일으킨 모 검사가 세례를 받고 모든 죄가 용서되었다는 간증이 공개되어 다시 한번 세간 공분을 일으켰습니다. 피해자는 고통 중에 있는데 가해자는 신의 용서를 받고 평화하다는 것이 사회 보편 인식에 부합하지 않기 때문입니다.

죄 용서 교리 영향사

당시 유대인들은 구원 시대가 오면 하나님이 자신들 죄를 심판하지 않고 구원해 주시리라고 기대했습니다(시 51:4, 143:2, 사50:7-9).

"내가 주께만 범죄하여 주의 목전에 악을 행하였사오니 주께서 말씀하실 때에 의로우시다 하고 주께서 심판하실 때에 순전하시다 하리이다"(시 51:4)

에세네파는 사막에 쿰란 공동체를 세우고 종말 날에 올 구원을 대비하고 살았습니다. 그들은 "하나님께서는 당신의 위대하고도 신비로운 활동들을 통해 그들의 잘못을 용서해주시고 그들의 죄를 씻어주셨다"라고 기록했습니다(다마스커스 문서).[3] 그러나 최초로 세례를 시행한 세례 요한은 세례를 통한 죄 용서는 죄가 없어진다는 의미로 사용하지 않았습니다. 그의 세례는 새로운 삶으로의 회개를 의미합니다.[4] 1세기 역사가 요세푸스의 증언에 의하면 당시 세례는 자신이 무슨 죄라도 용서받기 위해 세례를 사용해서는 안 되며 다만 몸 정화를 위한 것이라고 합니다.[5]

예수가 우리 죄를 위해 죽으셨다는 기독교 속죄교리는 이른 시기에 나타나지 않았습니다. 초기 그리스도인들은 유대인들과 함께 예루살렘 성전 제의에 계속 참여했습니다.[6] 세례 요한은 세례가 죄를 제거하는 것으로 사용하지 않은 반면에 그리스도인들은 점차로 예수의 죄 용서와 세례가 죄를 제거하는 것으로 인식하게 됩니다. 초기 그리스도인들은 이스라엘에 약속된 하나님 구원 약속(언약)이 예수에게서 성취되었다는 인식이 뚜렷했습니다(폰 라드). 이러한 인식을 바탕으로 예수 십자가를 설명하는 과정에서 예수께서 우리 죄를 사하기 위해 죽으셨다는 대속교리가 발생하였습니다.

첫 번째 천 년 동안에는 대속교리인 예수 십자가가 마귀에게 빚을 갚는다는 의미로 여겨졌습니다. 속량설인데 노예해방을 위해 속전을 내듯이 마귀에게 속전을 낸다는 의미입니다. 두 번째 천 년 동안은 대속교리가 안셀무스에 의해 하나님께 빚을 갚기 위한 교리가 되었습니다. 만족설인데 하나님이 우리 죄를 대신 갚으신 십자가 피에 만족하셨다는 의미입니다.[7]
교리가 발전되면서 세례가 죄를 제거한다고 생각했습니다. 기독교를 로마 국교로 삼았던 콘스탄티누스 황제는 죄 없이 천국 가기 위해 죽음 직전에 세례를 받았습니다. 계몽 사상가 볼테르의 「관용」에 보면 중세 폴란드 어느 마을에서는 가족 중 1명을 천국에 보내기 위해 자녀 1명을 세례 받게 한 후에 이웃과 서로 교차해서 죽이는 일도 있었습니다.

예수 죄 용서가 죄를 제거하는가?

이스라엘은 주전 5세기에 바벨론 포로 생활을 마치고 고국으로 귀환합니다. 이때 선지자 이사야는 "하나님이 새 삶을 주시며 죄를 묻지 않기로 하셨다"고 선포합니다(사 44:22). 우리는 '하나님이 새 삶을 주시며'에 주목합니다. 하나님이 우리 죄를 용서하셨다는 대속교리는 우리가 죄인이지만 하나님나라 백성으로 부르시어 하나님나라 삶을 주신 은혜 말씀입니다. 우리가 거듭 확인할 수 있는 사실은, 성서가 말하는 십자가 죄 용서는 그 죄가 완전히 없어졌다는 것이 아니라 하나님께서 죄를 간주하지 않으시고 하나님 백성 삼으시고 새로운 기회를 준 것임을 알 수 있습니다. 죄를 저지르는 죄인인 인간이 구원받고 용서받은 인간이 되어서 그 행위

가 선한 행위로 바뀌는 변화는 존재하지 않습니다.[8]

세례는 우리 몸을 다른 사람으로 변화시키는 것이 아니라 새로운 삶으로 인도합니다. 바울이 하나님이 믿음으로 우리를 의롭다 하셨다는 칭의(의인義認)가 바로 하나님나라 백성으로서 새로운 길을 열어주셨다는 뜻입니다. 이것이 구원이고 죄 용서입니다. 바울은 법을 무시하지 않습니다. 그러나 루터는 법은 죄의 자리이고 복음은 그 죄를 용서하는 자리로 이해했습니다. 즉 복음이 죄를 없애 준다고 생각했습니다. 이것은 예수의 죄 이해와 다릅니다. 예수의 세리와 죄인을 용납하시는 행위는 치유하여 구원에 참여하게 합니다. 즉 죄를 완전히 없애 주는 것이 아니라 이제 구원의 삶을 살도록 하나님나라에 초대해 줍니다.[9]

십자가 죄 용서는 죄가 없어지는 것도 아니고 완전한 구원도 아닙니다. 바울 구원관 특징은 십자가가 완전구원이 아니라는 것입니다. 구원이 이루어졌지만 아직 완성되지 않았습니다. 예수 곁에 붙어있던 가룟 유다도 마귀가 잡아갔습니다. 그래서 바울은 다음과 같이 말합니다.

"내가 이미 얻었다 함도 아니요 온전히 이루었다 함도 아니라 오직 내가 그리스도 예수께 잡힌 바 된 그것을 잡으려고 달려가노라"(빌 3:12)

"두렵고 떨리는 마음으로 너희 구원을 이루라"(빌 2:12)

초기 그리스도인들도 십자가가 죄를 없애 주었다고 방자하게 신앙생활 하는 사람들이 있었습니다. 그래서 2세기 초에 기록된 요한1서 저자는 다음과 같이 가르쳐야 했습니다.

"만일 우리가 죄가 없다고 말하면 스스로 속이고 또 진리가 우리 속에 있지 아니할 것이요"(요일 1:8)

신학자와 목사 신부들은 성서에도 없는
1. 예수 죄 용서가 죄를 없애 준다고 하고
2. 예수가 우리를 구원했다는 사실을 완전구원이라고 가르쳤습니다. 이것은 오류임이 분명합니다.

하나님께 용서받으면 잘못한 상대에게 갚지 않아도 되는가?

이스라엘 실패는 저들이 세상에서 구출된 것이 아니라 이스라엘을 통해서 세상을 구원하시려고 자신들이 선택되었음을 망각한데 있습니다 (출 4:22, 19:6). 유대인들은 세상과 괴리되었습니다. 한국 교회도 그 길을 가고 있습니다. 젊은이들과 지성인들이 기독교를 조롱해도 아랑곳하지 않습니다. 기독교가 게토화(유대인들 촌락)되는 중심에 죄 용서 교리가 있습니다. 이명박 전 대통령이 뇌물죄로 감옥 가면서 국민들에게 사죄하지 않고 믿음으로 이기겠다고 측근들에게 말하고 감옥 갔습니다. 이것은 하나님께 용서를 구하면 모든 것이 해결된다는 생각 때문일 것입니다. 성서를 봅니다.

"5 예수께서 그 곳에 이르사 쳐다보시고 이르시되 삭개오야 속히 내려오라 내가 오늘 네 집에 유하여야 하겠다 하시니 6 급히 내려와 즐거워하며 영접하거늘 7 뭇 사람이 보고 수군거려 이르되 저가 죄인의 집에 유하러 들어갔도다 하더라 8 삭개오가 서서 주께 여짜오되 주여 보시옵소서 내 소유의 절반을 가난한 자들에게 주겠사오며 만일 누구의 것을 속여 빼앗은 일이 있으면 네 갑절이나 갚겠나이다 9 예수께서 이르시되 오늘 구원이 이 집에 이르렀으니 이 사람도 아브라함의 자손임이로다 10 인자가 온 것은 잃어버린 자를 찾아 구원하려 함이니라"(눅 19:5-10)

예수께서 로마 앞잡이 세금 징수원인 삭개오를 용서하였습니다. 당시 세금 징수원은 지나가는 사람 짐을 수색하는 등 악랄하게 세금을 징수하여 로마 앞잡이 노릇을 하기 때문에 백성들이 증오하는 대표 죄인입니다. 삭개오가 용서를 받고 자기가 착취한 것 4배를 갚겠다고 합니다. 당시 법에 4배를 갚아야 공동체로 돌아갈 수 있었습니다. 이처럼 하나님께 용서받는다고 끝나는 것이 아니라 사회가 인정할 만큼 잘못한 상대와 사회에 갚으며 새로운 삶을 살아가는 것이 구원받은 신앙인입니다. 속량이라는 대속에 관한 성서 기록(막 10:45, 롬 3:24)은 노예를 해방시키려면 대신 값을 치러야 하는 고대 세계 언어입니다. 대속기독론은 현대 세계관에 맞게 재해석되어야 합니다.

---

1) 김균진 「루터의 종교개혁」 새물결플러스 2018, 323p
2) 같은 책 322p
3) 로널드 헨델 「창세기와 만나다」 박영희 비아 2021, 99p

4) 제임스 던 「예수와 기독교의 기원 상」 차정식 새물결플러스 2010, 491p
5) 같은 책 477p
6) 제임스 던 「초기 교회의 기원」 문현인 새물결플러스 2019, 323-326p
7) 리차드 로어 「오직 사랑으로」 김준우 한국기독교연구소 2020, 229p
8) 자끄 엘륄 「자유의 윤리」 김치수 대장간 2018, 272p
9) 볼프하르트 판넨베르그 「판넨베르그 조직신학 3」 신준호 새물결플러스 2019, 147-149p

예수 십자가는 우리에게 무엇인가?

십자가를 향해 예루살렘으로 가시다

로마 네로 황제가 죽고 장군들 추대로 베스파시우스 장군이 황제가 되었습니다. 그는 귀족 출신이 아니었기 때문에 신분 세탁이 필요했습니다. 그는 앞 못 보는 사람 눈을 뜨게 하고 굽은 손을 펴게 하는 기적을 베푼 사람으로 불리게 되었습니다. 또한 신의 아들로 신격화되었습니다. 그가 세계 평화를 가져오기 때문에 역사가와 시인들은 그가 황제가 되었다는 소식을 복음(기쁜 소식)이라고 했습니다. 예수를 따르는 사람들은 폭력으로 이루는 로마 평화는 가짜이고 예수평화가 진실임을 고백했습니다. 당연히 예수 죽음과 부활 또한 그분 사역과 가르침이 복음(기쁜 소식)입니다.

그리스도인들이 사용한 복음이라는 말은 제2이사야(사 40:9)에서 가져왔습니다.[1] 이사야는 버림받은 사람들을 구원하러 역사에 오셔서 사역하시는 하나님에 관한 소식을 복음이라고 합니다. 예수께서 갈릴래아 일대에 하나님나라가 시작되었음을 선포하고 그 나라에서 어떻게 살 것인가를 가르쳤습니다. 하나님나라는 버림받은 자가 구원받는 나라입니다. 복음(하나님나라 소식)은 유대인들이 정결 예식에 쓰는 항아리에 술을 만들고 예루살렘 성전항쟁을 통해 성전 기능을 정지시키는 일 등 기존 가치 체계를 뒤엎고 새로운 질서가 시작되었음을 알리는 사건입니다(요 2-3장). 예수께서 갈릴래아에서 하나님나라 사역을 마치고 예루살렘으로 여정을 시작합니다.

예수께서 예루살렘에 죽으러 간 것이 아니라 하나님나라 소식을 더 널리 전파하기 위해 갔고 그러다가 죽임을 당했다는 해석이 있습니다.[2] 알버트 슈바이처는 예수 하나님나라 운동이 실패했다고 하는데, 그는 예수께서 어떤 가시적 성과내는 것을 목표했다고 생각하기 때문입니다. 그러나 나는 예수께서 스스로 죽으러 갔다고 생각합니다. 그래서 예수운동이 실패라고 생각하지 않습니다.

떡 다섯 덩이와 물고기 두 마리로 5천 명 이상을 먹인 사건으로 사람들이 예수를 왕으로 삼으려 했습니다. 예수와 제자들이 갈릴래아 바다 너머로 피신하자 대표단을 뽑아 쫓아왔습니다. 그들은 예수께 "하나님을 위해 우리가 무엇을 하면 좋은가?"라고 물었습니다. 예수 대답은 무엇을 하는 게 아니라 하나님이 보낸 사람 바로 자신을 믿으라고 합니다. 이어서 내 살을 먹고 내 피를 마시라는 이상한 말씀을 합니다. 예수께서 세력을 모아 무슨 일을 시작할 기미가 전혀 없는 것을 알고 왕 삼으려던 사람들은 물론이고 따르던 사람들이 모두 떠났고 예수께서 묵묵히 떠나는 사람들을 지켜보았습니다. 모두 떠나고 12명만 남았습니다. 이때 예수께서 남은 제자들에게 너희도 나를 떠나려느냐고 묻습니다(요 6장). 나는 복음서에서 이 장면이 제일 슬픕니다. 예수께서 30세 정도까지는 평범하게 살다가 하나님나라 사역은 13개월에서 36개월 사이 어느 기간만큼만 감당했습니다. 우리는 사역 기간을 정확히는 모릅니다.

예수께서 세력을 모으거나 어디에 정착해서 무슨 일을 도모할 생각이 전혀 없습니다. 그리고 그분이 요구하는 급진 가치 전환은 당장 실시하기 어려운 삶의 방식이기도 합니다. 제자들은 어떤 눈에 보이는 성과가 일어나기를 기대하는 데 예수께서 생각하는 하나님나라는 어떤 체제나 공동체가 아니라 새롭게 변화된 삶을 통해 이루어가는 평화 나라입니다. 지금 당장 이루어지는 어떤 사회 체제가 아닙니다. 그래서 예수의 하나님나라 운동은 혁명이나 사회개혁 운동과 다릅니다.

예수께서 정의롭고 번영된 나라가 지금 당장 이루어지기를 기대하는 가룟 유다를 포함한 제자들 기대를 더 이상 미루어 갈 수 없었을 것입니다. 예루살렘에 가면 체포가 예상되기 때문에 제자들은 가기 싫어했습니다. 망설이는 제자들을 도마가 독려하여 예루살렘으로 떠나게 됩니다. 십자가를 지기 위해 예루살렘으로 가는 예수를 막기 위해 베드로는 항변하고 예수께로부터 "사탄아 내 뒤로 물러가라!"는 꾸지람을 듣습니다 (마 16:21-22). 더 이상 하나님나라 운동을 끌고 갈 수 없는 상황에서 예수께서 하나님나라 운동을 죽음으로 완성하려고 예루살렘으로 떠났습니다.

예수는 왜 신인가?

1세기 갈릴래아 나사렛 출신 한 청년을 우리는 신이라 부릅니다. 부분은 전체를 담을 수 없습니다. 그래서 인간은 전체인 신을 알 수 없습니다. 사물의 색이 수시로 변한다면 우리는 그 사물의 색을 설명할 수 없습니다. 이와같이 신은 고정체가 아니므로 우리가 신을 설명할 수 없습니다.[3] 우리는 예수에게 계시된 모습에서만 신에 대해 압니다. 예수께서 신인 것은 기적을 행했거나 사람들 불치병을 치유해서가 아니라 우리를 구원하기 때문입니다. 필자가 말하는 구원이란 죽어서 천국 가는 구원을 말하는 게 아닙니다. 지금 삶에서 구원 즉 기쁘고 평화하게 사는 삶을 말합니다

(롬 14:17). 나는 죽음 후의 상태에 대해선 아는 바가 없습니다. 다만 지금 구원 상태에 있다면 죽어서도 구원이 있으리라고 생각합니다. 부산행 기차를 타고 있으면 부산에 도착할 수 있는 것과 같은 이치입니다.

"신(말씀)이 육신이 되어 우리 가운데 거하시다"(요 1:14)

신이 역사에 개입하는 유일한 방법은 아들 모습으로 역사 속에 등장하는 것입니다. 기독교에서는 신 자신이 인간이요 우리 중 하나입니다.[4] 루터는 자기가 바라는 것이 신이 된다고 경고합니다. 루트비히 포이어바흐는 하늘로 실체화된 신 개념은 파기하고 예수로 계시된 신만 보아야 한다고 말합니다.[5] 신이 인간이 되었다는 성육신 사유는 충격입니다. 성육신한 그 신은 연약하고 무능력해 보이며 실패로 보이는 신입니다. 교회 성당은 이러한 사실을 인정하려고도 않고 받아들이려고도 않습니다. 신이 자신 힘과 권리를 포기하고 우리에게 자신을 따르라고 합니다. 우리가 신을 따라서 개인으로나 사회 정치로나 이기심과 폭력성 소유욕과 지배하려는 충동을 버리는 포기는 마조힘적 자기학대가 아니라 더 풍성한 평화 삶을 위한 포기입니다.[6] 성서 시대를 이어서 신학을 발전시킨 교부들은 예수의 인간으로서 삶과 수난에 계시된 하나님 정체성을 인식하는데 실패했습니다.[7] 우리가 신을 생각할 때 신이 누구인가가 아니라 신이 무엇을 하고 있는가를 생각하는 것이 바른 태도입니다. 우리는 예수를 그리스도 즉 구원자라는 이유에서 신이라 부릅니다.[8]

우리 모범으로서 예수

"이를 위하여 너희가 부르심을 받았으니 그리스도도 너희를 위하여 고난을 받으사 너희에게 본을 끼쳐 그 자취를 따라오게 하려 하셨느니라"(벧전 2:21)

종교개혁 신학 최대 비극은 믿음이 올바른 고백에 있다고 한 데 있습니다. 믿음은 예수를 뭐라고 고백하는 데 있는 것이 아니라 그분 삶과 죽음을 따르는데 있습니다. 이스라엘 전설인 선지자 엘리야는 제자 엘리사가 소 잡고 잔치한 후에 부모와 입 맞추고 자신을 따르도록 허락했습니다(왕상 19:19-21). 그러나 예수는 아버지 장례를 치른 후에 따르겠다는 사람에게 죽은 자는 죽은 자에게 맡기고 너는 나를 따르라고 합니다(마 8:21-22). 그리스도인이 예수를 따르려면 아버지 장례를 치를 수 없다는 말씀이 아니라 예수를 따르는 길은 우리 가치 질서를 벗어나 새로운 질서 길로 가는 것을 말합니다. 십자가는 옛 질서 죽음이고 새로운 질서에 대한 열망입니다.

---

1) 리차드 보컴 「예수와 이스라엘의 하나님」 안영미-이형일 새물결플러스 2019, 55p
2) 김근수 「예수평전」 동녘 2021, 254p
3) 루트비히 비트겐슈타인 「심리철학적 소견들 2」 이기흥 아카넷 2013, 81p
4) 슬라보예 지젝 「죽은 신을 위하여」 김정아 길 2008, 222-223p
5) 에른스트 블로흐 「저항과 반역의 기독교」 박설 열린책들 2009, 118p
6) 테리 이글턴 「신을 옹호하다」 강주헌 모멘토 2010, 40p
7) 리처드 보컴 「예수와 이스라엘의 하나님」 이형일-안영미 새물결플러스 2019, 14p
8) 에른스트 블로흐 23p

우리 죄를 대신한 희생양으로서 십자가

예수를 화해자 하나님으로 인식한 최초 사람은 바울입니다. 그는 예수를 속죄제물이라 하지 않고 화목제물이라 합니다(롬 3:25). 대부분 신학자들은 바울을 은혜신학자라고 하는데 제임스 던은 바울을 화해신학자라고 합니다. 또한 여러 신학자들은 예수를 역사 하나님이라 하는데 칼 바르트는 화해자 하나님이라고 합니다. 예수께서 자신 스스로 십자가 죽음을 통해 하나님과 인간이 화해하고 인간 서로 간 화해 길을 열었습니다. 새 질서를 세우는 예수께서 옛 질서인 차별과 소외를 일으키는 권력에 자신을 내맡겼습니다. 신 죽음은 신이 버림받은 자들과 함께 함을 계시합니다.[1] 그러므로 십자가는 하나님 사랑을 계시합니다.[2]

예수께서 스스로 자신을 내줌으로써 화해 길을 열었다는 화해신학은 종교개혁자 루터의 복음 개념에서 빠졌습니다.[3] 종교개혁자들은 30년 동안 유럽 인구 35%가 죽는 상황에서 화해를 말할 수 없었을 겁니다. 예수사랑과 화해가 그리스도인 신앙에서 전혀 작동하지 않게 되었습니다. 교회에서 가르치지 않는데 무슨 수로 작동하겠습니까? 기독교가 사랑은 명시로라도 가지고 있지만 화해를 잃어버린 건 큰 비극입니다. 우리는 자기 목숨을 많은 사람의 대속물로 주려 했다는 예수 말씀(막 10:45)을, 고대 언어인 마귀에게 우리 피 대신에 예수 피를 주었다는 속량설이나 하나님이 예수 피를 받고 만족했다는 만족설로 설명하지 않습니다. 르네 지라르가 해석한 희생양 개념으로 설명합니다. 르네 지라르는 인문학자로서 세계 신화와 성서를 비교 연구하다가 신앙을 얻고 그리스도인이 되었습니다.

인간은 희생양을 만듭니다. 상위 계층을 모방하여(미메시스) 경쟁하며 일으키는 질투와 일상적 분노(르상티망)는 희생양을 요구합니다. 우리나라 학교 직장 사회에서 일어나는 왕따 문화와 일본 이지매 문화가 희생양 만들기 폭력입니다. 남을 정죄하여 자신의 정당성을 확보하려는 태도가 희생양 만들기 폭력입니다. 세계 가치는 만장일치 폭력으로서 카타르시스로 정화시키는 희생양을 찾습니다. 유대교 의로운 전쟁 개념이나 헤라클레이토스의 그리스 신화는 폭력입니다. 그러나 기독교는 신이 스스로 희생양이 되는 비폭력입니다. 인류가 탄생한 이래로 발생한 희생양 기제mechanism에 관한 인류학 비밀이 밝혀지려면 신 스스로 희생양인 십자가가 필요했습니다.[4]

예수 십자가 희생양 개념을 파악하기 전에 인류학 희생양 개념 두 가지를 먼저 파악합니다.

1. 세상 모든 희생양 신화에서는 언제나 희생양이 실제 죄인이고 사회는 정당합니다.

아버지를 죽일 거라는 신탁으로 아기 때 버려진 오이디푸스는 자신 친아버지인 줄 모르고 테베 왕을 죽여 자신이 왕이 되고 또 자신 친어머니인 줄 모르고 왕비와 결혼합니다. 테베에 페스트가 창궐하자 백성들은 오이디푸스 왕 비밀을 밝혀내고 추방합니다. 오이디푸스는 테베를 위한 희생양이 되지만 그에겐 실제 아버지를 죽이고 어머니와 결혼한 죄가 있습니다.[5] 재난을 막는 인간 희생제물을 파르마티코스라고 합니다.

2. 고대 신화에서 희생양은 최고신이고 재난에 처한 백성의 희생양 폭력 대상은 절대 권력 상징인 왕이나 아버지였습니다.

고대 그리스 도시국가에서 재난이나 외세 침입으로 국가가 어려움에 처하면 왕이나 지도자를 추방했습니다.(시오노나나미 그리스인 이야기)
수메르 신화에서 하위 신들은 최고 여신인 티아마트를 죽이고 그 몸을 잘라서 세계를 만듭니다. 인도 신화에서 푸루샤라는 최초 희생양이 군중에 의해 조각으로 절단되어 그 조각으로 백성 등급을 나누는 카스트 제도가 발생했습니다.[6] 고대 희생양 개념은 작은 악으로 큰 악을 막는다는 카테콘 개념입니다. 필요악 같은 개념입니다. 성서에도 있는데 데살로니가후서 2:7의 불법을 막는 자가 카테콘입니다.

"불법의 비밀이 이미 활동하였으나 지금은 그것을 막는 자(카테콘)가 있어 그 중에서 옮겨질 때까지 하리라"(살후 2:7)

현대에선 법 사상가 칼 슈미트가 처음 사용했습니다. 희생양에 대해 어려운 이야기를 하는 이유는 희생양은 고대에 정착된 문화 현상임을 말하기 위해서입니다.

스스로 희생양이 되신 예수

주전 5세기 이스라엘 백성들이 바벨론 포로였을 때 활동한 제2이사야는 인류를 구원할 메시아가 어떤 분인가를 예언했습니다.

"2 그는 주 앞에서 자라나기를 연한 순 같고 마른 땅에서 나온 뿌리 같아서 고운 모양도 없고 풍채도 없은즉 우리가 보기에 흠모할 만한 아름다운 것이 없도다 3 그는 멸시를 받아 사람들에게 버림받았으며 간고를 많이 겪었으며 질고를 아는 자라 마치 사람들이 그에게서 얼굴을 가리는 것 같이 멸시를 당하였고 우리도 그를 귀히 여기지 아니하였도다 4 그는 실로 우리의 질고를 지고 우리의 슬픔을 당하였거늘 우리는 생각하기를 그는 징벌을 받아 하나님께 맞으며 고난을 당한다 하였노라 5 그가 찔림은 우리의 허물 때문이요 그가 상함은 우리의 죄악 때문이라 그가 징계를 받으므로 우리는 평화를 누리고 그가 채찍에 맞으므로 우리는 나음을 받았도다 6 우리는 다 양 같아서 그릇 행하여 각기 제 길로 갔거늘 여호와께서는 우리 모두의 죄악을 그에게 담당시키셨도다 7 그가 곤욕을 당하여 괴로울 때에도 그의 입을 열지 아니하였음이여 마치 도수장으로 끌려가는 어린 양과 털 깎는 자 앞에서 잠잠한 양 같이 그의 입을 열지 아니하였도다 8 그는 곤욕과 심문을 당하고 끌려갔으나 그 세대 중에 누가 생각하기를 그가 살아 있는 자들의 땅에서 끊어짐은 마땅히 형벌 받을 내 백성의 허물 때문이라 하였으리요 9 그는 강포를 행하지 아니하였고 그의 입에 거짓이 없었으나 그의 무덤이 악인들과 함께 있었으며 그가 죽은 후에 부자와 함께 있었도다"(사 53:2-9)

세계 모든 신화에서 희생양이 실제 죄인이고 백성이 정당했습니다. 그러나 기독교 희생양인 예수는 죄가 없고 백성들에게 죄가 있습니다. 예수가 백성들 죄를 대신해 희생양이 되어 십자가 죽음을 맞았습니다(막 10:45 마 26:28). 예수께서 인류 화해를 위해 죽으셨습니다. 십자가는 인류가 희생양 만들기를 그치고 화해하라는 메시지입니다. 희생양 문화를 없애려면 인간 품성인 지배 욕구를 없애야 합니다. 모든 살아있는 것들에는 지배하려는 권력의지가 있습니다. 이러한 권력의지는 봉사하려는 자에게도 있습니다. 자신이 더욱 강해져서 자신 일을 수행하려는 의도 때문입니다.[7] 하나님 일을 한다는 교회가 악을 일으키는 이유입니다. 마땅히 해야 할 일인 개혁 현장에서 악이 발생합니다. 나는 아니고 싶지만 나에게서 악이 발생합니다. 비움의 십자가에서 다시 설명하겠습니다만, 십자가는 지배하려는 의도를 버리라는 메시지입니다.

십자가는 우리에게 죄의식을 벗어버리고 새로운 하나님나라에서 기쁘고 평화한 새 삶을 살라는 메시지입니다. 이사야 53:6 "하나님께서 우리 모두의 죄악을 그에게 담당시키셨도다"에서 죄악은 죄책으로 번역해야 합니다.[8] 즉 십자가가 우리에게서 죄에 대한 책임성을 벗겨주셨다는 말씀입니다.

"인자가 온 것은 섬김을 받으려 함이 아니라 도리어 섬기려 하고 자기 목숨을 많은 사람의 대속물로 주려 함이니라"(막 10:45)

기독교가 살려면 제도 조직의 껍데기를 버려야 합니다. 기독교가 조직체로서 세상에서 무엇을 하려고 하지 말고 신자들 삶 속에 사랑이 일어나도록 하는 일에 전념하는 게 옳습니다. 기독교 출현을 위해 예수가 죽었듯이 신자들 삶 속에 예수가 살아나도록 교회와 성당이 죽어야 합니다.[9] 십자가에 걸려 넘어지지 않는 사람에게 복이 있습니다(마 11:6).

---

1) 리차드 보컴 「예수와 이스라엘의 하나님」 이형일 외 새물결플러스 2019, 450-451p
2) 기타모리 가조 「하나님의 아픔의 신학」 이원재 새물결플러스 2018, 483p
3) 볼프하르트 판넨베르그 「판넨베르그 조직신학 3」 신준호 새물결플러스 2019, 150p

4) 정일권 「십자가의 인류학」 대장간 2015, 30, 51, 87, 94, 96p
5) 르네 지라르 「그를 통해 스캔들이 왔다」 김진식 문학과지성사 2007, 61-70p
6) 르네 지라르 「나는 사탄이 번개처럼 떨어지는 것을 본다」 김진식 문학과지성사 2015, 110-112p
7) 프리드리히 니체-마틴 하이데거 「니체 신은 죽었다」 강윤철 스타북스 2011, 243-244p
8) 김회권 「내 백성을 위로하라」 성서유니온 2022, 170p
9) 슬라보예 지젝 「죽은 신을 위하여」 김정아 길 2008, 277p

우리를 억압하는 옛 질서에 대한
저항으로서 십자가

　십자가가 중요한 이유는 신이 십자가를 통해 우리에게 전하려는 메시지가 있기 때문입니다. 예수 죽음이 어떤 방식으로든지 우리로 하여금 하나님과 바른 관계를 맺도록 해주며 우리로 하여금 옛 질서와 관계를 끊고 예수께서 제시하는 새 질서와 관계하기를 요청합니다. 예수께서 예루살렘에 가는 것을 제자들은 말렸습니다. 그때 예수께서 자신이 예루살렘에 가서 장로들과 대제사장들과 서기관들에게 고난을 받고 죽임을 당해야 한다고 말합니다(마 16:21).

　예수와 토론할 때 사두개인과 바리새인 서기관이 주로 등장하는데 예수께서 이 사람들을 특별히 언급한 이유가 있습니다. 이들은 권력자들입니다. 사두개인인 대제사장들은 정치 경제 사법권을 가진 실력자들입니다. 바리새인과 서기관들은 이들 실력자들 밑에서 일하는 사람들입니다. 바리새인들은 평신도 신앙개혁 운동하는 사람들이고, 서기관들은 주전 3세기부터 묵시문학을 일으킨 사람들로서 백성들에게 메시아 대망 사상을 일깨우며 희망을 주는 사람들입니다. 그런데 바리새인과 서기관들은 지배계급에 의해 착취당하는 갈릴래아 민중 편에 있지 않고 지배계급을 섬기며 그들과 같은 입장에 선 사람들입니다.[1] 한편 서기관들 중 제4철학 그룹이 있는데 이들 중 단도(시카리)를 소지하고 군중 속에서 실력자들을 찌르고 군중 속으로 사라지는 시카리파도 있습니다(홀슬리).

　갈릴래아 사람들은 90% 이상이 소작농이고 그들 지주는 예루살렘에 사는 지배층입니다. 권력층과 부유층은 자신들이 가진 권력과 재산 그리고 자신들 행위가 신성하고 정당한 것임을 입증하는 후광을 만들려고 노력했습니다.[2] 가난한 사람들과 소외당한 사람들을 부정으로 간주하고 차별했습니다. 그러나 예수께서 정결 예식에 쓰는 항아리에 술을 만들어 주고, 하혈하는 부정한 여인이 만지는 것을 허락하고, 정결 상징인 손 씻고 먹기를 거부했습니다. 예수께서 정결과 부정 경계를 허물었습니다. 이제 마지막으로 권력 상징인 예루살렘 성전에서 채찍을 휘두르며 성전을 도둑 소굴로 만들었다고 일갈합니다. 차별 상징인 성전 기능을 정지시킨 의미가 있습니다.

예수의 맹세하지 말라는 가르침은 지배 문화 종식입니다(마 5:33-37). 이스라엘 백성들은 하나님께 맹세하고 딸은 아버지에게, 아내는 남편에게 맹세하며 복종했습니다(민 30장). 모세는 이집트를 탈출하여 갑자기 시작한 집단생활에서 서열과 복종 관계를 정해 사회를 이끌었습니다. 맹세는 예수 시대에 와서 지배층이 가난한 사람들을 억압하는 기제 mechanism가 되었습니다. 예수께서 지배층이 피지배층에게 하나님 말씀에 순종하라며 억압하는데 넌더리가 나서 하나님에게도 맹세하지 말고 아무에게도 맹세하지 말고 스스로 굴종하지 말라고 가르칩니다.

우리는 하나님께 순종한다는 말을 쓰지 않는 게 좋습니다. 예수 가르침에 순종은 없습니다. 지도자들 자신이 하나님 일꾼이므로 순종하라고 합니다. 결국 자기 말에 복종하라는 겁니다. 구역장도 순종하라고 해서 구역 바꿨다는 말을 들었습니다. 복음에는 순종이 없습니다. 순종은 유대교 교리이고 기독교는 사랑입니다. 저항하지 않는 자유는 보호받지 못합니다(칼 슈미트). 예수께서 힘 없는 저항으로 지배 세력에 의해 죽임을 당해야 했습니다.

왜 권능 신이 무능력한 죽음을 당해야 했을까요?

신 비움(케노시스)으로서 십자가

"우리 주 예수그리스도의 은혜를 너희가 알거니와 부요하신 이로서 너희를 위하여 가난하게 되심은 그의 가난함으로 말미암아 너희를 부요하게 하려 하심이라"(고후 8:9)

신이 인간이 되심은 우리가 하나님 뜻에 참여할 수 있는 길을 열기 위해서입니다. 즉 우리가 보이지 않는 하나님을 받아들이기 위해서 신은 인간 오만을 참으셨습니다.[3] 신 무능은 인간 자유와 관계합니다. 이스라엘은 전능한 하나님으로 고백하지 않았습니다. 전능한 하나님은 히에로무니스가 엘 샤다이를 불가타 역에서 전능한 하나님으로 잘못 번역한 진술입니다. 엘 샤다이는 '젖가슴 가진 분'이라는 뜻입니다. 그들 국가는 외침에 시달렸으며 바벨론에 포로가 되었고 로마에 의해 국가가 멸망했습니다. 그러나 그들 신앙심은 2천 년 동안 나라 없는 민족이 역사 속으로 사라지지 않고 국가를 건설하여 세계사에 유례가 없는 역사를 이루어냈습니다. 그들 신 무능은 은폐되었습니다. 그러나 기독교 신 무능은 계시됩니다. 아들로 나타난 신은 신 속성을 비움으로써 인간 한계를 수용했습니다.

"통치자들과 권세들을 무력화하여 드러내어 구경거리로 삼으시고 십자가로 그들을 이기셨느니라"(골 2:15)

  1. 십자가는 스스로 실패함으로써 인간을 억압하고 지배하는 적들에게 승리할 수 있는 기회와 능력을 상실케 했습니다.[4]
  2. 신의 자기 비움(케노시스)은 신성포기 또는 자기비하입니다. 이런 비

극적 자기비하를 통해서만 오만한 인간성을 폭로합니다.

전능한 신이 무능하다고 할 때 인간은 자신을 돌아볼 수 있습니다. 신이 고통받는 자와 연대하는 것만이 인간 상실과 실패에서 진정한 신의 구원과 사랑을 체험할 수 있습니다. 전능한 신이 무력하게 죽었다는 것은 우리가 보지 못하는 것을 보게 합니다. 평화는 예외적인 상황에서 옵니다. 지나친 풍요와 번영은 소비 과잉을 낳아 자신과 세계에 불행을 낳게 합니다. 언제나 모든 것을 누릴 수 있다면 풍요를 당연한 것으로 받아들여 감사할 줄 모르는 인간이 됩니다. 권력자가 쓰러지고 부유한 사람에게 우울증이 만연한 이유입니다. 권력 지배 풍요는 인간 오만의 정점입니다. 인간 오만은 신 무능에서만 깨달을 수 있습니다. 신이 스스로 전능을 제한하심은 인간에게 주는 선물입니다. 본래부터 신 비움이라는 '케노시스 신학'이 있습니다. 교회와 성당은 이것을 무시했습니다. 일찍이 우치무라 간조內村鑑三와 김교신 등이 교회 직제와 조직 그리고 세력이 주는 위험을 경고했습니다. 교회와 성당은 "예수는 예수고 우리는 번영되고 화려함을 쫒아간다"입니다. 예수 비움을 외면한 오늘 교회와 성당은 허장성세를 쫒다가 스스로 몰락하고 있습니다.

우리 고통에 함께 하는 신으로서 십자가

예수께서 친구들로부터 버림받고 적들로부터 조롱당함으로써 고난에 참여합니다. 기독교 하나님은 먼 곳에서 인간 고통을 바라보는 하나님이 아닙니다. 아들 하나님은 십자가상에서 아버지 버림을 경험합니다. 그분은 "어찌하여 나를 버리시나이까!"라고 절규합니다. 신이 인간 고통에 참여함으로써, 그리고 인간 고통에 함께 함으로써 우리에게 고통을 감당할 길을 열어줍니다.

"하나님이 우리 죄를 용서하기 위하여 아파하십니다. '그를 위하여 내 창자가 끊어질 듯 아프다.'"(렘 31:20. 기타모리 가조 번역)

용서는 상대 행위를 잊는 것이며 그 잊음은 본인에게 아픔이고 그 아픔조차도 나타내지 않음이 용서입니다.[5] 십자가 하나님은 풍요와 성공에서 나의 하나님이 아니라 실패와 궁핍과 절망 속에서 나의 하나님임을 증거합니다.[6] 본회퍼 목사는 고난당하는 하나님만이 우리를 도울 수 있다고 합니다.[7]

"성령이 말할 수 없는 탄식으로 우리를 위하여 친히 간구하시느니라"(롬 8:23)

하나님은 우리와 함께 아파하시며 기도하십니다. 그러나 예수께서 고난을 당하셨다고 그리스도인이 고난을 자처하는 것은 예수 가르침에 위배됩니다. 고난을 자처하는 신앙은 오체투지 하는 티베트 종교입니다. 기독교에서는 사랑하며 기쁘고 평화하게 사는 게 하나님나라 삶입니다(롬 14:17).

은혜 시대를 여는 사건으로서 십자가

"하나님이 그 아들을 세상에 보내신 것은 세상을 심판하려 하심이 아니요 그로 말미암아 세상이 구원을 받게 하려 하심이라"(요 3:17)

"사람이 내 말을 듣고 지키지 아니할지라도 내가 그를 심판하지 아니하노라 내가 온 것은 세상을 심판하려 함이 아니요 세상을 구원하려 함이로라"(요 12:47)

예수께서 오심으로 하나님 심판의 저주 시대가 가고 은혜 시대가 시작되었습니다. 십자가는 옛 시대가 예수 죽음과 함께 끝났음을 선언합니다. 예수께서 이 땅으로 오심은 옛 질서 속에 새 질서가 개입함입니다. 십자가는 새 질서가 고통 중에 개입함을 알리는 사건입니다. 보통은 십자가와 부활을 합해서 복음이라고 합니다. 십자가를 부활로 가는 과정으로 이해하려는 의도입니다. 나는 십자가 자체가 우리에게 구원으로 인도하는 복음이라고 말하고 싶습니다. 인간은 번영과 강함을 추구하다 어느 정도 정점에서 망하고 마는 사례가 무수합니다. 십자가는 우리에게 낮은 자리가 복됨을 말하고 있습니다.

1) 리처드 A 호슬리 「서기관들의 반란」 박경미 한국기독교연구소 2018, 295p
2) 게르트 타이센 「기독교의 탄생」 박찬웅 외 대한기독교서회 2018, 209p
3) 로저 E 올슨 「이야기로 읽는 기독교 신학」 대한기독교서회 2009, 199p
4) 자끄 엘륄 「자유의 윤리」 김치수 대장간 2018, 305p
5) 기타모리 가조 「하나님의 아픔의 신학」 이원재 새물결플러스 2018, 74-75p
6) 리처드 보컴 「예수와 이스라엘의 하나님」 이형일 외 새물결플러스 2019, 450-451p
7) 위르겐 몰트만 「생명의 영」 김균진 대한기독교서회 2017, 205p에서 인용

7

믿음으로 사는 시대가 열리다

왜 바울인가?

믿음이라는 용어를 바울이 많이 사용합니다. 오늘날 믿음이 여러 가지 오해를 일으키기 때문에 우리는 믿음이 무엇인가를 찾아갑니다. 바울이 말하는 믿음에 대해 알기 전에 왜 바울인가를 먼저 알아봅니다.

현대인은 종교인과 비종교인을 막론하고 모두가 믿음으로 삽니다. 비종교인은 자본주의 재물을 믿거나 노자 등이 말하는 자연을 믿거나 그 둘을 적절히 조절하는 믿음으로 삽니다. 기독교에는 두 가지 신관이 있습니다. 우주에 신 정신mind과 목적purpose이 있는데 신이 우주 배후에 있다는 유신론1)(칼 바르트 등 전통신학자)과 신이 우주와 별개가 아니라 우주 안에 있다는 범재신론입니다(폴 틸리히 위르겐 몰트만 김진관 등). 신을 사람처럼 표현한 것은 우리와 관계하기 위해 그렇게 한 것이고요 신이 인격으로 존재한다는 의미는 아닙니다. 신이 세상을 구원하기 위해서 1세기 이스라엘에 예수라는 이름으로 출현합니다. 1세기 말에 한 위대한 사상가는 예수를 가리켜 로고스가 사람이 되었다고 합니다 (요 1:1, 14). 로고스는 이성과 말이라고도 하고 세계의 합리적 질서 원리를 말합니다.2)

예수는 이 땅에 하나님 의를 실현하기 위해 우리에게 새로운 삶을 요청합니다. 그 하나님 의가 이 땅에 실현되는 과정을 성서 마태복음은 하늘나라 마가와 누가복음은 하나님나라 요한복음은 영생(영원한 생명) 바울은 믿음으로 사는 삶이라고 합니다. 하나님나라는 하나님 의를 이 땅에 실현해 가는 과정을 말하는 하나의 은유隱喩metaphor입니다. 영생이나 믿음으로 사는 삶은 세상 안에서 하나님나라 백성으로 사는 것을 말합니다. 우리는 바울이 안내하는 믿음을 찾아갑니다. 왜 바울인가를 말하기 위해 예수 부활을 먼저 말합니다. 부활 의미와 신앙 문제는 다음 기회를 보고요 오늘은 우리 논의와 관계있는 부활 역사성에 한해 살펴봅니다.

1. 예수 부활은 자신 삶을 회복하기 위한 부활이 아닙니다. 시장에서 물건을 사는 등 어떠한 개인 삶을 영위하지 않았습니다. 흩어진 제자들을 다시 모으고 바울을 전향시키기 위함입니다.

2. 사람들은 부활한 예수를 알아보지 못했습니다. 무덤가 마리아나 엠마오로 가던 제자들이 처음에는 알아보지 못하다가 예수에 의해 믿음 눈이 떠지고 나서야 알아볼 수 있었습니다. 예전과 같은 몸이 아니라는 말입니다. 현대에도 혼이 출현하는 사례가 있습니다. 예수 부활은 몸 부활이지만 당시나 오늘날이나 믿음이 없으면 인식할 수 없고 믿음으로만 인식할 수 있는 사건입니다.

3. 부활 예수께서 생업으로 돌아간 제자들을 다시 불러 모았습니다. 제자들이 모든 걸 포기하고 흩어졌다가 다시 모인 이유가 예수 부활 이외에는 딱히 없습니다. 부활을 부정하는 사람들도 제자들이 다시 모여 활동을 재개한 다른 이유는 제시하지 못합니다.

4. 성서는 빈 무덤과 부활 예수를 처음 증언한 사람이 여인이라고 보도하는 데, 부활을 조작하려면 남자 증인을 세우는 게 적절합니다. 당시 여인은 신뢰받지 못해서 법정에서도 증언할 수 없었습니다.

5. 부활 예수께서 바울을 전향시켜서 기독교 선봉에 세웁니다. 바울은 그리스도인(스데반) 살해에 참여하고 외국으로 피신한 그리스도인을 체포하기 위해 체포조와 함께 다마스커스로 가는 중에 부활 예수를 만나고 전향합니다. 바울 전향은 신의 특별한 개입이라는 것 이외에 다르게 설명할 수 있는 방법이 없습니다. 하나님은 적군 사령관을 데려다가 아군 사령관으로 삼으셨습니다. 왜 하나님은 바울이 필요했을까요? 우리는 다음

사실에서 가늠해 볼 수 있습니다.

예수가 신인가 위대한 지혜자인가 하는 논쟁이 있은 3백여 년 후에 아타나시우스라는 걸출한 영웅이 출현합니다.

1. 그는 예수가 신임을 고백하는 첫 신조인 니케아 신조(325년) 정립을 주도해 예수를 예배하게 하고

2. 4복음서와 바울서신을 중심으로 신약성서 27서를 정립합니다. 이때 외경으로 제외된 서신들 모두는 인간 의가 강조된 서신들입니다. 즉 선과 도덕이 강조됩니다. 바울서신은 두드러지게 하나님 의를 강조합니다. 바울은 인류 역사상 최초로 인간 스스로는 즉 인간 의로는 구원이 없고 하나님 은혜로만 즉 하나님 의를 통해서만 구원받을 수 있다고 말한 최초 사람입니다. 불교에서는 석가모니가 구원 없는 종교인 힌두교에서 인간 스스로 구원 길을 깨달은 최초 사람이라고 합니다(법정).

3. 바울은 예수께서 초월을 이 땅으로 가져오셔서 인간에게 초월을 경험하게 한 분임을 인식한 최초 사람입니다(엡 2:6). 또한 바울은 예수에게서 화해-평화를 보았습니다. 그는 최초로 예수 십자가를 화목제물이라고 증언합니다(롬 3:25).

---

1) 존 폴킹혼 「과학시대의 신론」 이정배 동명사 2012, 1p
2) 같은 책 37p

믿음과 법 관계

여러분이 당황할 말부터 시작합니다. "나는 하나님 말씀에 순종하며 사는 게 목표다"라고 하는 말은 그리스도인의 적절한 고백이 아닙니다. 왜냐하면 이 고백은 나는 법대로 산다는 말과 같은 의미이기 때문입니다. 이명박 정부 초기에 법이 바로 서는 나라가 표어였습니다. 기업을 위해 노조 불법투쟁을 막겠다는 취지인데요 그 바람에 전국 역 앞과 거리 과일 만두 행상을 북파공작원HID 출신들 용역이 모두 쫓아냈습니다. 등산로 얼음과자 막걸리 장사도 쫓겨났습니다. 법대로 살자는 주장은 기득세력들 상습 주장입니다. 그러므로 그리스도인은 말씀에 순종하며 산다가 아니라 "나는 믿음으로 산다"가 맞는 고백입니다.

말씀에 순종한다는 말은 바리새인들 대표 진술입니다. 성서 시대 바리새인들은 훌륭한 도덕과 깊은 신앙심으로 자국뿐만 아니라 외국으로부터도 존경받는 사람들입니다. 바리새인들은 탐욕적인 성전 권력자 사두개인들과도 다르고 세상이 악하다면서 별도 신앙 공동체를 형성하여 엄격하게 법을 지키며 사는 에세네인들과도 다릅니다. 바리새인들은 엄격한 법을 생활에 맞게 순화하며 신앙을 개혁하는 합리적인 평신도 신앙개혁 운동하는 사람들입니다. 본인들 스스로도 자부심 강하고 모든 사람으로부터 존경받는 바리새인들을 유독 예수만 비난합니다.

E.P. 샌더스와 카렌 암스트롱 등은 바리새인들에게서 잘못을 발견할 수 없다고 합니다. 특히 카렌 암스트롱은 자신이 면밀히 조사해본 바에 바리새인들의 높은 도덕성과 품성을 발견할 수 있었을 뿐이라고 합니다. 예수 이후에 기독교와 유대교가 경쟁하던 당시 교회 사상이 예수께서 말

한 것으로 기록되었다고 합니다. 바리새인들이 그렇게 훌륭한 사람들이라는 말입니다. 그러나 필자는 이러한 학자들과 의견이 다릅니다. 바리새인들이 교양과 도덕심으로 자신들 수준에 못 미치는 가난한 사람들과 병자들 세리 등을 죄인이라 정죄하며 차별하여 인간 대우하지 않는 것에 대해 예수께서 못 견뎌한 것을 그 학자들은 인식하지 못하고 있습니다. 또한 학자들은 도덕 신앙이 권력이 된다는 사실을 모릅니다. 오늘날도 교양과 도덕으로 무장하고 수준에 못 미치는 사람을 차별하고 배제하여 교회에서 권력 행사합니다. 바리새인들은 법대로 살면서 그렇게 못사는 사람들을 차별하고 배제하는 사람들입니다. 바리새라는 말은 '분리하다 구별하다'라는 뜻입니다.

예수와 법

예수께서 바리새인들이 성서에 기록된 하나님 말씀에 순종하고 산다는 그들 법에 대한 견해에 이의를 제기합니다. 그들 법에 대한 태도가 이스라엘 평화는 물론이고 세계 평화를 깨는 불화 원인이 되기 때문입니다. 바리새인과 서기관들이 예수께서 성서에 기록된 법을 순종하지 않는다고 비난합니다. 그들은 예수 제자들이 손 씻고 음식 먹는 법을 어겼다고 항의합니다. 예수는 "너희도 '고르반'(헌금) 하면서 법을 지키지 않으며 누굴 탓하는가?" 반문합니다. 성서에 '부모를 부양하라'와 '하나님께 헌금(고르반)하라'가 있는데 하나님께 고르반(헌금)해서 돈이 없다고 부모를 부양하지 않는 사람들을 나무라는 말씀입니다(막 7:9-13). 그들은 신앙심이 깊어서 부모보다 하나님이 우선인데 예수가 그들 허구를 질책합니다.

바리새인과 서기관들은 손 씻고 먹기라는 도덕과 경건을 기준으로 그렇게 행동하지 못하는 사람을 차별하고 배제합니다. 예수께서 부정과 정결 기준이 먹는 데 있지 않고 말과 행동에 있다고 합니다(막 7:18-23). 다시 말하자면 부정과 정결은 법에 있지 않고 윤리에 있습니다. 도덕과 경건 즉 법은 탐욕과 교만 앞에 무력無力합니다. 하나님을 신앙하는 믿음은 윤리를 떠나서는 생각할 수 없습니다. 법에 매이지 않고 그 법이 요구하는 바를 따를 수 있는 행위가 믿음입니다. 믿음으로 사는 그리스도인이 자유한 사람입니다.

한 가지 더 살펴봅니다. 바리새인들이 예수께 비난성 질문을 합니다. "법(모세)에 이혼 증서를 써주고 이혼하라 했는데 당신은 왜 이혼하지 말라고 합니까?" 예수 대답은 "그 법 제정 취지를 보라"고 합니다. 하나님이 사람을 지으실 때 둘이 한 몸이 되라 했다고 대답합니다(창 2:24). 고대에 여자는 혼자 살아갈 수 없기 때문에 약한 자를 버리지 말라는 말씀입니다. 그 법 조항 문자대로 따르는 것이 아니라 법 제정 취지를 따르는 태도입니다. 이혼 증서를 써주고 이혼하라는 이유는 증서가 없는 여인은 재혼할 수 없기 때문입니다. 예수께서 법을 재해석했습니다. 법에는 이혼 증서 써주고 이혼하라 했지만 예수께서 사랑으로 해석해서 이혼하지 말라고 합니다. 바리새인들은 예수께 성서를 법으로 인식할 것을 요구하는데 예수께서 그럴 생각이 전혀 없습니다.

제자들에게 반대 현상이 일어납니다. 제자들은 예수 의도를 못 알아듣고 이제 다시 예수 가르침을 법으로 인식합니다. 그래서 제자들은 "그렇다면 장가가지 않는 게 좋겠습니다"라고 말합니다(마 19:3-10). 16세기 종교개혁자 칼뱅도 예수 가르침이 법이 되어서 배우자가 문둥병 걸리더라도 이혼해서는 안 된다고 합니다. 예수는 법을 재해석해서 불의가 일어나지 않도록 했는데 제자들과 칼뱅은 예수 가르침을 오해하여 다시 법이 되었습니다. 이러한 이야기는 성서가 법이 되어서는 안 되는 사례입니다. 예수께서 옛 법을 파기하고 새 법을 만든 것이 아닙니다. 그렇게 생각하면 다시 법의 노예가 됩니다.

오늘날 성서무오설을 주장하며 성서 문자대로 신앙한다는 사람들도 이혼이 일상이 됐는데 그들은 문자대로 따르지 않고 있습니다. "성서 문자대로 따라야 한다"고 주장하면서 이혼하는 것보다 "문자대로 따르지 않는다" 하고 이혼하는 게 정당합니다. 이혼하지 말라는 예수 가르침을 법으로 해석하지 않고 사랑으로 해석하면 혼자 힘으로 살아갈 수 있는 배우자는 이혼하여 자유롭게 해주고 서로가 평화를 얻는 게 예수 가르침 취지에 맞습니다. 법은 때를 무시하고 언제나 자기 권리를 주장합니다. 그러나 믿음은 때(카이로스)를 중요하게 여깁니다. 법을 사랑으로 해석하는 행위가 믿음으로 사는 행위입니다.

그때에 어떻게 해석해야 하는가가 중요합니다. 구원의 때는 연대기인 크로노스가 아니라 영원이 이 땅으로 온 카이로스입니다.

루터식 로마서 읽기로 인한 오해로 오늘날 기독교는 1세기 유대교를 율법종교로 이해합니다.[1] 그러나 유대교는 그리스도인들이 이해하는 것과 같은 율법을 고수하는 종교가 아니라 언약 중심 종교입니다. 기독교가 복음과 율법을 대립 명제로 이해하는 건 잘못입니다. 오늘날 한국 기독교가 복음과 율법을 대립 명제로 이해하여 복음이 예수 윤리와는 다른 것으로 인식합니다. 예수 윤리가 믿음으로 들어오지 못하고 도덕이 그 자리를 차지했습니다. 믿음이 율법이 아니라면서 율법신앙이 되는 인지부조화가 일어났습니다. 그래서 기성 교회가 타락했다면서 보다 더 율법 신앙을 찾는 유사 기독교가 생겨났습니다. 이들이 3백만 명 정도 됩니다.

  기성 교회도 비슷한 신앙 양태입니다. 흥미로운 일은 이러한 율법 신앙에 대한 반작용으로 율법을 무시하고 복음만 강조하는 구원파 기독교가 발생했다는 것입니다. 이들이 2백만 명 정도 됩니다. 한국 교회가 이렇게 된 것은 전적으로 복음과 율법에 대한 이해 때문입니다. 예수 윤리는 복음과 율법 관계가 아니라 지혜와 종말론 인식의 조화입니다. 지혜는 율법과 예언 전통을 포괄한 인식입니다. 지혜에 토대한 윤리는 이 세상 존속을 전제하고 종말론에 기초한 윤리는 이 세상 급격한 변화를 기대합니다.[2]

  예수께서 사두개파와 에세네파처럼 성서 율법을 문자대로 엄격하게 고수하지도 않고 바리새파처럼 율법을 실생활에 맞게 완화하여 적용하지도 않습니다. 그분 기준은 '약자 보호'입니다. 이를 위해 고대 세계 전반에 놓여있는 거룩한 영역과 속된 것의 구별을 철폐합니다. 때문에 예수께서 당시 독실한 신앙인들과는 다르게 세리와 죄인 성매매 여인들 부정한 사람들과 함께할 수 있었습니다. 예수께서 성서 율법에 이혼 가능한 조항(신 24장)을 어기고 이혼을 금지했습니다(막 10:1 이하). 혼자 살 수 없는 여인을 보호하기 위해서입니다. 예수께서 강자인 기득세력으로부터 밀려난 약자의 인간 존엄을 지켜줌으로써 강자와 약자가 화해하여 정의-평화한 세계를 이룹니다. 바울은 이러한 삶을 법으로 살지 않는, 믿음으로 사는 삶이라고 합니다.[3]

바울과 법

"그러므로 사람이 의롭다 함을 얻는 것은 (율)법의 행위에 있지 않고 믿음으로 되는 줄 우리가 인정하노라"(롬 3:28)

이 말씀은 자신들만이 하나님 선택 백성임을 주장하는 유대인들에게 이방인도 하나님 선택 백성이 될 수 있음을 선언한 말씀입니다. 여기에서 바울이 말하는 법은 가치체계 일반을 말하는 것이 아니라 유대인들 자신들만이 하나님 선택 백성임을 증명하는 혈통고수 할례 음식규정 절기지키기 등입니다. 이제 이스라엘만 하나님께서 선택한 것이 아니라 하나님께서 이방인을 믿음으로 선택하신다는 진술입니다. 이제 세계인도 하나님 선택 백성이 되는 길이 열렸습니다.

유대인들은 법치주의(율법주의)를 통해 가난한 사람들 병자들 소외된 자들 외국인을 정죄하고 배제함으로써 세계를 갈등과 불화로 이끌었습니다. 믿음으로 기득세력과 소외된 자가 평화할 수 있는 길이 열렸습니다. 또한 믿음으로 유대인과 세계인이 평화할 수 있는 길이 열렸습니다. 오늘날 그리스도인도 하나님 마음에 상응해서 서로가 용납하여 평화하고 세계인을 용납하여 평화하라는 의미가 담겼습니다. 우리가 믿음으로 세계 평화를 이룰 수 있는 길이 열린 것입니다. 바울이 이러한 진술을 어떻게 할 수 있었을까요? 바울은 부활 예수를 만나고 성서를 다시 공부합니다. 믿음에 관해서 하박국 선지자 예언과 아브라함 믿음을 성찰합니다. 이스라엘 선지자 하박국은 구원 시대엔 믿음으로 살게 될 거라고 예언합니다(합 2:4). 바울은 예수께서 그 믿음으로 사는 시대를 열었다고 합니다(롬 1:16-17).

바울은 법으로만 살지 말고 하나님 의를 찾아 믿음으로 살라고 합니다. 바울은 법으로 살지 말고 믿음으로 살라는 말로 인해서 법이 무시되거나 폐기되는 것을 염려했습니다. 그래서 그는 믿음은 법을 파기하는 것이 아니라 오히려 굳게 세운다고 합니다(롬 3:31). 오늘날 바울 우려가 현실이 되었습니다. 소위 구원파(교회 이름 앞에 '기쁜 소식'이라는 말이 있습니다)들은 그리스도인이 자유함을 얻었다는 이유로 법을 무시합니다. 자유란 자기가 하고 싶은 대로 할 수 있다는 것이 아닙니다. 자유는 강요에 의해서가 아닌 스스로 힘으로 하나님 앞과 타자 앞에 책임 있는 인간으로 서는 것을 말합니다.

"죄가 기회를 타서 계명으로 말미암아 나를 속이고 그것으로 나를 죽였는지라"(롬 7:11)

바울의 위대한 성찰은 죄가 법을 이용하여 우리를 범죄하게 한다는 것입니다. 이것은 그때나 오늘날이나 법을 온전히 지켜야 구원이 있다는 모든 종교와 사상에 쐐기를 박는 중대한 선언입니다. 바울은 법 효능을 무시한 것이 아니라 법이 가진 정죄와 배제 기능을 믿음으로 해결하고자 합니다.

"육신의 생각은 사망이요 영의 생각은 생명과 평안이니라"(롬 8:6)

바울이 주장하는 바는 온전히 법을 행해야 구원이 있는데(롬 2:6) 육신으로는 그 법을 이룰 수 없으니 영을 따르라고 합니다(롬 8:4). 영을 따르는 것은 하나님 의를 찾아 따르는 것이고 믿음으로 사는 것입니다. 특히 바울은 예수께서 제시한 이웃 사랑을 하면 법을 다 이룬 것이라 합니다(롬 13:8, 10, 갈 5:14). 바울에게서 믿음은 법에 대한 해석 행위입니다.

바울은 이제 이 세상 가치 질서인 법이 주主가 아니고 예수그리스도가 주라고 합니다. 이것은 탈가치화이며 가치전복價値顚覆입니다. 이것이 세계 모든 종교와 다른 일대 혁명입니다.[4] 바울은 법의 한계가 가진 악을 폭로하고 그것을 믿음으로 해결하자고 주장한 최초 사람입니다. 바울이 말하는 믿음은 법에 대해 사랑으로 해석하는 행위입니다. 또한 바울이 말하는 믿음이란 인간 스스로 세운 가치체계에 매몰되지 말고 예수께서 선포한 하나님나라 백성으로서 그분과 함께 그분 사역과 가르침에 따르는 삶을 말합니다.

이성과 계시

지난 300년간 계속된 계몽주의와 합리주의는 이제 탈근대post-modern 시대에 이르렀습니다. 과학조차도 신학과 함께 세계 주류 문화에서 밀려나고 있습니다. 지금 최고조로 발달해 가고 있는 과학 시대에 말입니다. 기독교가 문학 등에서 조롱 대상이 된 지는 오래되었습니다. 이제 과학도 같은 처지입니다.[5] 과학이 우리를 밝은 곳으로 이끌어가지 못함을 알게 되었기 때문입니다. 이념은 자율과 타율 절대주의와 상대주의 형식주의와 감성주의 등 사이를 가르는 갈등 개념입니다.[6] 법에 기초한 의는 자랑과 연결됩니다. 법을 의미하는 경제 법칙은 교환과 보상, 부채 의식을 갖습니다.[7] 쉽게 다시 말하자면 자기 수고에 대한 보상을 바라고 업적을 자랑하며 타자에 대한 부채 의식을 가짐으로써 갈등하고 불화한다는 뜻입니다. 이념과 과학으로 대표되는 이성주의로는 결코 평화를 얻을 수 없습니다. 바울은 이성으로는 얻을 수 없는 평화가 예수에게 있다고 합니다.

"그리하면 모든 지각에 뛰어난 하나님의 평강이 그리스도 예수 안에서 너희 마음과 생각을 지키시리라"(빌 4:7)

그러면 믿음은 이성 포기를 주장할까요?

믿음은 신에 의해 어떤 것이 계시되었으므로 그것에 동의하는 것입니다.[8] 예수께서 우리에게 이념과 과학으로는 깨달을 수 없는 영원을 계시합니다. 라이프니쯔는 참된 신앙은 이성에 모순되지 않으며 이성에 의해 해명되지 않는 믿음은 계시로부터 나온 것이 아니라 인간 정신이 날조해 낸 괴물일 뿐이라고 합니다.[9] 그런데 아우구스티누스는 이성으로 계시를 파악하는 것이 아니라 믿음으로 출발해서 계시를 이성으로 납득하는 새로운 길을 열었습니다. 이해해서 믿는 것이 아니라 믿음으로서 이해할 수 있는 길이 열린다는 것입니다. 서구 신앙사에 새로운 길을 열었습니다.[10]

키르케고어는 믿음으로 주체성을 세우라고 합니다. 믿음은 이성을 포기하거나 지식체계 가치체계를 등한히 하는 게 아닙니다. 믿음은 인간 실존과 자유를 폐기하는 모든 시도에 저항하여 자신의 주체성을 확립하는 행위입니다.[11] 믿음으로 산다는 말은 인간이 이룬 지식체계와 가치체계인 법률 문화 도덕 과학 이념 교육 등을 총칭하는 법이 일으키는 갈등과 불화가 끝남을 말합니다.[12] 그리스도인이 믿음으로 산다는 것은 인간이 이룬 가치체계인 법에 매여 사는 것이 아니라 예수께서 여신 하늘 계시에 따라 사는 것을 말합니다.

1) 이정만 「로마서 읽기」 CLC 2019. 필자가 로마서를 맥락으로 이해하여 바울의 의도를 파악했습니다.
2) 게르트 타이센-아네테 메르츠 「역사적 예수」 다산글방 2010, 538p
3) G 보른캄 「나사렛 예수」 강한표 대한기독교서회 1990, 98p
4) 야콥 타우베스 「바울의 정치신학」 조효원 그린비출판사 2012, 55p
5) 존 폴킹혼 「과학시대의 신론」 이정배 동명사 2012, 110-112p
6) A J 맥컬웨이 「폴 틸리히 조직신학 요약과 분석」 한재범 외 한들출판사 2020, 125p
7) 테드 W 제닝스 「데리다를 읽는다/바울을 생각한다」 박성훈 그린비 2014, 190-191p
8) 에띠엔느 질송 「중세철학 입문」 강영계 서광사 1987, 74p
9) 박영식 「고난과 하나님의 전능」 동연 2019 143p에서 재인용
10) 에띠엔느 질송 「중세철학사」 김기찬 현대지성사 1997, 34-36p
11) 토니 킴 「키르케고르 신앙의 합리성」 윤덕영 홍성사 2018, 176p
12) 윌리엄 제임스 「종교적 경험의 다양성」 김재영 한길사 2019, 539p

믿음과 행위 관계

믿음은 행위와 관계가 아니라 법과 긴장 관계에 있습니다. 우리 가치체계인 문화 종교 이념 사상 도덕 법률 교육 등을 총칭하는 법에 대해 어떤 관계를 맺을지 숙고하면서 예수께서 제시하는 계시를 따르는 삶이 믿음입니다. 믿음과 행위는 긴장 관계가 하나도 없습니다. 믿음의 국어사전 뜻은 '의심하지 않고 믿는 마음'입니다. 기독교 사유는 사전과 다른 경우가 많습니다. 사전은 편집자 견해이기도 합니다. 언어철학자 비트겐슈타인은 그림 감상 음악 감상 통증 지각 맛보는 것 등은 생각하는 의식 영역이고 믿음 이해 지식 의도 등은 의식 상태가 아니라 특정한 경향들로서 행위 영역이라고 합니다.[1] 믿음이 그동안 우리가 알고 있는 생각 영역이 아니라는 말입니다. 믿음은 어떤 성향을 갖는 것인데 그것을 나타내는 전형적 신체 표현은 없습니다.[2]

희망은 충족된 상태가 아닙니다. 왜냐하면 그것은 어떤 것에 대한 기대이기 때문입니다. 믿음도 충족된 상태가 아닙니다. 왜냐하면 어떤 것이 사실인지 아닌지를 나타내는 의견에 따른 행동이기 때문입니다. 믿음은 어떤 상태를 유지하려는 노력입니다. 믿음은 어떤 견해를 갖는 성향인데 그 성향은 행동과 말로 나타납니다. 우리 마음은 고정되어 있지 않고 항상 여지가 있습니다. 재고 또 재도 여전히 여지는 남습니다. 그렇기 때문에 믿음에는 확신이란 없습니다. 확신이란 단지 의심 앞에서 눈을 감고 있는 상태일 뿐입니다.[3]

계산법을 배운 사람만이 잘못된 계산을 알 수 있는 것처럼 확실한 것을 배웠을 때 비로소 의심할 수 있습니다. 의심할 만한 이유를 아는 사람만이 의심할 수 있습니다.⁴⁾ 목사 신부가 교인에게 의심하지 말라고 가르치는 것은 독재자가 우민화 정책하는 것과 같은 이유입니다. 통제하고 지배하여 결속력을 강화하려는 목적 외에 다른 이유는 없습니다. 이성으로 납득 되지 못한 믿음은 쉽게 무너집니다. 의심하지 않는 곳에는 진전이 없습니다.

지적 삶이 실제적이지 못하고 오직 내적 본성을 드러내는 데 그친다면 그 지적 삶은 자신이 그 지식이라는 사슬에 묶여 있음을 발견하게 될 것입니다.⁵⁾ 종교 지식을 성스럽다고 별개 지식으로 아는 건 오해입니다. 종교 지식도 여러 지식 가운데 하나입니다. 자기 지식이 여러 지식 가운데 하나 이름으로 존재한다는 것을 모르고 그것이 전부인 줄 아는 지식은 악성 지성주의vicious intellectualism입니다.⁶⁾

바른 신앙고백이 바른 행위를 이끈다고 말하는 사람이 있는데 그건 헛소리입니다. 그럴듯한 신앙고백 하는 사람이 포악하거나 탐욕 행위 하는 사실이 역사에서나 현재에도 비일비재합니다. 이념이나 도덕은 탐욕 앞에 무기력합니다. 이념은 자신의 명예와 권력 재물을 얻기 위해서 손바닥 뒤집듯이 쉽게 바뀝니다. 믿음이 이념이 되어서는 안 되고 내 몸에 체화體化되어야 하는 이유입니다.

그리스도인 믿음이란 예수를 따르는 삶입니다. 그리스도인에게는 하나님 의를 세상에 전하기 위해서 예수께서 사역하시고 가르치심에 따라 사는 것이 믿음입니다.

5세기 신학이 정립될 때 아우구스티누스와 펠라기우스 간 논쟁이 있었습니다. 아우구스티누스 신학은 예수께서 우리 죄를 사하시기 위해 십자가에서 죽으셨다는 대속기독론입니다. 펠라기우스 신학은 일반적으로 도덕신학으로 알려져 있습니다. 신학 논쟁은 언제나 교회 권력 싸움과 관계합니다. 펠라기우스 글들은 폐기되었기 때문에 아우구스티누스 등 교권 투쟁에서 승리한 자들이 전하는 소식뿐입니다. 아우구스티누스도 도덕신학자입니다. 펠라기우스 신학은 예수를 우리 삶의 모범으로 삼는 모범기독론입니다. 모범기독론은 우리가 예수 삶을 따라 사는 것이고 법에 대해서 예수사랑을 기준으로 해석하는 행위입니다. 5세기 신학이 정립되면서 펠라기우스가 패배했기 때문에 예수를 따르는 모범기독론이 실종되었습니다.

이제는 법 이외에 하나님 의가 나타났습니다(롬 3:21). 여기서 바울이 말하는 법이란 인간 가치체계 전반을 말합니다. 즉 종교 문화 이념 사상 교육 도덕 법률 등을 말합니다. 그리스도인이 믿음으로 사는 시대가 열렸습니다(롬 1:16-17).

종교개혁 신학

루터와 칼뱅으로 대표되는 종교개혁 신학은 그리스도에 대한 확신과 신뢰입니다. 이들은 삶의 변화를 요구하는 회개와 확신하는 믿음을 별개로 구분했습니다. 후에 이들에 대해 저항하는 항론파 알미니안주의가 출현하는데 알미니우스는 믿음을 회개와 구별하지 않고 동화시켜서 믿음이 구원을 결정하는 하나의 행위로 삼았습니다. 알미니안들은 로마서 9:6의 "이스라엘에 주어졌던 하나님 말씀은 폐하여지지 않았다"를 근거로 그들에게 주어졌던 '행위에 의한 구원'이 폐하여지지 않았다고 합니다.[7] 그러나 알미니안주의를 따랐던 감리교 웨슬리는 알미니안을 모두 따르지 않았습니다. 웨슬리는 루터와 칼뱅과 같이 믿음과 삶의 변화를 요구하는 회

개를 구별하였습니다. 그는 하나님 은혜를 강조하기 위해 인간 죄를 보다 더 강조했습니다.[8]

감리교를 포함한 개신교 전체 믿음은 이념이 되었습니다. 종교개혁 신학의 가장 큰 비극은 믿음이 행위와 삶을 떠나서 교리고백이 믿음이 된 것입니다. 근대를 연 철학자 데카르트(1596-1650)는 행위보다 생각을 중요시 했습니다. 그는 "나는 생각한다 고로 존재한다"고 합니다. 그리고 그는 정신과 물질을 이원화하고 정신을 물질 위에 두었습니다. 그 영향으로 믿음을 행위가 아닌 이념(관념)으로 간주하게 되었습니다.

믿음구원인가? 행위구원인가?

가톨릭은 행위구원이라 하고 개신교는 믿음구원이라고 하는 논쟁을 5백 년 동안 해 오고 있습니다. 가톨릭 행위구원은 마지막 날 심판 때 구원에 맞는 말이고 개신교 믿음구원은 지금 현재 삶의 구원입니다. 서로 다른 이야기 하면서 싸웁니다. 어처구니없는 상황인데요 어처구니는 맷돌 손잡이입니다. 지금 기독교는 맷돌을 사용해야 하는데 손잡이가 없는 상황입니다. 문제는 개신교가 구원을 현재 삶의 구원이 아니라 완전구원으로 인식하는 데 있습니다. 자기 행위로 심판받는다는 사실을 부정하는 사람은 고대 마르키온이 했던 것처럼 아래 성서 구절을 지우고 자기가 성서를 새로 만들어야 할 것입니다.

"하느님께서는 각 사람에게 그 행실대로 갚아 주실 것입니다."
(롬 2:6, 공동번역)

"나는 이 희망을 이미 이루었다는 것도 아니고 또 이미 완전한 사람이 되었다는 것도 아닙니다. 다만 나는 그것을 붙들려고 달음질칠 뿐입니다. 그리스도 예수께서 나를 붙드신 목적이 바로 이것입니다."
(빌 3:12, 공동번역)

행위가 우리 구원에 영향이 있음은 분명하지만 믿음을 통해 하나님 은혜로 구원받았다고 해야 합니다. 행위로 구원받는다고 하면 자기 공로가 자랑이 되고, 그 구원 행위를 따르지 못하는 가난한 사람들과 소외된 사람들을 차별하여 배제하고 불화하기 때문입니다. 바울은 믿음을 통해 하나님 은혜로 구원받는다고 말한 최초 사람입니다. 그가 하나님 은혜를 주창한 이유는 인간이 자신의 공로를 자랑하며 자기 수준에 못 미치는 사람을 차별하고 배제하여 불화하는 것을 막기 위해서입니다(엡 2:9). 우리가 얻은 구원은 완전구원이 아니기 때문에 믿음을 통해서 사랑으로써 그 구원을 지켜나가야 합니다. 구원받은 자의 삶은 하나님과 그리고 이웃과 좋은 관계에서(의) 기쁨과 평화를 누리는 삶입니다(롬 14:17).

믿음의 성서 용례

교부 신학과 더불어 종교개혁 신학 이래로 발전되어온 교리에 대한 동의나 성서에 보도된 각 사안의 역사성을 인정하는가 여부를 믿음으로 보는 것은 터무니없습니다. 오늘날 대부분 신앙인들이 이렇게 생각하지만 말입니다. 복음서에서 예수께서 믿음에 대하여 말씀하실 때 믿음은 인간 자신의 한계를 인정하고 하나님 힘에 대한 무한한 신뢰를 표하는 걸 말합니다. 물론 여기서 믿음은 능력을 일으키는 힘이라는 뜻이 아니라 하나님

께서 일으키는 기적을 받아들이는 준비입니다.[9)]

그러므로 우리는 믿음을 신뢰와 확신이라는 심리 문제로 인식하는 데 머물러서는 안 되는 사실이 있습니다. 신약성서에 사용되는 믿음은 그리스어 '피스티스'입니다. 이 말 뜻은 신뢰와 확신입니다. 그래서 우리는 이제까지 믿음이라는 말을 의심하지 않고 신뢰하는 마음으로 여깁니다. 그러나 이스라엘 히브리어에는 의심하지 않고 믿는다는 의미의 단어가 아예 없습니다. 구약성서 '에무나'가 신약성서 언어인 그리스어로 번역될 때 믿음이라는 의미인 '피스티스'로 20회, 진리라는 의미인 '알레세이아'로 22회 번역되어 사용됩니다. 이스라엘은 신실한 하나님을 '에메트'라고 했는데 여기에서 파생된 말이 '에무나'입니다. 에무나가 성서에서 사용된 용례를 보면 다윗과 사무엘이 성전 문지기를 임명하는데 각처에서 엄선된 212명이 '에무나'해서 임명했다고 합니다(대상 9:22, 26, 31). '에무나' 용법이 '신실한 충성스런'임을 알 수 있습니다.[10)] 구약에는 믿음(에무나)이 의심하지 않고 신뢰한다는 의미가 아니라 성실하거나 충성스럽다는 행위를 나타내는 말로 쓰입니다.

바울 가르침을 다시 살펴봅니다. 바울은 의롭다함을 얻는 것은(칭의 의인義認) 율법 행위에 있지 않고 믿음으로 된다는(롬 3:28) 자신의 진술로 인해 행위가 무시되는 걸 염려했습니다. 여기서 그가 말하는 율법 행위는 할례 음식규정 절기지키기 등 유대인들이 하나님 선택 백성임을 고수하는 행위에 한합니다. 바울은 이 말을 한 후에 이어서 믿음으로 말미암아 (율)법이 파기되는 것이 아니라 도리어 믿음으로 (율)법을 굳게 세운다고 합니다(롬 3:31).

바울 우려는 교회 초기부터 현실이 되었습니다. 믿음을 관념으로 이해한 히브리서가 기록되고 베드로 후학들은 바울 글에는 알기 어려운 것이 더러 있다고 합니다(벧후 3:16). 믿음이 행위와 별개로 이해되는 현상이 일어났습니다. 그래서 이것을 타개하기 위해서 로마서가 기록된 지 40~50년 후인 1세기 말에 '행함이 없는 믿음은 죽은 믿음'(약 2:26)이라는 야고보서가 기록됩니다. 그러나 바울의 '사랑으로써 역사하는 믿음'(갈 5:6)과 야고보의 '믿음이 그의 행함과 함께 일하고'(약 2:22)는 형식도 같고 내용도 같습니다. 바울이 행위를 무시하고 믿음을 강조했다는 인식은 바울 이해의 대표 오해입니다.

루터는 야고보서를 지푸라기 서신이라고 폄훼했습니다. 바울이 행위를 무시하고 믿음을 강조한 것으로 오해했기 때문입니다. 루터는 당시 기독교가 공로구원을 이유로 면죄부를 파는 등 부패했기 때문에 이것을 바로 잡으려다가 행위까지 무시하게 되었습니다. 루터는 믿음의 권위회복을 사회변혁 원리로 삼았습니다. 종교개혁은 사실상 정치개혁입니다(김균진). 후대 신학자와 목사들은 루터의 믿음에서 삶의 중심성을 외면하고 영혼구원에 대한 원리로 삼았습니다. 키르케고어는 야고보서를 제일 좋아했습니다. 소멸 징후를 보이는 유럽 기독교에 삶의 변화를 요청하기 위해서입니다.[11]

믿음과 삶

바울 신학자인 숭실대 교수 권연경은 자신의 저서 「행위 없는 구원?」에서 그리스도인 행위도 강조해야 하고 믿음을 통해 하나님 은혜로 구원받는다고 하는 것을 강조하는 데 논리 모순이 있다고 한탄합니다. 믿음을 행위와 구별하기 때문입니다. 내가 만일 그를 만난다면 기독교 믿음은 마음이나 생각 특히 이념이 아니라 행위라고 말해주고 싶습니다. 그렇게 하면 논리 모순은 없습니다. 믿음은 이론 주장이나 어떤 견해가 아닙니다. 그러므로 다른 사람 고백을 시비하는 건 헛된 일입니다. 믿음은 하나님으로부터 내가 용납되었음을 받아들이고 하나님 은혜가 나에게 작동하도록 허용하는 행위입니다. 믿음은 어떤 견해가 아니라 어떤 상태입니다.[12] 우리는 믿음이란 나의 전 삶을 하나님께 맡기는 가운데 내가 자유와 책임 안에서 예수그리스도 계시를 내 삶의 현실이 되게 살아가는 길이라고 말할 수 있습니다.

1) 루트비히 비트겐슈타인 「심리철학적 소견들 2」 이기홍 아카넷 2013, 28p
2) 같은 책 65, 112p
3) 루트비히 비트겐슈타인 「철학적 탐구」 이승종 아카넷 2016, 388, 458, 459, 561, 642p
4) 루트비히 비트겐슈타인 「심리철학적 소견들 2」 131p
5) 윌리엄 제임스 「다원주의자의 우주」 김혜련 아카넷 2018, 240p
6) 같은 책 35p
7) 제임스 패커 「알미니우스주의」 이스데반 CLC 2019, 37-38p
8) 같은 책 31p
9) G 보른캄 「나사렛 예수」 강한표 대한기독교서회 1990, 131-133p 마 8:8, 10, 9:22, 27 이하, 12:28, 20:29 이하, 막 1:40 이하, 2:1 이하, 7:27 이하, 9:22 이하, 24, 10:52, 11:22 이하, 눅 7:36 이하, 11:20, 17:19. 이러한 믿음을 발견하지 못할 때 예수께서 기적을 행하지 못했습니다(막 6:1-6).
10) 강사문 「구약성서에서 믿음이란 무엇인가」 서울장신논단 21집 장신대출판부 2013, 29-35p
11) 토니 킴 「키르케고르 신앙의 합리성」 윤덕영 홍성사 2018, 10p
12) 폴 틸리히 「존재의 용기」 차성구 예영 2012, 17, 209p

믿음은 저항이다

예수께서 어떤 분인가를 설명하는 분야를 기독론이라고 합니다. 여러 기독론 가운데 한국 교회와 성당은 예수가 우리 죄를 대신하여 십자가를 통해 우리를 구원하셨다는 대속기독론이 대세입니다. 우리가 어떻게 살아야 하는가를 보여주신 모범기독론은 거의 연구되지도 않고 설교되지도 않습니다. 그 결과로 인해 그리스도인이 사회의 등에[1]가 되지 못하고 세상에 흡수되고 말았습니다. 예수께서 사회체제로부터 소외된 가난한 사람들과 여성 죄인 세리 성 매매자 병자 어린이를 위해 이들을 억압하는 기득세력에 강력하게 저항했습니다.

"이제는 율법 외에 하나님의 한 의가 나타났으니 율법과 선지자들에게 증거를 받은 것이라"(롬 3:21)

"너희는 이 세대를 본받지 말고 오직 마음을 새롭게 함으로 변화를 받아 하나님의 선하시고 기뻐하시고 온전하신 뜻이 무엇인지 분별하도록 하라"(롬 12:2)

바울이 가르치는 이 말씀이 우리가 신앙하는 이유입니다. 세상world과 세대age는 의미가 다릅니다. 세상은 그리스도인이 사랑으로 세계인과 함께 살아야 하는 세계를 말하고, 세대는 각 해당 시대에 강조되는 시대사조를 말합니다. 오늘날 그리스도인들은 세대가 주는 악에는 무방비로 흡수되어 있으면서 오락 놀이 술 담배 등 세상 즐거움을 멀리하는 것을 믿음으로 간주하는 사람이 많습니다. 심지어 문화와 예술을 멀리하는 웃지 못할 그리스도인도 있습니다. 교회가 문화를 거부하고 별도 성스러운 문화를 만든다는 현상은 도덕신앙이 교회를 지배하기 때문입니다. 이것은 교회를 게토화하여 청년들이 교회를 떠나는 원인 중 하나가 되었습니다. 도덕은 바울이 말하는 법 가운데 하나입니다. 우리는 세대가 주는 악을 경계합니다.

이웃 국가를 수탈하여 인간이 재력을 얻기 위한 하나 물품으로 간주된 18세기 제국주의, 인류를 억압과 공포로 몰고 간 19세기 전체주의, 계몽주의와 합리주의를 거치며 오늘 21세기 시대는 이성과 과학의 경직성으로 한 인간 존엄이 무시되고 인간을 번영 소모품으로 간주하는 시대입니다. 한 인간이란 오로지 사회 공동체를 위한다는 명목 아래에서만 생존이 유지되는 사회주의가 있고요 자본주의는 자유라는 미명 아래 강자 논리가 횡행하여 인간을 경쟁과 피로로 몰고 가서 가족해체와 청년에게 절망을 주고 있습니다. 사회주의는 새로운 나라를 위한 정의와 개혁이 우리 불안을 줄입니다. 이제 자본주의는 번영이 종교가 되어서 걱정 불안 고통을 잠재우는 핵심 역할을 합니다.[2] 그러나 번영을 향한 끝없는 경쟁은 엘리트도 중산층도 결국 쓰러지게 합니다. 자본주의는 경쟁에 뒤쳐진 젊은이를 절망케 하고 모든 사람이 쉼 없는 피로사회를 만들었습니다.

본받지 말아야 할 세대

교회와 성당은 이러한 자본주의에 자신의 역할을 넘기고 항복한 지 오래되었습니다. 이제는 사람과 돈이 모이는 것은 중요시 하지만 삼위일체 성육신 하나님나라는 무시하거나 경시합니다. 그리스도인 삶을 예수 사역과 가르침으로 설명하는 것이 아니라 도덕으로 설명합니다(칸트).

유대인 엘리 위젤은 나치 수용소에서 부모와 누이 죽음 가운데 홀로 살아남았습니다. 그는 자기 나이 또래 소년이 나치 처벌로 막대에 매달려 숨이 끊기지 못하고 오랜 시간 고통으로 절규할 때 "신은 죽었다!"고 선언했습니다. 그는 히브리대학 교수가 되어서 우리가 신이 아니라 도덕에 의지해야 한다고 가르쳤습니다(엘리 위젤「나이트」). 도덕은 우리 삶에 강력한 힘으로 자리매김하고 있습니다.

성서는 우리에게 이 세대를 본받지 말라고 합니다. 현세대 신앙 형태는 도덕신앙입니다. 도덕신앙은 교회에 강자와 약자가 형성되어 차별과 소외가 일어납니다. 기독교에 도덕이 들어와서 주인 행세를 하는 건 아우구스티누스에 의해 신플라톤주의가 기독교 신학과 접목되었기 때문입니다. 그리고 종교개혁 신학에서 교리고백이 믿음이 되고 예수 사역과 가르침이 외면되었기 때문입니다. 신플라톤주의는 스토아 철학과 윤리를 종교화해서 인류 정신 발달과 품성 제고에 큰 영향을 끼친 위대한 사상입니다. 다만 기독교와는 그 길이 다릅니다.

도덕은 사고를 경직화하여 관점에 대한 평가를 무디게 하고 미래 세계에 대한 존립을 막습니다. 현재 안락을 위해 위험을 회피하는 행위로서 진취적 사고가 부족하고 현재 질서를 지배하려는 태도입니다.[3] 도덕은 자유에 반대하며 자연과 이성에 폭압입니다. 도덕으로 판단하고 판결하는 것은 편협한 사람이 덜 편협한 사람에게 즐겨 쓰는 복수이고 자신이 재능을 받지 못한데 대한 일종의 손해배상이며 그렇게 해서 자신이 고상해지려는 의도입니다.[4] 도덕가는 세계를 부정합니다. 따라서 삶이 퇴락합니다.[5]

도덕은 자신이 선하다는 인식으로부터 교만 차별 정죄 소외가 일어나기 때문에 도덕 선은 기독교가 말하는 참된 선이 아닙니다. 예수께서 제시하는 계시는 도덕과 반대로 이상을 무한히 쫓지 않게 하며 희망을 현실에서 충족할 수 있도록 삶의 동반자가 되게 하는 데 있습니다.[6] 도덕은 사랑을 좋아하지 않습니다. 도덕은 자신 법칙 이외에는 어떤 경외도 알지 못하며 동정심과 감상에서 일어날 수 있는 것을 이기적이라고 저주합니다.[7] 도덕양심의 억압을 연구한 앙리 바뤼크(1897~1999)는 도덕양심에는 공격 성향이 감추어져 있다고 합니다.[8] 도덕은 모두를 유익하게 한다는 공리주의에 기반합니다.[9] 그런데 공리주의는 각 개인 특수성을 고려하지 못합니다. 기독교 근본인 가난한 사람 약자나 소외자에 대해 배려나 용납이 이루어지지 않습니다. 이것이 최고 교양인인 도덕신앙가 바리새인들을 예수가 저주한 이유입니다. 도덕신앙을 가지면 예수의 반대편에 선다는 걸 알아야 합니다.

우리 사회를 이끄는 지배 세력 뿌리는 일제 강점기에 그들 앞잡이 노릇하던 세력입니다. 이들은 산업화를 통해 경제성장을 주도하며 사회 각 분야에서 기득권을 행사하여 불의와 부패를 일으킵니다. 또한 이들은 신자유주의 정책에 의해 소비지향 사회가 되면서 기득권을 지키기 위해 자기들만의 강자논리로 세운 도덕을 주장합니다. 법과 도덕은 사회 주류와 관계하며 공경심을 유발하여 위와 아래를 나타내는 종속관계의 지배 개념입니다.[10] 도덕신앙의 또 다른 폐해는 도덕신앙이 유사 기독교를 양산한다는 것입니다. 기성 교회가 세상과 타협하여 타락했다며 보다 더 금욕하며 경건한 신앙 한다는 명분으로 유사 기독교를 창립하여 반사회 종교생활을 합니다. 현재 율법 유사 기독교인이 3백만여 명입니다.

그렇더라도 기독교는 도덕 폐기를 주장하거나 비도덕주의를 주장하지 않습니다. 다만 도덕을 추구하면 도덕을 이룰 수 없을 뿐만 아니라 차별과 소외를 일으켜서 평화할 수 없습니다. 그러나 사랑하면 도덕 순기능을 이룰 수 있다는 것이 바울 가르침입니다(롬 13:8, 10). 믿음이 윤리를 잃으면 미신이 됩니다. 그러나 믿음은 규범 지키기가 아닙니다. 지금 교회에도 도덕신앙이 만연하여 차별과 소외가 일어나고 있습니다. 교회가 도덕신앙이 부족하다고 더 극단인 율법주의 신앙을 주창하는 유사 기독교가 성행하는데, 흥미로운 것은 이러한 도덕신앙에 반대하여 책임을 외면하고 자유를 주장하는 구원파 신앙인이 발생했습니다.

믿음은 법을 어떻게 저항하나?

전국에 파송 나갔던 제자 70명이 돌아와서 예수께 귀신이 항복했다는 보고를 했습니다. 보고를 받은 예수께서 사탄이 하늘에서 번개같이 떨어지는 것을 보았고 마귀 세력이 꺾이었다고 말씀하시면서, 이렇게 구원 시대가 열린 것 즉 하나님나라가 시작되었다는 소식을 "지혜롭고 슬기로운 자에게는 숨기고 어린아이에게는 나타낸다"라고 하십니다(눅 10:17-21). 지혜로운 자는 강한 자를 어린아이는 약한 자를 상징합니다. 성서는 높은 자는 낮추고 낮은 자는 높이시는 하나님 은혜를 일관되게 전합니다. 예수께서 도덕신앙으로 무장되어 스스로 신앙심이 강하다고 주장하는 사두개인과 바리새인에게는 저항하시고 믿음이 약하다고 인식되는 세리와 성 매매자 갈릴래아 가난한 사람들은 높이셨습니다. 하나님 뜻이 무엇인가는 역사 실재인 예수 사역과 가르침입니다. 인간의 존엄한 삶(생명)과 차등 없는 한 인간, 권리 사회에서 나쁜 사람으로 지목된 사람에 대한 용납, 가난한 사람과 소외자에 대한 배려를 통해 화해-평화로 가는 길이 예수께서 가는 길입니다.

　믿음은 우리 자유와 삶(생명)을 억압하는 모든 가치체계에 저항합니다. 힘이 없으면 저항할 수 없습니다. 힘 있는 자만이 굴종하지 않고 저항할 수 있습니다. 예수께서 가난의 고장 갈릴래아 사역을 마치고 지배 세력 중심인 예루살렘에 입성합니다. 최후 저항을 위해서 입성할 때 군마와 병사를 이끌고 입성하는 것이 아니라 나귀 새끼를 타고 입성합니다. 신 권능을 비우고(케노시스) 약한 자가 되어 십자가로 저항합니다. 강한 자가 강한 모습이 아니라 약한 모습으로 저항합니다.

　하나님만이 높은 곳에 계시기 위해 스스로 높은 곳에서 낮은 곳으로 올 수 있었습니다.[11] 신앙인에게 영웅주의란 없습니다. 믿음이란 무엇을 행하는 실행practise이 아닙니다. 유대인들이 예수께 "하나님 일을 하려면 무엇을 해야 합니까?"라고 물었습니다. 예수는 그냥 하나님이 보내신 나를 믿으라고 합니다(요 6:28-29). 믿음은 나를 하나님과 이웃에게 보여주는 시위demonstration입니다. 나의 사랑하며 평화하는 그리스도인 된 삶을 하나님과 이웃에게 보여줌으로써 하나님을 세계에 영광되게 합니다.

---

1) 등에는 소의 잠을 깨우는 쇠파리의 일종입니다.
2) F W 니체-M 하이데거 「니체의 신은 죽었다」 강윤철 스타북스 2011, 198p
3) 마르틴 부버 「인간이란 무엇인가?」 남정길 대한기독교서회 1975, 17p
4) 프리드리히 니체 「선악의 저편 도덕의 계보」 김정현 책세상 2002, 65, 140, 201p

5) 프리드리히 니체 「우상의 황혼」,최순영 스타북스 2018, 51p
6) 윌리엄 제임스 「종교적 경험의 다양성」 김재영 한길사 2019, 236, 538p
7) 프리드리히 슐라이어마허 「종교론」 최신환 대한기독교서회 2002, 102p
8) 폴 투르니에 「인간이란 무엇인가?」 강주헌 포이에마 2014, 93p
9) 볼프하르트 판넨베르그 「기독교 윤리의 기초」 오성현 한들출판사 2015, 73p
10) 홍준기-김상환 「라깡의 재탄생-라깡과 레비나스 타자의 윤리학」 창작과 비평사 2002, 304-347p
11) 칼 바르트 「로마서 강해」 한들출판사 2004, 685p

믿음은 삶의 변화다

"예수께서 대답하여 이르시되 진실로 진실로 네게 이르노니 사람이 거듭나지 아니하면 하나님의 나라를 볼 수 없느니라"(요 3:3)

"17 그런즉 누구든지 그리스도 안에 있으면 새로운 피조물이라 이전 것은 지나갔으니 보라 새 것이 되었도다 18 모든 것이 하나님께로서 났으며 그가 그리스도로 말미암아 우리를 자기와 화목하게 하시고 또 우리에게 화목하게 하는 직분을 주셨으니"
(고후 5:17-18)

몸 변화가 아닌 삶의 변화

거듭난 사람이나 새 피조물이란 몸이 변화된 사람이 아니라 세대 가치를 쫓지 않고 예수가 제시한 계시를 따라 사는 사람을 말합니다. 즉 거듭난 사람이란 성격character 변화가 아니라 존재being 변화입니다. 그리스도인들에게는 자신이 새로운 사람이라는 이상한 우월의식이 있습니다. 학교에서 그리스도인 학생이 다른 학생들과 잘 어울리지 못하는 것도 이 때문입니다. 도덕심으로 무장한 바리새인 우월의식과 같습니다. 우월의식으로는 화목하게 하는 직책을 이룰 수 없습니다. 새로운 사람이라는 인식은 다른 종교사상이 기독교로 유입되었기 때문입니다.

인도 범아일여梵我一如 사상은 우주 근본인 브라만과 개인 중심인 아트만이 같다는 사상이고요 동학의 천지인 사상도 하늘과 땅 사람이 같다는 사상입니다. 기독교에 유입된 그리스 철학에서, 아리스토텔레스는 신이 최고선입니다. 신에게서 멀어질수록 악하기 때문에 인간은 선을 통해 신에게 가까이 가는 게 구원입니다. 즉 인간 신성화가 목표입니다. 이러한 모든 종교사상은 하늘 근본과 같기 위해 인간 몸의 변화를 추구합니다.

그리스도인 철학자 폴 리쾨르는 "인격personality은 변화하지만 성격character은 변하지 않는다"고 합니다. 인간 DNA는 변하지 않습니다. 선친께서 "저 장로 성질머리는 성령도 어쩌지 못한다"고 한탄하시던 모습이 생각납니다. 바울이 "그리스도 예수를 아는 지식 외에 모든 것을 배설물로 여긴다"고 한 고백(빌 3:7-8)은 예수 만나기 전에 이성으로 신을 제대로 알지 못한 것에 대한 고백이고요 이성으로 하나님을 믿었을 때 자신이 얼마나 포악했는지를 돌아본 회상입니다.

바울은 인간 한계를 인정하고 신 은혜를 구합니다. "나는 선을 행하려 하나 내 속에 죄가 나에게 악을 행하게 한다. 오호라 나는 곤고한 사람이다!"라고 절규합니다(롬 7:14-25). 그는 모든 종교와 사상이 인간성 제고에 있는 것과는 반대로 인간 한계를 절감하고 신 은혜를 구한 최초 사람입니다. 바울은 몸 변화에 대해서 말하지 않습니다(A 슈바이처 불트만). 자신이 예수 만나서 어떻게 변했다는 진술도 전혀 없습니다. 교만하지 않기 위해서입니다. 그에겐 우월의식이 전혀 없습니다. 바울은 "각 사람은 부르심 받은 그대로 지내라"고 합니다(고전 7:17-24). 바울이 말하는 변화는 몸 변화가 아니고 삶의 변화입니다. 내가 훌륭한 사람이라는 인식으로 세상 사람들을 대하면 그들이 불쾌해합니다.

종교개혁자 칼뱅과 웨슬리가 세운, 믿음으로 성화된다는 신학은 그리스 철학인 신성화 개념이 기독교에 유입되어서 일어난 현상입니다. 루터는 성화를 말하지 않았습니다(알트하우저). 내가 성화되었다거나 성화되어간다는 인식은 우월의식을 줄 수 있습니다.

가톨릭은 신 조명을 받기 전에 인간이 정화되어 있어야 한다는 의화義化를 주장하는데, 이것이 개신교 성화聖化와 같습니다. 욕심꾸러기 개신교가 의인義認(칭의)을 주장하며 성화聖化도 주장합니다. 이러고보면 개신교와 가톨릭은 차이가 없습니다.

몸 변화가 아닌 삶 변화라면 우리 어떤 삶이 변화해야 할까요?

자본주의 삶

자본주의는 기독교에서 발생했습니다(막스 베버). 그리고 이제 자본주의는 제의종교가 됐습니다. 인류는 토지생산에서 기업생산이 주는 삶으로 방식이 바뀌었습니다. 기업은 생산이 중단되면 망합니다. 생산증대를 위해서 끊임없이 소비를 촉진합니다. 이 제의는 영구적으로서 휴식도 자비도 없습니다. 남들과 같아지기 위해 쉼 없는 경쟁으로 가난한 사람들과 중산층 모두가 피로에 쓰러집니다(한병철). 자본주의 제의는 죄로부터의 구원이 아니라 죄 자체를 생산해 갑니다. 종교로서 자본주의는 변혁이 아니라 세계 파괴가 목표입니다.[1] 자본주의는 풍요와 번영 외에는 관심 없는 종교입니다. 한편, 이성과 과학이 우리를 어디로 끌고 가는지 우리는 모릅니다.

사람들은 자신에게 이익이 된다고 생각하면 자기가 믿는다고 공언한 가치와 모순되게 행동합니다. 자기 행동을 가족이 살아야 한다는 등 여러 명분 속에 숨지만, 최고는 자신이 신앙생활 한다는 명분에 숨습니다. 그래서 그는 교회나 성당에 가고 때로는 경건생활을 하지만 서슴없이 이익을 쫓습니다. 삶의 안전장치가 종교만한 것이 없습니다. 교회에서 형제간 재산 싸움을 여러 번 경험했는데 경건한 신앙인일수록 탐욕으로 불화하는 정도가 강함을 보았습니다. 재물보다 형제우애가 더 소중하다고 권면하니 웁니다. 그러나 회개해서 우는 게 아니라 재물 포기를 못하는 자신이 안타까워 웁니다. 울면서도 양보하지 못하니 말입니다.

키르케고어는 거짓 신에게 기도하고 헌신하여 결단하는 이교도가 참 신에게 헌신 없이 자기만족을 택하고 정통에 안주하는 그리스도인보다 낫다고 합니다.[2] 내가 낙오하는 것 아닌가 하는 불안은 삶에 대한 의미와 기본 질서가 붕괴될 때 옵니다.[3] 불안은 실존 문제이기 때문에 도저히 제거될 수 없습니다.[4] 삶의 용기는 두려움으로 예상되는 그 부정성을 받아들이려는 태도입니다.[5]

믿음은 그 부정성을 받아들이도록 돕습니다. 계급 없는 사회는 마르크스 주장대로 계급 간 투쟁에서 얻을 수 없습니다. 가난한 사람들과 소외된 사람들이 이미 메시아가 와 있음을 스스로 인식하는 데 있습니다.[6] 메시아 세계, 즉 하나님나라는 현재 경험합니다.[7] 예수께서 빵 다섯 개와 물고기 두 마리로 오천 명을 먹이시자 사람들이 예수를 왕 삼으려 했습니다. 자신들 삶을 책임져 줄 사람이 나타났기 때문입니다. 예수가 갈릴래아 바다를 건너 피하자 대표단을 뽑아 따라왔습니다. 그때 예수는 "내가 생명의 떡이다"(요 6:48), "내 살은 참된 양식이요 내 피는 참된 음료로다 내 살을 먹고 내 피를 마시는 자는 내 안에 거하고 나도 그의 안에 거한다"(요 6:55-56)고 하십니다.

이 말씀을 듣고 대표단은 물론이고 12명을 제외한 모든 제자들이 떠났습니다. 예수는 남은 12명에게 "너희도 떠나려느냐?" 묻습니다(요 6:67). 민중들이 불쌍해서 배고픔을 해결해 준 것이 제자들을 잃은 원인이 되었습니다. 사람들과 제자들은 예수가 번영된 사회나 정의로운 나라 세우길 기대했는데 자기들 기대와는 전혀 다르기 때문에 떠났습니다. 그들은 영원계시가 내 삶에 침투해서 구원을 이룬다는 사실을 깨달을 수 없었습니다. 내가 원하는 것을 하지 않는 신에게 실족합니다. 그리고 기존 가치체계에 부응하지 않는 신에게 실족합니다.[8] 예수에게서 자기욕망을 성취하려는 신앙은 자신과 함께 기독교도 멸망하게 합니다.[9]

이성과 계시

"수고하고 무거운 짐 진 자들아 다 내게로 오라 내가 너희를 쉬게 하리라"(마 11:28)

도와주려는 사람은 자기가 상대에게 갑니다. 왜냐하면 도움받을 사람이 자기에게 오면 같이 살아야 하는데 같이 살 수 없기 때문입니다. 그러나 예수께서 같이 있으려고 자신에게 오라고 합니다. 그분은 도우려는 사람과 같은 처지가 되려고 합니다. 도우려는 사람에 차별이나 차등은 없습니다.[10] 이성으로 무장한 사람은 예수그리스도에게 갈 수 없습니다. 이성은 실존 파괴 구조에 놓여있습니다. 다시 말하자면 이성은 인간 유한성과 가치체계 갈등 구조에 놓여있습니다. 이성은 자율과 타율 절대주의와 상대주의 형식주의와 감성주의 사이에 있는 갈등 구조입니다.[11] 나의 판단이 언제나 옳은 것은 아니라는 결과는 우리 이성에 한계가 있음을 말합니다. 바울이 그리스도 예수 전하는 일을 지혜로 하지 않는다고 한(고전 2:4) 말은 신의 계시를 이성으로 파악할 수 없다는 뜻입니다. 그는 예수에게 이성으로는 알 수 없는 평화가 있다고 합니다(빌 4:7).

계몽주의와 합리주의를 거친 20세기는 이성에 최대 신뢰를 보낸 시기입니다. 이제 21세기 우리는 이성의 한계를 절감한 바울을 주목합니다. 아우구스티누스는 "너희가 믿지 않으면 이해할 수 없을 것이다"(사 7:9, 불가타 역)를 인용해, 계시의 도움으로 마음이 진리를 알게 된다고 합니다. 안셀무스는 자신의 모토인 「이해를 추구하는 신앙」에서 "나는 믿기 위해서 이해를 추구하는 것이 아니라 이해하기 위해서 믿는다"고 합니다.[12]

우리는 신의 계시를 믿음으로 받아들이고 이성으로 납득하는 길을 찾는다고 말할 수 있습니다. 믿음은 예수그리스도가 제시하는 희망과 사랑-평화에 참여하는 행위인데 그것은 언제나 탈 자아에 의해 즉 신 앞에 나의 이성을 내려놓을 때 수동으로 일어납니다.[13] 계시는 기다리는 자에게 옵니다. 섬은 정박하기 원하는 배에게만 닻 내림을 허락합니다(괴테).

삶의 구원

기독교는 인간 영혼에 무엇이 일어났으며 또 일어날 것인지에 관한 가르침이 아닙니다. 즉 이론이나 개념이 아닙니다. 초기 기독교가 예수 몸 부활을 강하게 주장한 것은, 영혼은 선하고 물질은 악하다는 당시 세계관을 물리치고 그리스도를 통해 삶을 회복하려는 강력한 믿음 소산입니다. 믿음은 인간 삶 속에서 일어나는 실제 사건에 대한 하나 기술記述입니다. 왜냐하면 죄에 대한 고백은 실제로 일어난 사건에 관한 것이며 절망도 실제로 일어난 일이고 이런 것들에서 믿음으로 얻는 구원도 삶의 해결

이기 때문입니다.[14]

나는 여러분에게 죽음 후에 대한 문제, 천국과 지옥이 있는지, 영혼이 어떻게 되는지, 윤회가 사실인지 등에 대해선 말해줄 수 있는 게 하나도 없습니다. 나도 모르기 때문입니다. 그러나 예수 사역과 가르침을 따라 살아서 평화가 있음은 분명히 말할 수 있습니다. 자기 삶의 현실이 바뀌지 않을지라도 말입니다. 신을 믿는 것은 삶의 의미에 대한 문제를 이해하는 것을 뜻합니다. 신앙인은 믿음을 통해 우리에게 닫혀있을 삶 의미의 유형들, 새로운 가능성을 감지할 수 있습니다. 왜냐하면 지금 보이는 세계가 전부가 아니라는 것을 알 수 있기 때문입니다.

믿음은 세계를 보는 방식이며 삶을 평가하는 방식입니다. 진리란 현실의 삶에서 구현되어야 할 어떤 실재입니다.[15] 실존주의 철학자 사르트르는 실존이 본질에 우선한다고 합니다. 닥치고, 먹고 사는 문제가 제일이라는 뜻입니다. 기독교는 삶에 무한한 가치가 있으며 그 삶의 방향을 제시하는 종교입니다. 따라서 그리스도인 믿음은 역사 속에서 발전되어온 가치변화를 위한 인간 결단입니다.[16]

---

1) 조르조 아감벤 「세속화 예찬」 김상운 난장 2010, 117p
2) 메럴드 웨스트팔 「키르케고르 신앙의 개념」 홍성사 2018, 257p
3) 폴 틸리히 「존재의 용기」 차성구 예영 2012, 96p
4) 같은 책 100p
5) 같은 책 112p
6) 발터 벤야민 「역사의 개념에 대하여」 최성만 길 2008, 356p
7) 같은 책 367p

8) 쇠얀 키르케고르 「그리스도교의 훈련」 임춘갑 다산글방 2005, 121-125p
9) 같은 책 216-217p
10) 같은 책 15-34p
11) A J 맥컬웨이 「폴 틸리히 조직신학 요약과 분석」 한재범-김재현 한들출판사 2020, 101, 125p
12) 폴 E 카페츠 「그리스도교의 신 역사적 개관」 김지호 도서출판 100 2021, 94p
13) 볼프하르트 판넨베르그 「판넨베르그 조직신학 3」 신준호 새물결플러스 2019, 385-386p
14) 루트비히 비트겐슈타인 「문화와 가치」 이영철 책세상 2006, 74p
15) 쇠얀 키르케고르 「그리스도교의 훈련」 320p
16) 에른스트 트뢸취 「기독교의 절대성」 최태관 한들출판사 2014, 28p

8

그리스도인은 누구인가?

하나님과 그리스도인 계약하다

오래전엔 성서를 들거나 옆구리에 끼고 활보하는 사람이 많았습니다. 30여 년 전만 해도 자기 집 대문에 출석 교회 명패를 자랑스럽게 달았습니다. 오늘날 사라진 이유는 자기가 그리스도인이라는 사실을 알리고 싶지 않기 때문입니다. 세상이 기독교를 싫어합니다. 그리스도인이 세상에서 자기 역할을 하지 못했기 때문입니다. 오늘날 그리스도인 믿음은 자신에게 향하여 있고 세계로 향하여 있지 않습니다. 기독교 과제는 그리스도인 정체성 지키기와 그리스도인과 세상 연대를 확보하는 일입니다. 이번 글 목표는 그리스도인이 세상과 어떻게 관계하는 사람인가를 아는 것입니다.

먼저 언약 사상을 알아볼 텐데요. 그동안 언약에 대해 우리는 하나님께서 우리를 구원하시기로 약속하셨다는 사실만 강조했습니다. 신학교에서나 설교로 하나님에 관해서만 말하고 계약 당사자인 그리스도인이 세상에 대해 무엇을 해야 하는지는 말하지 않습니다. 언약에 담긴 내용이 그리스도인 정체성입니다.

플라톤에게서 신은 이데아(관념)이고 아리스토텔레스는 신이 제1원인 또는 최고선입니다. 이스라엘 신은 양육하는 신(엘 샤다이 젖가슴 가진 분) 또는 정의(사 5:16)입니다. 이렇게 하나님은 만날 수 없고 신비 너머에 있는 의미입니다.[1] 토마스 아퀴나스는 신을 순수행위라고 합니다. 하나님께서 어떤 형태나 인격으로 존재하는 것이 아니라 우리가 하나님과 관계하기 위해서 인격으로 부릅니다. 그리스 신은 완전 불변으로 존재하는 신이고 이스라엘 신은 역사에 참여하는 신입니다. 신 개념에서도 나타나지만 그리스 사유는 존재에 대한 탐구입니다. 그리스 사상가 파르미니데스(서기전 약 515~449)는 존재being라는 개념 속에는 되어감becoming이 끼어들 수 없다고 하면서 발생 증식 변화 운동이 모두 환영渙影 즉 그림자에 불과하다고 합니다.[2)]

이처럼 완전하고 불변하는 신 개념은 그리스 사유입니다. 그리스 사유는 정태불변이고 이스라엘 히브리 사유는 역동참여입니다. 그리스 사유는 역사 발전에는 관심이 없습니다. 신은 어떤 존재고 인간이 어떻게 신과 같은 존재가 되는가에 집중합니다. 신과 같은 인간이 되기 위해 그리스 스토아 철학에서 도덕이 발흥했습니다. 이스라엘 예언자들은 신이 어떤 존재인가에는 관심이 없습니다. 신이 역사에서 무엇을 행하는지가 관심입니다. 조금이나마 운동에 관한 철학을 세운 아리스토텔레스를 받아들인 스콜라 신학을 깡그리 폐기한 개신교는 존재를 탐구한 플라톤 사유를 따릅니다. 개신교 그리스도인들은 그리스도인들이 역사에서 무슨 역할을 할 것인가보다 어떤 사람이 되는가에 더 관심을 갖게 되었습니다. 신학이 언약사상에서 그리스도인 역할을 인식할 수 없는 구조를 가졌습니다.

기독교는 1세기 이스라엘에 실존한 역사 예수를 하나님으로 신앙합니다. 그분이 우리를 구원하기 때문입니다. 예수께서 이스라엘 하나님과 자신을 동일시합니다(요 14:9). 때문에 우리는 하나님과 이스라엘 백성 관계를 먼저 알아보고 그들 신앙을 계승한 예수그리스도와 그리스도인 관계를 알아보는 것이 순서입니다. 이렇게 함으로써 그리스도인이 하나님께서 역사 안에서 사역하시는 구원사역에 어떻게 참여해야 하는가 즉 그리스도인 정체성은 무엇인가를 찾아갑니다.

서기전 14세기에 이스라엘 백성들이 모세를 지도자로 해서 노예로 살던 이집트를 탈출하여 하나님과 관계를 기록한 글이 출애굽기(탈출기)입니다. 성서가 이렇게 시작되고 이들이 부족 형태로 팔레스틴에 정착하다가 서기전 11세기에 이스라엘 국가를 세웁니다. 이때 이스라엘은 서기전 18세기 자신들 조상인 아브라함 이삭 야곱 이야기와 조상 이전 원역사 이야기를 기록한 것이 창세기입니다. 이스라엘 민족 시조 아브라함과 하나님 관계를 기록했습니다. 우리는 하나님과 이스라엘 관계를 이러한 순서를 따라 갑니다.

모세 언약

왕도 없고 법도 없는 노예 백성들이 천부장 백부장 십부장 지도체제도 갖추고 법이 제정됩니다. 모세가 시내산에서 하나님으로부터 법을 받는데 이 법에 하나님과 이스라엘이 맺은 계약 내용이 기록됩니다. 이 계약은 법으로 맺는 약정約定 contract과 다릅니다. 하나님과 이스라엘이 법이 아니라 인격으로 맺은 언약言約 covenant입니다. 법으로 묶여 있지 않고 서로 소통하며 함께 발전시켜 나가자는 약속이라는 의미로 언약입니다.[3] 모세가 시내산에서 하나님께 받은 언약 내용입니다.

"5 세계가 다 내게 속하였나니 너희가 내 말을 잘 듣고 내 언약을 지키면 너희는 모든 민족 중에서 내 소유가 되겠고 6 너희가 내게 대하여 제사장 나라가 되며 거룩한 백성이 되리라 너는 이 말을 이스라엘 자손에게 전할지니라"(출 19:5-6)

"너는 바로에게 이르기를 여호와의 말씀에 이스라엘은 내 아들 내 장자라"(출 4:22)

이스라엘은 세계 하나님 백성의 일부분입니다. 세계에서 이스라엘을 구출해 내신 게 아니라 세계를 구원하기 위해 하나님께서 이스라엘에게 임무를 주려고 선택하셨습니다. 이스라엘에 법이 수여된 목적은 하나님이 세상을 구원하시는 현실에서 하나님 일에 참여하는 제사장 나라가 되게 하기 위해서입니다. 이스라엘 민족이 선택된 것은 열방 세계 속에 하나님 의를 증언하기 위함입니다(사 42:1 이하).[4]

당시 세계는 철기문화를 다룬 북쪽 히타이트족의 아시리아와 남쪽 이집트가 세계 패권을 다투었습니다. 겨우 이집트 노예에서 탈출한 이스라엘 자신들이 하나님이 세계를 구원하기 위한 제사장 국가라고 선언한 것은 대단한 배짱입니다.

이스라엘 실패는 이 사실을 무시했기 때문입니다. 천여 년이 지난 후에 이스라엘 선조들 어록 제1장 제1절은 "법에 울타리를 쳐라 울타리를 쳐라"입니다.

거룩을 세상과 분리하는 것으로 인식하여 세상을 돌보라고 주신 법으로 세상에 나가는 것이 아니라 그 법을 세상으로부터 보호하기 위해 울타리를 칩니다. 이스라엘 백성들은 이방인(세계인)을 개라고 불렀습니다. 제사장 역할을 하지 않고 세상과 적대하고 불화합니다. 오늘날도 경건을 세상과 분리하는 것으로 인식해서 타 종교를 포함한 세상 모두와 불화하는 그리스도인은 이러한 유대인들과 같습니다. 이스라엘 백성들은 야훼 하나님을 신앙하면서 선조들 하나님 엘 하나님을 자신들 하나님으로 고백합니다(출 6:3). 선조들이 하나님과 맺은 언약이 자신들에게 유효합니다.

아브라함 언약

인류학자들은 인류 출현을 약 4백만 년 전으로 생각합니다. 인류가 창세와 노아 에녹 등 시대를 거치며 언제부터인가 하나님을 잊었습니다. 성서에서 아브라함 이전 시대를 언제인지 모른다고 해서 원역사라고 합니다. 서기전 1,750년경에 이라크 북부 우르 지방에 사는 아브라함에게 하나님이 나타나셔서 계약을 맺었습니다. 그 계약이 문서로 되지 않고 말로 이루어졌다고 해서 언약입니다. 그 계약은 다음과 같습니다.

"1 여호와께서 아브람에게 이르시되 너는 너의 고향과 친척과 아버지의 집을 떠나 내가 네게 보여 줄 땅으로 가라 2 내가 너로 큰 민족을 이루고 네게 복을 주어 네 이름을 창대하게 하리니 너는 복이 될지라 3 너를 축복하는 자에게는 내가 복을 내리고 너를 저주하는 자에게는 내가 저주하리니 땅의 모든 족속이 너로 말미암아 복을 얻을 것이라 하신지라"(창 12:1-3)

"또 네 씨로 말미암아 천하 만민이 복을 받으리니 이는 네가 나의 말을 준행하였음이니라 하셨다 하니라"(창 22:18)

이러한 언약이 체결된 의식입니다.

"8 그가 이르되 주 여호와여 내가 이 땅을 소유로 받을 것을 무엇으로 알리이까 9 여호와께서 그에게 이르시되 나를 위하여 삼 년 된 암소와 삼 년 된 암염소와 삼 년 된 숫양과 산비둘기와 집비둘기 새끼를 가져올지니라 10 아브람이 그 모든 것을 가져다가 그 중간을 쪼개고 그 쪼갠 것을 마주 대하여 놓고 그 새는 쪼개지 아니하였으며 … 17 해가 져서 어두울 때에 연기 나는 화로가 보이며 타는 횃불이 쪼갠 고기 사이로 지나더라"(창 15:8-10, 17)

고대 국가 간 조약은 짐승을 둘로 쪼개고 두 나라 왕이 칼을 들고 함께 그 쪼갠 짐승 사이를 걷습니다. 만약 조약을 어길 시 쪼갠 짐승처럼 죽임을 당할 거라는 경고 의식입니다. 하나님은 아브람에게 횃불이 쪼갠 짐승 사이를 지나게 함으로써 약속을 보이십니다.

우리가 계약에서 주목할 내용은 "땅의 모든 족속이 너로 말미암아 복을 얻을 것이라"(창 12:3)와 "네 씨로 말미암아 천하 만민이 복을 받으리니"(창 22:8)입니다. 하나님이 악한 세상에서 아브라함을 구출하신 것이 아니라 세상을 구원하시기 위해 아브라함에게 임무를 주려고 부르셨습니다. 하나님은 세계 구원을 위해 강자를 선택하시지 않고 약하고 천한 노예민족 이스라엘을 선택하셨습니다. 성서는 일관되게 하나님께서 약한 자를 선택하시어 강한 자를 부끄럽게 하시어 평화를 이루는 역사입니다. 하나님은 용맹한 에서가 아니라 흠 많은 야곱을 선택하셨고, 다윗 조상은 보아스와 나오미의 며느리 룻이 들에서 야합으로 출생했습니다. 예수 제자들도 갈릴래아 어부 등 무지렁이들입니다. 이스라엘 실패는 하나님 선택 백성으로서 정체성을 잃어버리고 세상과 연대에 실패한 것이 원인입니다.

1세기 이스라엘은 극도로 분열된 사회입니다. 선택 백성이라는 자부심으로 세계인을 개라고 불렀으며 자신들 국가 안에서도 사두개 바리새 에세네 제4철학 그룹 하베림 등으로 분열하여 서로 자기들 외에는 선택에서 제외된 자로 차별하고 배제했으며, 이러한 신앙 그룹에 참여하지 못한 땅의 사람들(암 하레츠)을 죄인이라고 멸시했습니다. 예수께서 예루살렘 성을 보시고 멸망을 예견하여 우셨습니다. 이들이 하나님나라가 왔음을 몰라서 평화를 모른다 하시며 우십니다(눅 19:41-44). 하나님은 약한 자 소외자 가난한 사람들을 구원하시기 위해 약한 민족 이스라엘을 선택하셨습니다. 이스라엘이 자신들 역할인 하나님 구원하시는 그 현실에서 세상을 돌보는 제사장 사역을 해야 하는데 자신들만이 구원받은 자라고 인식하고 정작 자신들 역할은 외면했습니다.

오늘날 기독교 실패가 이스라엘 실패와 똑같습니다. 그리스도인은 아브라함 믿음과 언약을 승계합니다(롬 4장). 또한 그리스도인은 이스라엘 해방 역사와 모세언약을 승계합니다. 기독교는 이스라엘 해방 역사를 죄에서 해방이라 하여 형이상학화 우주화하고 그 역사성을 잃어버렸습니다. 죄에서 해방이란 우리 삶을 억압하는 모든 가치체계 특히 자본주의 가치체계가 주는 번영 성공 권력 지향으로부터의 해방입니다. 죄에서 해방이란 가난한 사람 약한 자 버림받은 자를 억압하고 착취하는 악한 세력으로부터의 해방입니다. 세상에 대해 제사장이란 하나님께서 이러한 해방 길을 여시는 데 참여하여 도우며 약한 사람을 돌보는 일입니다. 이어서 그리스도인은 예수그리스도가 주시는 생명 자유-평화를 누리는 믿음 생활 길을 갑니다. 이러한 길에서 그리스도인에게는 이스라엘보다 더 구체적이고 확실한 임무가 부여됐습니다.

예수그리스도 언약

"22 그들이 먹을 때에 예수께서 떡을 가지사 축복하시고 떼어 제자들에게 주시며 이르시되 받으라 이것은 내 몸이니라 하시고 23 또 잔을 가지사 감사 기도 하시고 그들에게 주시니 다 이를 마시매 24 이르시되 이것은 많은 사람을 위하여 흘리는 나의 피 곧 언약의 피니라"(막 14:22-24)

예수께서 마지막 만찬에서 잔을 드시고 새 언약을 선포합니다. 마지막 만찬인 성만찬은 공동식사를 제의화한 것입니다.[5] 예수 하나님나라 운동은 갈릴래아 가난한 사람들 세리 죄인들과 공동식사로 유지되었습니다. 공동식사는 관계를 맺고 유지하는 현실입니다. 또한 공동식사는 위계질서를 근본적으로 부정합니다. 그러므로 새 언약에서 그리스도인 역할은 버림받은 사람을 포함한 모든 사람들과 새로운 형제관계를 맺고 유지하는 데 있습니다.

---

1) 아브라함 J 헤셸「예언자들」이현주 삼인 2020, 360p
2) 같은 책 402p
3) 같은 책 364p
4) 볼프하르트 판넨베르그「판넨베르그 조직신학 3」신준호 새물결플러스 2019, 754p
5) 존 도미닉 크로산「역사적 예수」김준우 한국기독교연구소 2019, 636p

예언자 그리스도인

북이스라엘은 서기전 722년 메소포타미아 강국 아시리아에 멸망했습니다. 남유다는 서기전 586년 아시리아를 이은 바빌로니아에 멸망했습니다. 세계 최강국 남하정책으로 멸망했지만 한 국가가 멸망하려면 그 조짐이 나타나기 마련입니다. 아모스는 북이스라엘에서 빈부격차로 일어난 사회 혼란을 예언합니다. 예언이란 미래를 본다는 말이 아니라 다른 사람은 깨닫지 못하는 현실을 하나님 눈으로 본다는 말입니다. 부자들은 소고기가 질기다고 어린 송아지 고기를 먹고 포도주를 대접으로 마시며 가난한 사람은 아내나 자식을 신 한 켤레 값을 받고 팝니다. 아모스는 다음과 같이 예언합니다.

"4 여호와께서 이스라엘 족속에게 이와 같이 말씀하시기를 너희는 나를 찾으라 그리하면 살리라 5 벧엘을 찾지 말며 길갈로 들어가지 말며 브엘세바로도 나아가지 말라 길갈은 반드시 사로잡히겠고 벧엘은 비참하게 될 것임이라 하셨나니 … 24 오직 정의를 물 같이, 공의를 마르지 않는 강 같이 흐르게 할지어다"(암 5:4-5, 24)

벧엘 길갈 브엘세바는 예배(제사) 처소입니다. 가난한 사람들을 착취하며 예배하러 가지 말고 성문밖에 가서 가난한 사람을 돌보라고 합니다. 하나님 찾는 길이 예배가 아니고 가난한 사람 찾는 것이라는 말이 인상적입니다. 예수께서도 배고픈 자 목마른 자 나그네 헐벗은 자 병든 자 옥에 갇힌 자를 돌보는 것이 하나님께 하는 행위라고 말씀합니다(마 25:31-46).

아모스가 일갈한 "정의를 강같이 흐르게 하라"는 시대를 뛰어넘어 온 인류에게 주는 금언입니다. 이러한 부패와 우상숭배를 보면서 남유다에서 활동한 예레미야는 하나님께서 새 계약 하실 것을 예언합니다.

"31 여호와의 말씀이니라 보라 날이 이르리니 내가 이스라엘 집과 유다 집에 새 언약을 맺으리라 … 34 그들이 다시는 각기 이웃과 형제를 가리켜 이르기를 너는 여호와를 알라 하지 아니하리니 이는 작은 자로부터 큰 자까지 다 나를 알기 때문이라 내가 그들의 악행을 사하고 다시는 그 죄를 기억하지 아니하리라 여호와의 말씀이니라"
(렘 31:31, 34)

이제 인류에게 새 언약이 있을 것인데, 그 언약은 죄가 용서되는 언약입니다. 하나님이 땅으로 오셨고(요 1:14) 그 하나님인 예수께서 죄를 사하시고 하나님나라가 시작되었음을 선포합니다(막 1:15). 예언자란 하나님 눈으로 세상을 보는 사람을 말합니다. 예수께서는 하나님 뜻을 밝히려 세상에 오셨습니다. 예수가 메시아라는 이름에 가려 그분이 예언자라는 사실은 잊혀있었습니다.

예수그리스도 언약 안의 믿음

"식후에 또한 그와 같이 잔을 가지시고 이르시되 이 잔은 내 피로 세운 새 언약이니 이것을 행하여 마실 때마다 나를 기념하라 하셨으니"
(고전 11:25)

"16 하나님이 세상을 이처럼 사랑하사 독생자를 주셨으니 이는 그를 믿는 자마다 멸망하지 않고 영생을 얻게 하려 하심이라 17 하나님이 그 아들을 세상에 보내신 것은 세상을 심판하려 하심이 아니요 그로 말미암아 세상이 구원을 받게 하려 하심이라"(요 3:16-17)

"사람이 내 말을 듣고 지키지 아니할지라도 내가 그를 심판하지 아니하노라 내가 온 것은 세상을 심판하려 함이 아니요 세상을 구원하려 함이로라"(요 12:47)

여러분이 교회에서 주의 깊게 주목하시면 대부분 설교자들이 요한복음 3장 앞 구절부터 16절까지만 읽고 17절은 안 읽는 관행을 알 수 있을 것입니다. 반복해서 말하지만 그리스도인 믿음이 그리스 철학 영향에 의해서 밖을 향하지 않고 안으로 향하여 내면화되고 심령화 되었기 때문에 하나님께서 나 개인을 구원하는 게 목적이 아니라 세상을 구원하시는 게 목적이라는 사실을 외면하게 됩니다. 기독교는 개인구원이 아니라 세상 구원이라는 사실이 세계 모든 종교와는 다른 기독교 독특성임에도 불구하고 그동안 기독교는 외면해 왔습니다. 심판은 마지막 종말에 있고 지금 삶에서는 없다는 말씀입니다. 이제 신의 저주 시대가 가고 은혜 시대가 시작되었습니다.

예수 궁극 목적은 나를 구원하려 하심이 아니고 나를 통해서 세상을 구원하려 하심입니다. 죄인(악인)을 정죄하고 배제하는 행위는 신의 구원 사역에서 이탈하여 유대인들과 같이 실패 길을 가게 됩니다. 신이 세상을 구원하시는 그 현실에 내가 지금 참여하고 있음이 구원받음이고, 이것을 유지해 나가는 것이 언약 안에 있는 믿음입니다. 예수그리스도 죄 용서란 우리를 하나님나라 백성 삼으심이고 또한 사회 경쟁 구조에 의해 또는 신체 결함으로 인해 죄인으로 분류되는 사람도 하나님나라 백성 됨을 뜻합니다. 지금 시대에 이러한 사람이 죄인이 아니지만 1세기 예수 시대에는 사회 경쟁 구조에 의해 낙오한 사람이나 신체 결함 가진 사람을 죄인이라고 불렀습니다. 한 걸음 더 말씀드리면 예수께서 성 소수자도 하나님나라 백성임을 선포하십니다.

이스라엘은 왕 제사장 예언자가 있는 정치체제입니다. 우리는 예수께서 이러한 세 가지 직분을 성취하신 분으로 고백합니다. 그리스도인은 예수를 따르는 사람으로서 이러한 직분을 수행합니다.

"그러나 너희는 택하신 족속이요 왕 같은 제사장들이요 거룩한 나라요 그의 소유가 된 백성이니 이는 너희를 어두운 데서 불러내어 그의 기이한 빛에 들어가게 하신 이의 아름다운 덕을 선포하게 하려 하심이라"(벧전 2:9)

왕이란 통치자로서 예수께만 해당되고 그리스도인에게는 해당되지 않습니다. 왕 같은 제사장이란 이제 하나님과 그리스도인을 매개(중보)하는 사람은 없고 각자 개인이 단독으로 하나님과 관계한다는 뜻입니다. 제사장은 하나님께로 향하는 직분입니다. 예언자는 하나님 뜻을 담아 인간에게로 향하는 직분입니다. 성서는 하나님께서 인간을 찾으시는 기록입니다. 그리스도인은 제사장으로서 찾으시는 하나님께로 향합니다. 성서 기도 말씀을 통해 하나님 뜻을 만납니다. 그 하나님 뜻을 예언자가 되어 세상에 전합니다. 또한 제사장은 가난한 사람들 약한 자 버림받은 자를 구합니다.

아름다운 덕을 선포하게 한다는 말씀은, 하나님 의를 전하는 방법이 자신의 삶을 세상에 보임으로써 알린다는 의미입니다. 예수께서 하나님을 모르는 사람들에게 오신 분이 아니라 하나님을 안다면서도 하나님 눈으로 세상을 보지 못하는 사람들에게 하나님 눈으로 세상 보는 이치를 깨닫게 하기 위해서 오셨습니다. 하나님 의를 세상에 알리는 사람이 예언자인데 그리스도인은 예언자 직분을 하나님으로부터 부여받았습니다.

"너희는 이 세대를 본받지 말고 오직 마음을 새롭게 함으로 변화를 받아 하나님의 선하시고 기뻐하시고 온전하신 뜻이 무엇인지 분별하도록 하라"(롬 12:2)

예언자는 세대 가치를 따르지 않고 하나님 계시를 따르는 사람입니다. 오늘날 한국 교회와 성당이 세상에 감동 주지 못하는 원인은 교회와 성당이 세대 가치를 쫓아 세상과 경쟁하기 때문입니다.

예수께서 그리스도인은 세상의 빛과 소금이라고 하십니다(마 5:13-16). 소금은 부패를 막고 맛을 냅니다. 「중용」을 저술한 증자에게 제자가 물었습니다. "선생님 중간을 찾기가 어려운데 중간을 어떻게 찾습니까?" 증자는 말하기를 "중용은 중간을 찾는 게 아니라 매사에 맛을 잃지 않는 거다"라고 합니다. 예언자는 화해-평화를 이루어가며 평화를 막는 가치와 세력에 저항함으로써 세상 맛을 살립니다. 예언자는 그렇게 세상이 나아갈 방향을 비추는 빛입니다. 우리가 악한 세력에 대한 저항은 쉽게 이해하지만 가치에 대한 저항을 주목하지 않는 경향이 있습니다. 번영 업적 성취 명예 권력 소비지향에 대한 저항이 가치저항입니다. 우리가 본받지 않아야 하는 세대는 악한 가치와 악한 세력이 합한 시대입니다.

예언이란 하나님이 인간 아픔을 표현하라고 빌려주신 말이며 착취당한 가난한 사람들과 세상의 불경스런 부자들에게 내리신 말입니다.[1] 예언자란 자기가 살고 있는 시대가 어떤 시대인지 아는 사람입니다.[2] 그리스도인은 성서 기도 말씀 일상 삶을 통해 하나님을 만납니다. 이러한 만남은 자기 개인을 위해서가 아니라 제3무리를 위해서입니다. 하나님과 만남은 자신이 깨우쳐 알기 위해서가 아니라 세상을 깨우치기 위해서입니다.[3] 예언자가 세상을 보는 현실은 예술가들이 창작 순간에 맛보는 경험과 유사합니다. 화가는 세계를 색으로 보고 조각가는 형태로 보며 음악가는 소리로 파악하고 시인은 영감으로 파악하지만 예언자는 세계를 하나님 눈으로 보는 사람입니다.[4]

그리스 사유는 존재가 사유 출발점이고 성서 사유 출발점은 하나님입니다. 성서는 나와 사물이 어떻게 존재하는가 혹은 어떻게 존재해야 하는가를 말하지 않고 하나님께서 어떻게 행위하심으로 나는 어떻게 행위할 것인가를 말합니다. 그동안 신학은 그리스 철학 영향으로 하나님께서 즉 예수께서 어떻게 행위하셨는가를 말하지 못했습니다.[5] 예언자는 남에게 못된 짓 하는 자들을 너그러이 봐주지 못하며 다른 사람이 상처 입는 것에 분개하는 사람입니다. 나아가서 예언자는 다른 사람들에게도 가난한 사람들과 약한 사람들 옹호자가 될 것을 요구합니다.[6] 합법이면 무죄라고 주장하는 사람이 많습니다. 히틀러 모든 행위는 합법입니다. 합법으로 일으키는 범죄가 많은데 그것을 깨우쳐 주는 사람이 예언자입니다. 의롭게 살고 의를 생각하는 평범한 시민은 모두 예언자입니다.[7] 예언자는 정교한 질서 속에서 숨 막혀 하는 민초를 구합니다. 예언자는 민중 없이는 아무것도 아닙니다.

1) 아브라함 J 헤셀 「예언자들」 이현주 삼인 2020, 36p
2) 같은 책 183p
3) 같은 책 323-324p
4) 같은 책 337p.
5) 같은 책 406p
6) 같은 책 326p
7) 김근수 「행동하는 예수」 메디치 2014, 742p

하나님 의를 실행하는 그리스도인 1

하나님은 세계에서 개별자로 존재하는 한 사람 아브라함을 선택했습니다. 이스라엘은 하나님 백성 전체가 아니라 일부분입니다. 기독교 또한 세계 한 부분입니다. 부분은 전체에 흡수되지 않은 개별자로 존재할 때 그 건강성이 유지됩니다. 유럽 기독교는 전체 즉 세계 속으로 사라졌습니다. 미국 기독교도 거의 사라졌고요. 한국도 매우 위험한 상황입니다. 이들 모두는 기독교가 자본주의 그리고 사회주의와 어떻게 다른지 인식하지 못했습니다. 인식하지 못하게 된 원인은, 하나님 의와 인간 의가 어떻게 다른지 주목하지 못했기 때문입니다. 그리스도인 정체성이 무엇이라고 자각할 여유도 없이 사라졌습니다. 한국 교회와 성당이 맹렬히 사람을 모으는 일은 (이제 오지도 않습니다만) 하나님께서 그리스도인에게 세상에 빛과 소금 역할을 하도록 부르신 데 대한 배반입니다. 세상 사람 모두가 그리스도인 나와 같아야 한다며 차별하고 배제하는 것은 하나님께서 세상을 구원하시기 위해 부르신 데 대한 배반입니다.

예수께서 그리스도인에게 주신 유일한 계명인 이웃 사랑에서, 닮음이나 친근함으로 건강한 호의가 유지되는 것이 아니라 서로가 언어나 사회 실천에 의해 인정하는 의연함resoluteness을 공유할 때 유지됩니다.[1] 쉽게 말해서 그리스도인 행위가 세계인으로부터 인정되고 존중될 때 그래서 그리스도인이 꿋꿋하게 자신의 행위를 지켜나갈 때 이웃 사랑 효과가 발생한다는 뜻입니다.

오늘날 거룩함이 흔히 도덕성과 동일한 의미로 여겨집니다. 필자가 반복해서 강조하지만 이것은 그리스 철학 신플라톤주의가 기독교 신학으로 유입된 까닭입니다. 도덕이 나쁘다는 말이 아니라 도덕이 믿음과 결부되면 기독교 본연 맛을 잃게 된다는 말입니다. 도덕신앙은 자기 수준에 못 미치거나 도덕적이지 않은 사람을 차별하고 배제합니다. 바울은 사랑하면 도덕이 요구하는 현실을 이룰 수 있다고 합니다(롬 13:10). 고대 제사장 종교에 관한 한 거룩을 도덕성과 동일하게 인식하는 것은 잘못입니다. 거룩은 하나님께 속한다는 의미입니다.[2)]

구약의 거룩이 신약에서는 신성 혹은 경건(하기오스)으로 표기됩니다. 그러므로 경건한 그리스도인이란 도덕으로 바른 사람이 아니라 하나님나라 백성을 뜻합니다. 하나님나라 백성이란 예수그리스도께서 선포한 하나님나라 삶을 사는 사람 즉 그리스도를 통해서 생명과 자유-평화를 누리는 사람을 말합니다. 하나님은 그리스도인을 통해 세상에 이러한 구원된 삶이 전하여지기를 바라십니다. 이것이 하나님 의가 세상에 실행되는 길입니다.

하나님 의란 무엇인가?

하나님 의를 옳음righteousness이나 정의justice로 이해하는 건 성서에 대한 오해입니다. 의가 한자어 옳을 의義로 표기되어서도 그렇지만, 오해 원인은 루터가 칭의(의인義認)교리에서 의를 옳음으로 이해했기 때문입니다. 루터를 따르는 보수 신학계는 하나님 의를 옳음으로 파악하고 정치신학 하는 진보 신학자들은 정의로 파악합니다(테드 제닝스). 하나님 의는 히브리 성서 '체다카'와 '미슈파트'를 우리말 의로 번역했습니다. 포로기에 활동한 제2 이사야는 하나님 의인 체다카를 구원으로 사용합니다. 체다카와 미슈파트는 히브리 성서를 최초 그리스어로 번역한 70인역에서 여러 의미로 번역됩니다.
1. 옳음(선)과 정의의 뜻인 디카이오슈네
2. 심판 판단인 크리시스
3. 자비 동정인 엘레오스
4. 구제 자선인 엘레에오슈네 등입니다.3)

로마서에 체다카를 그리스어 옳음과 정의라는 디카이오슈네로 기록했기 때문에 하나님께서 그리스도인을 의롭다고 부르신 것을 루터가 그리스도인을 옳은 사람이 된 것으로 오해했습니다. 당시는 성서해석학이 존재하지 않았습니다. 바울은 이스라엘만 하나님 백성이 아니고 하나님이 이방인도 하나님 백성 되게 하기 위해 믿음을 통해 그리스도인을 부르시는데, 부르실 때 그리스도인을 의롭다 하셨다고 합니다(롬 3:28). 바울이 유대인들에게 너희만 선택받은 의로운 사람이 아니라 이방인도 믿음으로 의로운 사람이 되었다고 말한 것입니다.

의로운 사람이란 이방인도 유대인처럼 하나님과 관계하는 사람이라는 뜻입니다. 체다카 단어 뜻에는 관계라는 의미가 있습니다. 바울 의도를 풀어 설명하면, 하나님께서 믿음으로 의롭다 부르셨다는 뜻은 하나님께서 이방인을 믿음으로 하나님나라 백성 삼으셨다는 뜻입니다. 하나님나라 백성 됨은 구원받음입니다. 그리스도인은 하나님께서 그리스도인으로 선택하셨으니 그 구원을 믿음으로 지켜 나갑니다(롬 2:6, 빌 3:12-16).

그런데 루터는 이 부르심을 완전구원으로 신학화했습니다. 이것이 루터의 이신칭의(의인義認) 교리입니다. 그래서 루터는 그리스도 의가 그리스도인에게 전가된다고 합니다. 그리스도인이 완전구원 받았고 옳은 사람이 되었다고 인식하게 되었습니다. 나는 예수 믿고 이제껏 바른 사람이 되지 못했습니다. 그래서 나는 날마다 주께서 바른길로 인도하여 주시길 기도합니다. 또한 예수 믿고 바른 사람으로 변화된 사람을 이제껏 보지 못했습니다. 바울은 생애 말기에 쓴 로마서에서 인간의 한계를 절규하며 하나님 은혜를 구합니다.

"19 내가 원하는 바 선은 행하지 아니하고 도리어 원하지 아니하는 바 악을 행하는도다 20 만일 내가 원하지 아니하는 그것을 하면 이를 행하는 자는 내가 아니요 내 속에 거하는 죄니라 21 그러므로 내가 한 법을 깨달았노니 곧 선을 행하기 원하는 나에게 악이 함께 있는 것이로다 22 내 속사람으로는 하나님의 법을 즐거워하되 23 내 지체 속에서 한 다른 법이 내 마음의 법과 싸워 내 지체 속에 있는 죄의 법으로 나를 사로잡는 것을 보는도다 24 오호라 나는 곤고한 사람이로다 이 사망의 몸에서 누가 나를 건져내랴 25 우리 주 예수그리스도로 말미암아 하나님께 감사하리로다 그런즉 내 자신이 마음으로는 하나님의 법을 육신으로는 죄의 법을 섬기노라"(롬 7:19-25)

바울은 결코 자신이 어디에서든지 한 번도 변화되었다고 말하지 않습니다. 그리스도인은 세상 사람들보다 결코 바르지도 않고 정의롭지도 않습니다. 내가 바른 사람이라는 인식으로는 세상 사람들에게 호의를 얻을 수 없습니다. 완전한 인간을 추구하는 도덕신앙은 가난한 사람 정상이지 못한 사람을 불쾌해합니다. 그들을 돕는다 해도 인간 존엄을 존중하는 게 아니라 자기만족이나 자신 체면을 위한 구제입니다. 완전한 인간 추구는 성서 가르침이 아니라 신플라톤주의 사상입니다. 완전한 인간은 낮은 곳에 임하는 하나님 의를 볼 수도 없고 깨달을 수도 없습니다.

하나님 의인 체다카는 이스라엘에 천 년 이상 내려온 다양한 개념입니다. 이사야 선지자는 포로기를 마치고 귀환하는 백성들에게 하나님 의를 선포합니다. 다시 말씀드리지만, 그는 하나님 의인 체다카를 구원으로 사용합니다. 우리는 하나님 의를 관계를 통해서 이루는 하나님 구원사역으로 이해합니다. 이사야 선지자는 하나님 의가 이루어지는 현실을 증언합니다. 제2이사야(40-55장)는 포로기에 활동했습니다. 그는 귀환하는 백성들을 향해 예언하는데, 하나님 마음을 100퍼센트 아는 하나님 백성 출현을 이상화합니다.

"3 상한 갈대를 꺾지 아니하며 꺼져가는 등불을 끄지 아니하고 진실로 정의를 시행할 것이며 4 그는 쇠하지 아니하며 낙담하지 아니하고 세상에 정의를 세우기에 이르리니 섬들이 그 교훈을 앙망하리라"
(사 42:3-4)

요즘 반기독교 사상가로 명성을 떨치고 있는 유전생물학자 리차드 도킨스는 「이기적 유전자」에서 기독교를 반대합니다. 그는 세상은 적자생존으로서 약한 생명은 도태되고 강한 생명은 살아남아 인류가 강함으로 진보하는데 기독교가 쓸데없이 약한 사람들을 돕는다고 비난합니다. 히틀러가 유대인과 집시 6백만 명을 죽인 것은 강한 아리안족만 살아야 하고 인류에 해악되는 유대인과 집시는 지구에서 사라져야 한다는 생각 때문입니다. 히틀러는 권력을 장악하자 자국 내 당시 불치병인 심장병과 폐병 환자를 모두 수용하여 죽였습니다. 살아나지도 못할 건데 국가에 부담만 준다는 생각입니다.

　하나님 의는 상한 갈대와 꺼져가는 등불에 임합니다. 인간 눈에는 곧 망하고 죽을 것 같지만 하나님 눈에는 그는 쇠하지 않으며 낙담하지 않고 그가 정의를 세우기 때문입니다. 믿음을 사랑으로 시위demonstration 하지 않고 도덕으로 표현하는 사람은 신앙 강자elite입니다. 예수 시대 바리새인과 같습니다. 강자가 세우는 정의는 거짓입니다. 그 정의가 기득세력에 봉사하기 때문입니다. 하나님 의가 가난한 사람들과 사회 정착을 어려워하는 젊은이 비정규직 근로자 망해가는 자영업자 병든 사람 돈 없고 힘없는 노인 버림받은 사람 실패한 사람 이주 노동자 고국을 떠난 난민에 임합니다. 그들이 세상에 진정한 정의를 세웁니다.

---

1) 케네스 레이너드-에릭 L 샌트너「이웃 정옥현」도서출판 b 2010, 173-174p
　로렌츠 바이크-구원의 별
2) 프리드릭 J 머피「초기 유대교와 예수 운동」유선명 새물결플러스 2020, 93p
3) 최의원「구약논문집」기독교문서선교회 1986, 141p

하나님 의를 실행하는 그리스도인 2

　루터의 하나님께서 믿음으로 의롭다 하셨다는 이신칭의(의인義認) 교리가 그리스도인 믿음 생활에 두 가지 어려움을 줍니다.

　1. 바울의 하나님께서 믿음으로 의롭다 하셨다는 칭의(의인義認)(롬 3:28)는 하나님이 그리스도인을 선택하셔서 하나님나라 백성을 삼았으니 이제 생명 자유-평화로 살면서 그 구원을 이루어가라는 의도입니다. 그러나 루터는 이것을 완전구원으로 파악했습니다. 지금도 대부분 개신교 목사들은 칭의(의인義認)가 완전구원이라고 설교합니다. 사회 기득세력인 신앙 엘리트들은 믿음으로 현재 복 받고 잘 살고 있고 사후도 보장된다고 하니 나쁠 게 없다고 생각합니다. "목사 신부도 좋고 신도들도 좋다"가 그 길이 무난하게 망하는 길인지는 모르고 있습니다.

　2. 루터는 칭의(의인義認)를 설명하는 과정에서 믿음을 행위와 대립되는 개념으로 파악했습니다. 바울은 이제는 법 이외에 하나님의 한 의가 나타났으니 법을 쫓지 말고(이 세대를 쫓지 말고) 믿음으로 살라고 합니다(롬 3:21, 1:17, 12:2). 바울 설명은 믿음이 행위와 대립 개념이 아닙니다. 유대교를 비롯한 세계 모든 종교는 인간 가치체계인 법의 완성이 구원이지만, 바울은 인간 이로움을 위해 세운 가치체계가 오히려 인간을 억압하는 경우가 있으니 법 중심으로 살지 말고 믿음으로 살라고 합니다. 그러나 루터는 당시 가톨릭이 행위로 구원받는다면서 면죄부를 판매하는 등 악행을 저지르므로 이러한 행위에 반대하는 것으로 믿음을 제시했습니다. 루터는 이러한 설명을 위해 바울이 강조한 믿음을 이용했습니다.

바울이 믿음을 법과 긴장으로 파악한 것을 루터는 믿음을 행위와 대립으로 사용했습니다. 이러한 결과로 오늘날 그리스도인은 믿음을 행위와 별개로 생각합니다. 믿음은 교회 출석만 열심히 하면 되는 줄 압니다. 그래서 예수그리스도 사역과 가르침에 대한 규명이 소홀했습니다. 그리스도인 행위에 대한 연구가 소홀하여 성서 가르침을 따르지 않고 이념 신앙과 도덕주의 신앙이 됐습니다. 이번 대선과 코로나 방역에서 드러났듯이 한국 주류 교회가 공산화를 막아야 한다며 정부를 공격한 것은 성서에서 믿음을 찾지 않고 믿음을 이념화했기 때문입니다.

또한 교회는 세대 가치를 쫓아 번영 업적 성과 성공을 지향하게 되었습니다. 이것은 믿음을 행위와는 별개로 인식하여 믿음을 가치화한 결과입니다. 이념 도덕은 바울이 말하는 법입니다. 오늘날 한국 기독교가 믿음이 법과 어떻게 다른지 깨닫지 못합니다. 한국 교회와 성당은 이념과 도덕을 믿음이라고 우기고 있는 현실입니다. 한국 교회 성당은 법 즉 이념과 도덕을 믿음으로 극복하라는 바울 가르침을 하나도 깨닫지 못합니다. 그들은 예수 계시에서 행위를 찾지 않고 법을 쫓아 즉 이 세대를 쫓아 자의 판단에 의해 올바른 행위를 찾습니다. 한국 교회와 성당에서 기독교도 모르고 믿음도 모르는 목사 신부가 설교를 하니 이 노릇을 어찌합니까?

교회가 물화物化 reification되었습니다.

교회는 사람이 모여 조직된 인간 현실입니다. 교회 모든 행위와 그로 인한 문제가 발생하면 구성원들 간 이해와 협의를 통해서 해결해가야 합니다. 그런데 교회가 사람들 모임으로서 살아있는 유기체가 아니라 물화되었습니다. 쉽게 말해 교회를 사람들 관계로 파악하지 않고 하나 사물처럼 다룬다는 뜻입니다. 그래서 교회 구성원 간에 문제가 발생하면 그 구성원 간 협의를 통해 해결하지 않고 목사 신부 권력으로 해결합니다. 여

타 사회 다른 단체보다 분쟁 해결 능력이 현저히 떨어지는 이유입니다.

교회가 자기 업적 자랑 자리가 되거나 하나님 뜻이라며 목사 신부와 몇몇 이해관계인 부와 명예 그리고 권력 행사장이 되었습니다.1) 교회가 하나님 의를 실행한다면서 교육 의료 언론 봉사 및 수익 사업합니다. 이제 이러한 사업들은 사회에 감동을 주지 못하고 악을 발생합니다. 청년들이 교회를 떠나고 교회가 제토화(고립)되었습니다. 그동안 기독교는 믿음을 행위와 별개로 인식하여 루터를 따라 믿음을 이념화 관념화 심령화 내면화했습니다. 이념화했다는 말은 한국 주류 교회가 공산화를 막는다며 그것을 믿음이라고 여긴다는 말입니다.

믿음 내면화에 대한 한 가지 예를 들자면, 신약성서 그리스어 '에이레네'는 히브리어 샬롬과 같은 평화입니다. 이 용어를 우리 삶보다는 깊은 의미가 있음을 나타내기 위하여(좋게 말해서) 에이레네를 몇 곳을 제외하곤 평화라 번역하지 않고 화평 평안 평강 안심 등으로 번역했습니다. 성서가 그리스도인 삶과는 상관 없고 영혼에만 관계하는 것처럼 번역했습니다.

모든 사유는 행위를 목표로 합니다.2) 믿음은 관념론에 비판 자세를 취합니다.3) 이념 관념 도덕이 믿음이 되지 않도록 해야 한다는 말입니다. 그리스도인은 이 세대를 쫓지 않고 하늘 계시를 따라 삽니다(롬 12:2). 믿음 최대 과제는 우리가 그리스도인으로서 어떻게 사는가 입니다.

그리스도인은 인간 스스로 이룬 가치체계인 법으로 통칭되는 문화 종교 이념 사상 교육 법률 도덕 등에 매여 사는 것이 아니라 예수께서 계시하는 하나님 의를 따라 삽니다. 그렇게 하나님 의를 세상에 전합니다. 바울 위대성은 예수께서 초월을 현실로 가져와 그리스도인을 초월에 참여하게 하신 분으로 인식한 최초 사람이라는 것입니다. 바울은 우리가 예수

그리스도와 함께 영원에 참여한다고 말합니다. 오늘에 내일이 담겨있을 때 오늘 우리는 내일을 삽니다.

"또 함께 일으키사 그리스도 예수 안에서 함께 하늘에 앉히시니"
(엡 2:6)

이사야 선지자는 바벨론 포로에서 예루살렘으로 귀환하는 이스라엘 백성을 향해 하나님 의를 실행하라고 합니다. 그런데 그 방법이 기상천외합니다.

"1 내가 붙드는 나의 종, 내 마음에 기뻐하는 자 곧 내가 택한 사람을 보라 내가 나의 영을 그에게 주었은즉 그가 이방에 정의를 베풀리라 2 그는 외치지 아니하며 목소리를 높이지 아니하며 그 소리를 거리에 들리게 하지 아니하며"(사 42:1-2)

"19 맹인이 누구냐 내 종이 아니냐 누가 내가 보내는 내 사자 같이 못 듣는 자겠느냐 누가 내게 충성된 자 같이 맹인이겠느냐 누가 여호와의 종 같이 맹인이겠느냐 20 네가 많은 것을 볼지라도 유의하지 아니하며 귀가 열려 있을지라도 듣지 아니하는도다"(사 42:19-20)

하나님 의를 실행하는 하나님 종이 보지 못하는 맹인이고 듣지 못하는 귀머거리입니다. 그래서 그는 하나님 의를 알리는데, 그는 외치지 않으며 목소리를 높이지 않습니다. 그의 소리가 거리에 들리지 않게 합니다. 또 놀라운 것은 하나님 의를 전하기 위해 말하는 사람 혀를 선생 혀가 아니라 제자 혀를 준다고 합니다(사 50:4).[4] 지독한 역설입니다.

하나님이 하나님 의를 알리는 사람에게 무엇을 요구하는 것일까요? 하나님 의를 실행하는 현실에 인간 의가 발현되는 현실을 엄중하게 경고하는 예언입니다. 사람들은 하나님 의를 알린다면서 하나님 의를 전하는 것이 아니라 인간 의 즉 자기 의를 전하기 때문입니다. 오늘날 예언자 이사야 경고는 현실이 되었습니다. 그리스도인은 하나님을 알린다며 화려하고 웅장한 교회 대단한 성과를 내는 병원 학교 봉사단체 언론사를 만들며 배제하고 불화하며 싸우고 지랄하고 있습니다.(이보다 더 심한 표현이 있으면 좋겠습니다) 지금 하나님 의를 전해야 하는 우리 사회 현실은 어떨까요?

오늘날 한국의 능력주의 성과 사회는 능력자가 자기보다 못한 사람을 깔보게 되어 젊은이들에게 앞날 자신들 모습이 초라해 보이게 만듭니다. 우리나라의 젊은이들 자살율이 OECD 국가 중 1위인 이유입니다. 이런 사회는 엘리트도 중산층도 파멸합니다(대니얼 마코비츠「엘리트 세습」). 엘리트도 중산층도 최고를 유지하기 위해 자기착취 자기 피로로 망합니다(한병철). 기독교는 이러한 사회가 되지 않도록 무능력자인 약자도 인간존엄을 지키며 살 수 있는 세상이 되도록 하나님 의와 사랑을 전하는 사람이어야 하는데(포도원 품꾼 비유 잃은 양 비유 등), 오히려 기독교가 성과 번영 성공 명예 권력을 쟁취하려 열을 내고 있습니다. 포로기 이사야가 한국에 온다면 아마도 그는 기절해 자빠지고 말 것입니다. 기독교에 전하라는 하나님 의는 없고 자기 의 즉 인간 의만 가득하기 때문입니다.

칼 바르트는 교회에 선한 일을 하는 곳에 마땅히 해야 할 일에 개혁하는 곳에 악이 창궐한다고 말합니다(칼 바르트 「로마서」). 예수께서 악인에게 하나님을 알리기 위한 사역을 하신 게 아니라 깊은 신앙인에게 하나님을 열심으로 믿는 사람들에게 그들과는 다른 길을 제시한 것입니다. 이사야는 하나님이 제자 혀를 주셨으니 하나님 알린다고 제발 나대지 말고 일 벌이지 말고 먼저 배우고 그 배운 대로 살라는 것이지요. 오늘날은 하나님 의를 실행하는 방법이 초기교회와 같을 수 없습니다. 오늘날 세계에 예수 모르는 사람은 없습니다. 예레미야 선지자는 새 언약이 이루어지면 세계가 모두 하나님을 안다고 합니다.

"그들이 다시는 각기 이웃과 형제를 가리켜 이르기를 너는 여호와를 알라 하지 아니하리니 이는 작은 자로부터 큰 자까지 다 나를 알기 때문이라 내가 그들의 악행을 사하고 다시는 그 죄를 기억하지 아니하리라 여호와의 말씀이니라"(렘 31:34)

하나님나라 확장이라는 말은 성서에 없는 나쁜 말입니다. 하나님나라는 하나님이 확장하지 인간이 확장할 수 없습니다. 유대인 사상가 발터 벤야민은 "하나님나라는 길가 작은 돌멩이 하나 옆으로 치우는 것으로 오는데, 그것이 그렇게 어려워 인간이 하는 게 아니라 하나님께서 하신다"고 합니다. 하나님나라 확장한다면서 마치 하나님께서 돈이 없어서 일 못하시는 것처럼 교회와 성당이 돈 모으느라 혈안입니다. 그리스도인은 무슨 전도나 사업으로 하나님 의를 전하는 것이 아닙니다. 그리스도인 자신 삶으로 하나님 의를 실행합니다. 믿음은 사랑으로 역사役事합니다(갈 5:6). 그리스도인 믿음은 사랑을 하나님과 이웃에게 시위示威demonstration합니다. 하나님 의를 실행하는 그리스도인 믿음은 그냥 사랑하며 사는 데 있습니다.

1) 피터 버거-토마스 루크만 「실재의 사회적 구성」 문학과지성사 2014, 140-141p
2) 앙리 베르그송 「도덕과 종교의 두 원천」 박종원 아카넷 2015, 179, 216p
3) 폴 틸리히 「프로테스탄트 시대」 이정순 대한기독교서회 2011, 134p
4) 이사야 50:4인데요, 우리 성서번역자들이 이게 좀 말이 안 된다 싶어서 "학자의 혀"라고 살짝 비틀었습니다. 공동번역은 아예 한 술 더 떠서 말솜씨를 익혀 주셨다고 합니다. 이 말이 히브리어 "림무드"인데 다른 두 곳(8:16, 54:13, 교훈을 받는 자)은 림무드를 제자로 번역했습니다. 비트겐슈타인은 개별 단어에 고집하지 말고 문맥과 저자의 사상을 고려해 번역하라고 합니다. '제자의 혀'로 번역한 것은 이사야가 42:2에서 "선택받은 종은 거리에서 소리치지 말며 거리에 소리가 들려서는 안 된다" 하고 19절에서 그 종은 맹인이고 귀머거리라고 한 것에 주목한 번역입니다. 비천한 자기를 부르셨다고 주장하다가 갑자기 자기가 빼어난 사람이라고 한다는 게 이상하지 않나요? 그래서 KJV은 'the matured'라 하지 않고 'the learned'로 번역했습니다.

자유한 그리스도인

인간 자유의지

오늘날 현실에서 '비신앙인이 자유한가 신앙인이 자유한가'라는 질문은 무익합니다. 무신론에서 필연과 우연의 우주는 인간 자유의지를 부정합니다. 생산과 소비라는 자본주의 종교에서 인간은 무력합니다. 생산자는 살아남기 위해 무한 생산 증대를 꾀하고 소비자는 그 생산물을 소비해야 하는 숙명을 지녔습니다. 인구 증가와 무한 소비로 인한 지구 생태 환경 파괴에 인간은 무력합니다. 유신론에서 전지전능한 신은 인간 자유의지를 부정합니다. 신이 가난한 사람 병든 사람 사회로부터 소외된 약자와 고통을 함께 하시며 신도 아파한다는 삼위일체 신이 아닌 지배하고 통치하는 전지전능 신론은 자유의지를 부정합니다. 자유의지를 부정한 종교개혁자 루터와 자유의지를 존중한 에라스무스 논쟁은 유명합니다. 종교개혁 전통을 잇는 한국 교회에는 삼위일체 신론이 실종되었습니다. 편협한 과학과 편협한 신학은 자유의지를 부정합니다.[1)]

2차 대전에서 히틀러가 유대인과 집시 6백만 명을 학살한 현실을 본 신학자들은 하나님께서 모든 걸 계획하신 대로 섭리하시는 전지전능한 신이라는 것을 다시 숙고하게 되었습니다. 하나님께서 원하지 않는 일이 일어난다는 사실을 알게 되었습니다. 성서는 하나님께서 말할 수 없는 탄식으로 우리를 위해 기도하신다고 합니다(롬 8:26). 하나님께서 원하지 않는 일이 일어나는 이유는 하나님께서 인류와 우주에 자유를 주셨기 때문입니다. 자유는 그렇게 소중합니다. 한국 교회는 아직도 하나님께서 전지전능한 신이라는 그리스 신론 고백이 대세입니다. 그래서 김삼환 목사가 세월호 사건은 더 큰 재난을 막으려고 우리에게 경고하기 위해 하나님께서 일으키셨다고 설교했습니다.

전지전능 신 개념은 살아남은 자 강자 기득세력을 위한 신론입니다. 우리 현실에 우연이 있음과 에덴동산 창세 이야기는 하나님께서 인간 자유의지를 허락한 증거입니다. 에덴동산 이야기에서 동생 아벨을 죽인 형 가인에게 다른 사람에게 해 당하지 않도록 보호표를 주시며 가인을 지키시는 하나님 이야기는 아우구스티누스가 만든 죄론으로는 설명이 불가능합니다. 인간 자유의지를 허락한 하나님 은혜로만이 설명 가능합니다.

그리스도인 자유 문제가 오늘날 기독교 혼란 중심에 있습니다. 한국 유사 기독교인 수가 5백만 명입니다. 가나안(안나가) 신도가 2백만 명입니다. 유사 기독교인 5백만 명 중에 3백만은 법을 강화하여 안전한 신앙생활을 꾀하는 신천지나 하나님의 교회 등 신도입니다. 자유를 스스로 반납한 꼴입니다. 실은 기성 교회도 이들과 크게 다르지 않습니다. 2백만 명은 이와는 정 반대로 한국 교회가 예수그리스도께서 주신 자유를 잃어버리고 율법 신앙하므로 그 억압으로부터 벗어나 자유 신앙을 찾기 위해 구원파라는 박옥수 유병언 등 교파를 형성했습니다. 그러나 이들은 자유가 책임 속에 있음을 모릅니다. 세월호 사건이 구원파 신도 사건입니다. 이때 기관실 선원들이 무선을 통해 자기들만 전원이 빠져나왔습니다. 선장과 선원 전원이 구조를 방기하고 자신들만 빠져나온 사례는 인류 해난사에 전무합니다. 이들이 그리스도인 자유를 주창하는 구원파 신도입니다. 이들은 자유를 주장하며 책임과 우리 전통 문화 규례 등을 무시합니다. 구원파 교회는 교회 이름 앞에 '기쁜 소식'이라는 이름이 있습니다.

오늘날 그리스도인 믿음에서 해방과 자유는 기피 용어입니다. 군사정권 시절에 남미 해방신학이 기득세력과 불의한 정권에 위협되는 것을 두려워하여 정치권과 언론 권력과 결탁한 보수 우파 교회들이 해방을 기피 용어로 만들었습니다.

19세기에 계몽주의와 합리주의에 대응하기 위해 자유주의 신학이 발흥했습니다. 이들은 예수그리스도를 신앙하는 것보다 그분 가르침을 중요시하여 그 가르침을 윤리 도덕화했습니다. 그리고 성서비평을 시작했습니다. 자유주의 신학은 교회로부터 외면당했습니다. 이후로 보수 신학계에선 성서비평주의 계열 신학자와 목사 신부들을 자유주의자라고 비난하게 되었습니다. 이러한 이유로 해방과 자유가 기피 용어가 되고 이에 대한 올바른 이해 부재로 인해 한국 교회와 성당은 자유가 부재하거나 구원파처럼 자유가 오남용되고 있는 현실입니다.

기독교 믿음은 이스라엘 노예해방을 통해 세상을 구원하시는 이스라엘 믿음 전통을 이어받습니다. 영과 자유는 기독교 믿음 중심입니다. 기독교 중심인 영과 자유라는 용어가 사라지고 가르치지 않는데 어떻게 진리가 그리스도인 삶을 인도하겠습니까?

"진리를 알지니 진리가 너희를 자유롭게 하리라"(요 8:32)

예수께서 유대인들에게 이렇게 말씀하시자 그들은 우리가 왜 자유가 없다고 자유를 준다고 하느냐며 항의합니다. 당시 유대인들이 자유 없는 믿음이었던 것처럼 오늘날 대부분 그리스도인은 자유 없는 믿음으로 삽니다. 정해진 규범을 따르는 것이 안전하고 편해서인데 기독교 신학 출발부터 그랬습니다. 기독교 신학을 정립한 아우구스티누스는 키케로의 「행복에 관하여」(호르텐시우스)를 읽은 후에 즉 신플라톤주의 사상 속에서 기독교에 귀의했습니다. 이로인해 기독교가 자유 신앙을 잃고 안전한 행복을 추구하는 믿음 길로 가게 되었습니다.

행복한 상태는 지속 가능하지 않습니다. 우울은 편안하고 충만한 상태에서 발생합니다. 모든 지상 존재는 행복 속에서 자신의 몰락을 추구하며 그러면서 행복 속에서만 그 몰락을 발견하도록 예정되어 있습니다.[2] 프랑스 철학자 사르트르는 책상이나 의자 같은 사물 하나로 존재하는 즉자존재와 상대와 관계하여 세계로 뻗어가는 대자존재를 구분합니다. 자유를 포기하는 사람은 스스로 사물 하나가 되는 즉자존재로 전락합니다.[3]

자유는 생명 속성입니다. 그동안 물질은 고정체인 원자가 최소 단위라고 생각해왔습니다. 그러나 물질이 입자와 파동으로 구성되었음이 밝혀졌습니다. 입자와 파동 각각 위치와 움직이는 속도를 측정할 수 있으나 둘을 동시에 측정할 수는 없습니다. 이것이 양자역학에서 불확정성 원리입니다. 모든 물질과 생명은 고정되어 있지 않은 자유가 기본이라는 의미입니다. 변화와 생성은 생명 과정에 내재한 특질입니다. 따라서 자유란 행동하는 능력입니다.[4] 불안은 부족함 없는 곳에서 발생합니다. 여유 있는 삶에서 질투와 우울이 발생합니다. 그러므로 질투 우울 미움은 변화와 자유가 없는 충만한 정서입니다.[5]

우리는 공산주의가 인간 해방과 자유를 위해 태동했음을 주목합니다. 80여 년간 실험으로 끝난 공산주의는 인구 40%가 자유가 박탈된 농노인 러시아에서 발흥했습니다. 칼 마르크스(1818~1883)는 "진정한 자유는 외적 통제에서 벗어나 자기를 극복하는 데 있고 이것은 자신이 무엇이고 무엇이 될 수 있는가를 발견함으로써만 가능하다"고 합니다.[6] 마르크스

자유한 그리스도인 271

는 자유 소중함을 인식했으나 전체주의가 인간 자유와 존엄을 훼손하는 것을 알지 못했습니다. 그들은 인간 한계를 인식하지 못하여 검증 장치를 마련하지 못했습니다. 마르크스와 그를 따르는 사람들은 인간 의지를 과대 평가하여 스스로 무엇이 되어 자유를 얻으려다 실패했습니다.

마르크스와 달리 개인소유를 주장한 프랑스 공산주의자 프루동(1809~1865)은 자유를 부정하는 것은 인간 자격을 부정하는 것이라 합니다.[7] 러시아 귀족 출신 공산주의자 미하일 바쿠닌(1814~1865)은 개인 인권과 자유를 소중히 했습니다. 그는 개인소유를 부정하는 집단화하고 사회주의화한 공산주의가 인간 존엄과 자유를 훼손할 것이라 주장하여 마르크스가 주도한 코민테른에서 추방되었습니다(E.H. 카, 미하일 바쿠닌). 우리가 소련 공산주의에서 보듯이 자유는 인간 스스로 힘으로 얻을 수 없습니다. 믿음을 통해 성령 인도하심으로 얻습니다.

"주는 영이시니 주의 영이 계신 곳에는 자유가 있느니라"(고후 3:17)

우리가 신앙하는 이유는 의미 있는 삶(생명)과 자유-평화를 얻기 위해서입니다. 기독교 핵심은 영과 자유입니다. 그리스도 영이신 성령은 죄와 법으로부터의 해방을 통해 우리를 생명 자유-평화한 삶으로 인도합니다. 자유는 느끼며 견디고 살아가는 힘입니다. 기억 이해 등은 뇌의 특정 부분 헤마 등에서 활동 결과입니다. 그러나 자유의지를 관장하는 뇌 등 신체 기관은 없습니다. 자유의 힘은 자신 전체 삶 속에서 스스로 움직일 수 있다고 느끼는 자기감정입니다.[8] 순수 순결 유지에는 자유가 존재하지 않습니다. 자유는 공허한 추상과 칩거를 벗어나서 이야기를 통해 끊임없이 교제하는 가운데 발생합니다.[9] 만일 자유가 우리를 부단히 쇄신해 나가지 않는다면 습관이 우리를 질식시킬 것입니다. 살아있는 사상이라 할지라도 그 공식 속에 동결되고 말 것입니다. 언어는 관념을 배반하고 문자는 정신을 죽입니다.[10]

성서는 고정된 존재론인 고대 기계론 세계관에서 기록되었습니다. 당시대 사람들을 위해 기록되었지 오늘날 현대인을 대상으로 기록되지 않았습니다. 성서는 오늘날 세계관으로 해석되어야 합니다. 성서 문자가 말씀이 아닙니다. 그 문자가 성령 감동으로 나에게 올 때 말씀입니다(칼 바르트). 문자는 죽이고 영은 살립니다(고후 3:16). 믿음이 원인이 되어서 말씀에 순종한다는 이유로 억압과 굴종 세계로 들어가 비신앙인보다 더 부자유한 삶의 길을 가는 그리스도인이 많은 현실이 실로 안타깝습니다. 자유는 부단히 찾는 그리스도인에게 영이신 예수그리스도께서 주시는 선물입니다. 그 선물인 자유를 받는 사람은 진정한 자아와 주체로서 믿음에 도달하고 새로운 삶의 길로 들어갑니다.[11]

---

1) 현우석 「과학자들은 종교를 어떻게 생각할까?」 동연 2014, 49p
2) 발터 벤야민 발터 벤야민 선집 5 「신학적 정치적 판단」 129p
3) 장 폴 사르트르 「존재와 무 2」 동서문화사 2016, 703p
4) 볼테르 「관용론」 한길사 2016, 291p
5) 홍준기 「라깡의 재탄생」 창작과 비평사 2002, 212p
6) 이사야 벌린 「칼 마르크스 그의 생애와 시대」 미다스북스 90p
7) 프루동 「소유란 무엇인가」 아카넷 2013, 78p
8) 미셸 앙리 「육화, 살의 철학」 자음과 모음 2013, 344-345p
9) 쇠얀 키에르케고어 「불안의 개념」 임춘갑 치우 2011, 247-248p
10) 베르그송 「웃음/창조적 진화/도덕과 종교의 두 원천」 이희영 동서문화사 2016, 229p
11) 칼 바르트 「하나님의 인간성」 신준호 새물결플러스 2017, 128p

죄와 법으로부터 자유

아우구스티누스는 죄를 선의 결핍 즉 올바르지 않은 행위라고 합니다. 이로인해 신학자들은 죄가 하나님을 향한 구부러진 의지라고 합니다(루터 김세윤 김영한 등). 신학자들 죄 인식은 죄를 인간 의지 문제로 파악합니다. 이것은 성서와는 다르고 신플라톤주의를 따른 신학화 결과입니다. 이러한 죄 인식으로 인해 많은 그리스도인은 교회를 노아 방주와 동일시합니다. 세상 죄로부터 피해서 교회에 속해 있음으로 구원받는다고 생각합니다. 신천지 하나님의 교회 등 유사 기독교는 기성 교회가 타락했다며 자신들만의 순수한 교회를 만들려고 합니다. 더 확실한 노아 방주를 만든다는 논리입니다. 기독교를 제외한 세상 모든 종교는 세상을 피해 신에게로 가는 종교입니다. 그러나 하나님은 세상을 사랑하심으로 신이 인간이 되셔서 세상으로 오셨습니다(요 1:14, 3:16). 세상을 피하려는 믿음은 기독교에 대한 심각한 오해입니다. 예수께서 세상에서 죄를 이기셨으므로 그리스도인도 예수를 따라 죄를 이기고 자유를 얻는 것이 믿음입니다.

아우구스티누스와 달리 성서의 바울은 죄가 영 세력이라고 합니다. 또한 바울은 죄가 권력을 휘두르는 권력자라고 합니다. 그는 죄를 사탄이라고 부릅니다(롬 16:20). 바울은 죄가 기회를 타서 계명으로 말미암아 내 속에 온갖 탐심을 이루었다고 합니다(롬 7:8). 영 세력인 죄가 인간 가치체계인 법을 통해 나에게 탐욕을 일으킨다는 뜻입니다.

인류는 올바른 삶을 위해 위대한 현자들을 통해 철학 사상 종교 문화 교육 등 법으로 가치체계를 만들어왔습니다. 그런데 바울은 이러한 가치체계가 이제는 우리를 억압한다고 합니다. 인간 스스로 만든 가치체계로부터 자유하기를 주장한 사람들이 에피쿠로스 노자 예수 바울 루터 등입니다. 종교개혁자인 칼뱅과 웨슬리는 자유를 인식하지 못했습니다. 이들은 성서가 실제 삶에 자유를 부여한 사실을 외면하고 자유를 형이상학화 심령화했습니다. 사회 구조악으로부터 자유하지 못하는 인간한계를 가장 절실하게 소설 작품에 그린 사람이 카프카와 토스토예프스키입니다.

영 세력인 죄는 풍요와 번영을 약속하며 인간을 기만합니다. 이 죄는 인간 가치체계인 문화 종교 이념 도덕 교육 사상 등을 통해 들어오는데 전통 도덕 질서만이 아니라 이성으로 세운 계명도 소용없게 만듭니다. 아니 오히려 계명이 우리를 죄에 굴복하게 합니다.1) 그러므로 성서 말씀에 순종하여 죄 안 짓고 산다는 말은 바리새인들이 벌써 실패한 헛소리입니다. 바울 이해에서는 규범을 준수하여 죄를 없애려고 하는 시도 자체가 죄입니다.2) 바울은 사랑하면 그 법이 요구하는 바를 이룰 수 있다고 합니다(롬 13:10).

죄 지배 버림받음 중독 억압 등은 우리를 에워싸고 있는 삶을 가장한 영적 죽음의 다양한 이름입니다. 바울은 이것들이 하나님 원수라고 합니다(롬 5:10). 도르트 쥘레는 '믿음이란 이런 것들에 대한 저항'이라고 합니다.3) 그리스도인들에게 죄로부터 자유란 지배 버림받음 중독 억압 등 우리를 죽음으로 인도하는 것들로부터 자유입니다. 이것을 예수그리스도께서 이루어주셨다고 고백하는 것이 믿음입니다.4) 믿음이란 어떤 것을 얻은 결과가 아닙니다. 그것을 얻는 부단한 과정입니다.

인간은 편안함을 원하고 자유를 원하지 않습니다. 모세를 따라 이집트 노예 생활에서 탈출한 이스라엘 백성들은 광야생활의 고단함과 불투명한 앞날에 대한 불안을 이기지 못했습니다. 그들은 이집트 노예로 다시 돌아가기 위해 모세 누이 미리암을 앞세워 반란을 일으켰다가 하나님 진노를 받았습니다. 레바논 예언자 칼릴 지브란은 "우리 안에서 멍에를 멘 소가 들에서 뛰노는 노루와 사슴을 보고 나는 이렇게 편하게 사는데 저들은 고생이 많구나"라고 말한다고 합니다.

성서 갈라디아서는 자유헌장입니다. 갈라디아서는 종교로부터 자유를 얻었다가 다시 종교 지배로 스스로 들어간 신앙인에게 자유할 것을 권고하는 바울 편지입니다. 갈라디아인들은 아리안 전사 민족입니다. 주전 25년에 로마에 복속되면서 주둔군과 가신을 거느린 로마 장관 지배를 받게 되었습니다. 그들은 로마를 대리한 귀족들에게 농산물을 징발당하고 농노와 다를 바 없이 살았습니다. 이들 노예근성이 바울이 전한 믿음으로 얻는 자유 복음을 버리고 다른 전도자 권고에 따라 다시금 할례 음식 규정 절기지키기를 따르게 되었습니다. 종교가 그들을 다시 억압합니다. 바울은 이들에게 자유할 것을 권고하는 갈라디아서 편지를 보냈습니다.

"그리스도께서 우리를 자유롭게 하려고 자유를 주셨으니 그러므로 굳건하게 서서 다시는 종의 멍에를 메지 말라"(갈 5:1)

그리스도인 자유는 초월이나 형이상학 의미가 아니라 이 땅에서 살아가는 자유입니다. 왜냐하면 죄(사탄)의 활동 영역이 이 땅이기 때문입니다. 자유가 삶의 양식과 선택으로 이어지지 않으면 스스로 주장하는 수많은 논리에도 불구하고 그리스도인은 어떤 면에서도 자유롭지 않습니다.5) 그리스도인은 하나님나라 백성으로서 새로운 삶을 지향합니다. 자유란 군중 가치체계인 모방 기제mechanism에 대한 저항입니다.6) 번영 성공 성취 업적을 향한 끝없는 경쟁에서 해방되어 나를 찾는 길이 자유 길입니다. 자유는 자기 책임성에 대한 의지를 갖습니다. 행복 노고 궁핍 가

혹함에 대해서 의연해지는 의지를 갖습니다.7) 의연한 걸음은 무엇을 쟁취하기 위해서 끝까지 싸우는 자세도 아니며 그렇다고 포기하고 내던지기 위한 자세도 아닙니다. 그렇지만 이러한 자세는 어떤 억압이나 불행에 직면했을 때 자유로운 인간이 행하는 자세를 말합니다.8)

   자유는 신앙인 주체성을 세우는 일입니다. 인간이 주체성을 포기하고 영원히 소비자로만 남으려 한다면 인간에게 자유를 주어 창조하신 하나님을 배반하게 됩니다. 자유보다는 편안함을 택하고 무엇이든지 해주기만을 바라는 신을 원한다면 그 신은 잡은 손을 놓을 것입니다.9) 예수께서 떡 다섯 덩이와 물고기 두 마리로 오천 명을 먹이는 기적을 베푸시자 사람들은 예수를 왕으로 삼으려고 했습니다. 예수께서 모든 것을 해주기 바라서입니다. 예수께서 피하시자 대표단을 뽑아 다시 쫓아왔습니다. 이때 예수께서 "내 살을 먹고 내 피를 마시라"는 말씀을 하십니다. 자신에게 왕이 되어달라는 사람들에게, 예수 자신과 사역과 가르침인 영의 양식을 통해서 세상을 이기는 믿음의 삶을 요구하십니다. 이때 대표단을 포함해 12명을 제외한 모든 제자들이 예수를 떠납니다. 예수께서 무엇인가 해주기를 기대했던 사람들과 제자들이 실망하고 떠나자 예수께서도 떠나는 그들을 붙잡지 않으시고 남은 12명의 제자들에게 "너희도 나를 떠나려느냐?" 묻습니다(요 6장). 스스로 그 길을 찾는 자유한 그리스도인에게 만이 주께서 함께 하십니다.

---

1) 볼프하르트 판넨베르그 「판넨베르그 조직신학 2」 신준호-안희철 새물결플러스 2018, 468p
2) 김종걸 「리꾀르의 해석학적 철학」 한들출판사 2003, 129p

3) 도르트 죌레「신비와 저항」정미연 이화여대출판부 2007, 288-289p
4) 존 스토트「갈라디아서 강해」정옥배 IVP 2020, 173-174p
5) 자끄 엘륄「자유의 윤리」김치수 대장간 2018, 119, 177-178p
6) 르네 지라르「문화의 기원」김진식 기파랑 2006, 141p
7) 프리드리히 니체「우상의 황혼」최순영 부북스 2018, 123p
8) 에른스트 블로흐「저항과 반역의 기독교」박설호 열린책들 2009, 476p
9) 테리 이글턴「신의 죽음 그리고 문화」조은경 알마출판사 2017, 238p

하나님나라 백성으로서 그리스도인 1

그리스도인 정체성 오류에 두 가지가 있습니다.
1. 그리스도인은 경건한 사람이다.
2. 그리스도인은 하나님나라를 확장하는 사람이다.

　1번은 세속화와 세속주의를 설명하면서 자세히 말씀드립니다. 우선 결론을 말씀드리자면 그리스도인은 경건한 사람이 아니라 화목하게 하는 사람입니다(고전 5:17-21). 2세기 기독교 교리가 출발할 때부터 화해를 잃어버렸다는 게 나의 생각입니다. '경건하라'는 세상을 악하다고 인식한 플라톤 가르침입니다. 예수께서 세상을 사랑하셔서 사회로부터 낙오한 사람(죄인)을 용납하여 화해하고 평화하라 하십니다. 중풍병자를 치유하시어 집으로 가게 하시고 악질 세리 레위를 제자로 부르시고 그들 일행과 함께 식사하심이 이것을 말합니다(막 2:1-17). 당시 병자와 세리는 기득세력뿐만 아니라 민중들도 혐오하는, 사회에서 낙오한 죄인입니다.
　2번부터 설명합니다. 목사 신부가 교회를 키우고 지배하고 통제하기 위해서 선호하는 말이 순종 구원 확신 하나님나라 확장 등입니다. 교회가 하나님나라 확장한다면서 각종 다양한 수익 사업합니다. 모세는 백성들이 성소에 재물을 너무 많이 가져오므로 중단하라고 했습니다(출 36:6). 한국 교회는 교회에 사람과 재물이 모이는 것을 중단한 바 없습니다. 필요 이상 재물은 반드시 타락과 부패 불화 원인이 됩니다. 재물은 하나님나라와 아무 관계가 없습니다.
　자유의 정치 실현이나 정의로운 사회를 실현하는 과제는 그리스도인 믿음이나 교회 과제가 될 수 없습니다.[1] 그리스도인은 이러한 일에 관여하지 말라는 말이 아니라 신앙인으로서 민주시민으로서 열심을 내야 하지만 신앙인은 이러한 성취보다 소외를 더 주목해야 한다는 말입니다. 자유의 정치 실현이나 정의사회 구현이 믿음 목표이거나 하나님나라가 아니라는 의미입니다. 자기 삶의 변화 없이 이러한 일을 이룰 수도 없고 혹여 그런 공동체를 만든다 해도 자기가 그 공동체를 망가뜨립니다. 우리는 혁명가나 정치가에서 그 예를 봅니다.

교회가 각종 사업하는 이유는 하나님나라를 사랑공동체 등 어떤 대안공동체로 보려는 시각 때문입니다. 이러한 시각은 대 학자들에게도 완강합니다. 정치신학자 홀슬리는 물론이고 제임스 던도 그러합니다. 제임스 던은 바울 선교가 대안사회를 형성하는 데 그 목적이 있었다고 합니다.[2] 바울에 대한 오해입니다. 기독교는 삶의 변화를 추구하지 몸 변화도 아니고 대안공동체도 추구하지 않습니다. 이천 년 역사에서 기독교 대안공동체가 성공한 사례가 없습니다. 예수께서 어느 곳에 정착하여 거점화하지도, 사람을 모아 세력화하지도 않았습니다. 하나님나라를 어떤 체제나 대안공동체로 생각하니까 성서해석이 왜곡됩니다.

"세례 요한의 때부터 지금까지 천국은 침노를 당하나니 침노하는 자는 빼앗느니라"(마 11:12)

대부분 목사 신부들은 지금도 이 구절을 천국은 침노(폭행)하는 자의 것이라고 가르칩니다. 강제로 억지로라도 천국을 차지하라고 가르칩니다. 인터넷에 '천국은 침노하는 자의 것이다'로 검색하면 우리가 천국을 얻기 위해 침노(폭행)하는 자가 되자는 설교 다수를 볼 수 있습니다. 그래서 하나님나라 확장한다면서 불의와 불화 악이 발생하는 걸 당연시합니다. 같은 구절의 성서 공동번역은 다음과 같습니다.

"세례자 요한 때부터 지금까지 하늘나라는 폭행을 당해왔다. 그리고 폭행을 쓰는 사람들이 하늘나라를 빼앗으려고 한다."

하나님께서 세운 대안공동체가 폭행(침노)을 당한다는 건 말이 안 됩니다. 본문에서 폭행(침노)하는 사람들은 세례자 요한과 예수를 거부하는 사람입니다.[3] 믿음으로 얻는 기쁨과 평화의 삶을 방해하는 사람이 있다는 의미입니다. 하나님나라는 좋은 관계로 기쁨과 평화하는 삶을 말합니다(롬 14:17).

하나님나라가 믿음 중심에 오게 된 경위

하나님나라 믿음은 성서 시대를 마감하고 2세기 교부 시대가 시작되면서 20세기가 되기까지 실종되었습니다. 한국 교회는 아직도 실종 상태입니다. 황당한 이야기지만 그동안 기독교에 예수가 없었습니다. 예수 십자가로 죄 용서 받고 우리 영혼이 구원받았다는 대속구원론이 전부였습니다. 이러한 대속교리는 예수 가르침이나 예수 사역에서 유래하지 않았습니다.[4] 당시 영지주의에 대항하기 위해 그리스 철학에서 유래했습니다. 역사 믿음이 아니라 관념 믿음이 대세가 되었습니다. 관념 믿음이 나쁘다는 말이 아니라 대속구원론에만 관심하여 예수께서 어떤 사역을 하시고 무엇을 가르쳤는지 주목하지 않았다는 것입니다.

기독교는 그리스 철학을 정통교리로 정립함으로서 유대교 신앙인 정행 즉 올바른 행동을 이어받지 못했습니다. 보수 신학자들은 바울이 대속구원 교리를 세웠다고 가르쳤습니다. 대속구원은 바울 가르침의 1% 정도 해당됩니다. 역시 복음서에도 1% 정도 있습니다. 대속구원론은 종교개혁자를 포함해서 2세기 이후 신학자들 작품입니다. 황당한 사실은 진보 신학자들도 같은 생각으로 바울이 대속구원론으로 기독교를 망쳤다고 바울 버리고 예수께로 가자고 주장합니다. 이들 중에 성서신학자는 없고 그냥 신학자들이 그럽니다. 그만큼 성서연구가 안 되고 있습니다. 아직도 대부분 신학자나 목사 신부는 바울을 제대로 모릅니다.

성서 시대 이후 2천 년 기독교사에서 역사 예수를 처음 연구한 사람이 알버트 슈바이처(1875~1965)입니다. 그는 학생 시절에 카페에서 학생들이 무슨 파 별로 모여 토론하는 걸 보고 자기는 누구를 따르는 아류 신학은 하지 않겠다고 다짐합니다. 슈바이처는 역사 예수를 연구하는 과정에서 복음서 전체가 하나님나라에 관한 소식임을 알게 되었습니다. 분명하고 당연한 사실을 그동안 신학자들과 목사 신부들은 성서를 읽으면서도 깨닫지 못했습니다. 그만큼 교리가 무섭습니다. 교리가 우리 눈을 감게 만듭니다.

슈바이처는 예수께서 유대인들이 공유하고 있던 하나님나라 사상을 가지고 있었으며 제자들과 함께 그 실현을 위한 운동을 했다고 합니다. 그는 복음서의 하나님나라 말씀을 종말구원론이라고 합니다. 슈바이처는 하나님나라가 국가나 체제 즉 어떤 대안공동체가 아니라 삶 변화라는 것은 알지 못했습니다. 그래서 그는 예수의 하나님나라 운동이 실패했다고 말합니다. 그러나 예수 사역과 가르침이 하나님나라이고 복음서 중심이 이것을 증언하는 것이라는 슈바이처의 발견은, 지구를 중심으로 해가 돈다는 천동설을 뒤집고 해를 중심으로 지구가 돈다는 지동설을 발견한 코페르니쿠스 발견에 버금가는 엄청난 사건입니다.

슈바이처는 자신의 발견이 얼마나 엄청난 사건인지 미처 깨닫지 못했습니다. 그는 신학을 중단하고 의학박사 학위를 취득하여 아프리카에서 의료 활동을 했습니다. 그 의료 활동으로 노벨 평화상을 받았습니다. 슈바이처는 철학 신학 의학 3개 박사학위가 있습니다. 그 이후 케제만 몰트만 판넨베르그 제임스 던 등이 하나님나라 신학을 전개하면서 기독교 중심 신학이 되었습니다. 한국 신학계와 목사 신부들은 아직도 하나님나라 신학을 모릅니다. 그래서 하나님나라 확장한다고 헛소리합니다.

하나님나라는 무엇인가?

이스라엘은 서기전 200년경부터 메시아가 나타나 새로운 나라 세우기를 기대하는 묵시문학이 태동합니다. 다니엘서와 4에스라서 등이 이때 태동한 묵시문학입니다. 제4철학 그룹 서기관들이 주도했습니다(홀슬리). 그래서 성서는 예수께서 하신 회당의 첫 가르침을 권위가 있고 서기관과 달랐다고 증언합니다(막 1:22). 유대인들이 생각하는 종말은 역사 끝을 말하는 역사종말이 아닙니다. 역사 안에서 일어나는 새로운 시대를 종말로 인식합니다(불트만). 유대인들은 메시아에 의해 정치 군사로 번영되고 정의로운 나라가 세워져서 이스라엘이 세계를 지배하기를 희망하고 이러한 묵시문학을 발전시켰습니다.

예수 제자들도 이러한 하나님나라 사유를 공유하고 있었습니다. 예수께서 이러한 나라가 아니라 각 개인 삶의 변화를 통해 화해하고 정의-평화한 나라가 되기를 가르쳤습니다. 세력을 형성하지도 않고 신으로서 무력도 사용하지 않는 예수에 대해 실망한 제자들이 예수를 떠났습니다. 제자들은 예수께서 만든 나라에서 한자리하기를 기대했습니다. 예수와 제자들은 하나님나라에 대해 서로 다르게 생각했습니다. 떠난 제자들을 부활한 예수께서 다시 불러 모았습니다. 오늘날 하나님나라 확장한다는 사람은 예수 당시 제자들처럼 번영된 기독교 사회에서 자기가 한 자리를 하겠다는 의도를 가졌습니다.

한국 교회가 저 세상 하늘천국을 구원으로 인식하게 된 것은 성서도 아니고 유대 사상도 아닌 전적으로 그리스 사상입니다. 그리스 사유는 영원이 미래에서 오지 않고 과거에서 옵니다. 플라톤의 상기론想起論이 이것을 말합니다. 플라톤은 인류가 태동되기 전 본질을 상기하는 것이 영원입니다. 이러한 사상 때문에 그리스 철학으로 신학한 초기 신학자들은 성서에서 말하는 영원을 올바로 파악할 수 없었습니다.[5]

성서에서 말하는 영원한 삶 즉 영생은 "죽지 않고 끝없이 산다"가 아닙니다. 고대인 시간 개념에 시간과 영원이 있습니다. 영원은 본래부터 존재하는 시간으로 하나님 시간이라고도 합니다. 시간은 인간이 지구가 해를 향한 움직임을 계산해서 편의로 만들었습니다. 그래서 실제는 인간 등 생명체가 출생하여 죽음을 향해 가는데 시간이 간다고 합니다. 달리는 기차에 앉아서 보면 실제는 내가 가지만 창밖 건물이 가는 것처럼 보이는 현상과 같습니다. 그리스도인이 영생한다는 말은 미래를 현재로 당겨와 사는 것을 말합니다.[6] 엄밀히 말해서 시간에 현재란 없습니다. 미래에서 와서 순간에 과거로 가버립니다.

순간은 시간의 원자原子가 아닙니다. 영원의 원자입니다. 순간은 영원의 최초 반영이고 이를테면 시간을 멈춰보려는 영원의 최초 노력입니다.[7]

아우구스티누스는 그의 「고백록」에서 하나님나라는 현재를 최대한 늘려서 사는 것이라고 합니다. "시간 가는 줄 모른다"라는 표현과 같습니다. 다시 말씀드리면 오늘을 올바른 관계에서(의) 기쁨과 평화로 사는 게 하나님나라입니다(롬 14:17). 기고가들이 종종 오늘을 살라고 하는 말은 여기에 근거한 말입니다.

하나님나라는 하나님 의가 이 땅에 실현되는 현실을 나타내는 은유입니다. 반복해서 말씀드리지만 하나님 의가 이 땅에 실현되는 현실을 성서 마태복음은 하늘나라(천국) 마가와 누가복음은 하나님나라 요한복음은 영생(영원한 삶) 로마서는 믿음으로 사는 삶이라고 합니다. 모두 같은 뜻입니다. 성서는 우리가 이 땅에서 예수와 함께 영원(하늘)을 산다고 합니다.

> "5 허물로 죽은 우리를 그리스도와 함께 살리셨고 (너희는 은혜로 구원을 받은 것이라) 6 또 함께 일으키사 그리스도 예수 안에서 함께 하늘에 앉히시니"(엡 2:5-6)

이 말씀은 죽어서 예수와 함께 하늘에 앉는다는 말이 아닙니다. 성서는 죄악된 삶을 죽음이라고 합니다. 예수께서 그 죄악된 삶인 죽음에서 우리를 살리시어 이 세상 풍조인 가치체계가 아니라 하늘 계시로 살도록 하늘에 앉히십니다(엡 2:1-6). 하나님나라는 인간이 만드는 나라가 아니라 예수께서 여신 영원에 참여하여 믿음으로 사는 것을 말합니다. 그리스도인은 예수와 함께 이 땅에서 하늘에 앉습니다. 그리스도인은 예수께서 계시한 영원을 파악하여 이 땅의 현실이 영원(하늘) 현실이 되게 사는 사람입니다.

1) 볼프하르트 판넨베르그 「판넨베르그 조직신학 3」 신준호 새물결플러스 2019, 107p
2) 제임스 던 「예수와 기독교 하」 차정식 새물결플러스 2010, 753p
3) 김근수 「행동하는 예수」 메디치 2014, 317p
4) 프랜시스 영 「신경의 형성 강성윤-민경천 비아 2022, 29p
5) 쇠얀 키에르케고어 「불안의 개념」 임춘갑 치우 2011, 172p
6) 같은 책 174p
7) 같은 책 172p

하나님나라 백성으로서 그리스도인 2

하나님나라에 대한 오해 세 가지가 있습니다.
1. 하나님나라는 저 세상 하늘 천국이다.
2. 하나님나라는 하나님께서 통치하는 국가다.
3. 하나님나라는 내 마음 속에 있는 나라다. 그 안에서 믿음으로 행복과 평안을 얻는다.

1번은 앞 절에서 설명 드렸습니다. 이번에는 2번과 3번에 대한 오해를 해명합니다. 아울러 이 땅에서 하나님나라가 무엇인지 예수 가르침을 따라갑니다.

하나님나라 이해는 구원 인식과 직결됩니다. 왜냐하면 하나님나라 백성으로서 사는 게 구원받은 삶이기 때문입니다. 반복해서 거듭 말씀드리지만 세계 모든 종교는 나의 몸 변화를 통해서 구원을 얻습니다. 그러나 기독교는 하나님께서 세상을 구원하시는 사역에 내가 참여함으로서 구원을 얻습니다(요 3:16-17). 예수께서 나를 구원하러 세상에 오신 게 아니라 세상을 구원하러 오셔서 나를 그 구원사역에 쓰시려고 부르셨습니다. 그 부름 받음이 구원입니다(롬 3:28).

하나님은 세상을 구원하시기 위해 노예 백성 이스라엘을 세상의 제사장으로 부르셨습니다(출 19:5-6). 이스라엘이 포로 생활을 마치고 탈 바벨론 때에 이사야 선지자는 하나님 마음을 100퍼센트 아는 하나님나라 백성 출현을 예언합니다. 그는 하나님께서 그 백성은 세상의 빛이라고 하셨다고 말합니다(사 42:6). 예수께서 이사야 예언을 성취하셨습니다.

예수께서 자신을 따르는 그리스도인이 세상의 빛과 소금이라고 합니다(마 5:13-16). 그리고 베드로는 그리스도인이 세상을 돌보는 제사장이라고 합니다(벧전 2:9). 따라서 구원 경험은 결코 혼자 할 수 없습니다. 그리스도인은 세상과 관계하는 가운데 구원을 경험합니다. 그리스도인은 세상과 관계하는 사람입니다. 그래서 본회퍼 목사는 "나는 타자다"라고 합니다.

오늘날 그리스도인은 세상과 관계가 서툴러서 발병한 2가지 종교병을 앓고 있습니다.

1. 나를 세상과 분리하려는 경건병eusebeigenic입니다.
2. 타인과 관계는 아랑곳하지 않고 자기만족에 취하는 자기애성 인격 장애입니다.

경건병은 유진 피터슨이 종교인이 자기 의를 세움으로서 일으키는 병으로 이름한, 신앙인만 걸리는 병입니다. 다음 절 세속화와 세속주의를 설명할 때 논구합니다. 이번에는 나르시시즘이라고도 하는 자기애성 인격 장애를 살펴봅니다. 정신의학에서 자기애성 인격 장애는 여러 원인 중에 중요한 것 하나가 자기 정체성이 바르게 정립되지 않아 다른 사람과 관계에 어려움을 겪는 병입니다. 그리스도인이 하나님나라가 저 세상 하늘나라라거나 하나님께서 통치하는 신적 나라라거나 내 마음 안에 있는 나라로 인식하여, 하나님나라를 나 개인 문제로 인식합니다. 그래서 자기만족에 취하여 다른 사람과 어떻게 관계해야 하는지를 모르기 때문에 반反사회 성향을 가지거나 타인에 대해 배타성을 가집니다. 이는 분명히 자기애성 인격 장애인 질병입니다. 믿음(물론 잘못된 믿음)이 깊은 독실한 신앙인일수록 이러한 성향이 두드러지게 나타납니다.

예수께서 말씀하시는 하나님나라

"20 바리새인들이 하나님의 나라가 어느 때에 임하나이까 묻거늘 예수께서 대답하여 이르시되 하나님의 나라는 볼 수 있게 임하는 것이 아니요 21 또 여기 있다 저기 있다고도 못하리니 하나님의 나라는 너희 안에 있느니라"(눅 17:20-21)

바리새인들이 예수께 하나님나라가 언제 오냐고 물었습니다. 예수께서 하나님나라는 너희 바리새인들 사이에 이미 있다고 합니다. 성서 언어 엔토스를 개역개정은 '안에'in라고 번역해서 하나님나라가 너희 안에 있다고 합니다. 그리고 다른 모든 성서는 '가운데'among로 번역해서 하나님나라가 너희 가운데 있다고 합니다. 엔토스entos의 뜻은 '사이에' 또는 '가운데'입니다. '안에'라고 한 번역 때문에 많은 신학자와 목사 신부들이 하나님나라가 내 마음 안에 있다고 가르쳤습니다. 믿음이 삶과는 상관없는 관념 심령 내면화된 대표 사례입니다. 하나님나라가 예수와 적대하는 바리새인들에게 있다고 했으니 어떤 경건한 혹은 정의로운 사랑 공동체가 아닙니다. 또 '사이에'라고 했으니 어떤 특정한 장소도 아니고 어떤 체제도 아닙니다. 즉 국가나 공동체가 아닙니다. 하나님나라가 사이에 있다는 말씀은 하나님나라가 바리새인들 서로 관계에서 이루어가는 삶이라는 뜻입니다.

그러므로 예수께서 말씀하는 하나님나라는 유대인들과 예수 제자들이 기대한 정의롭고 부강한 나라가 아닙니다. 국가가 아니므로 하나님께서 통치하는 나라가 아닙니다. 예수께서 나는 세상을 지배하고 통치하려는 것이 아니라 섬기러 왔다고 하십니다(마 20:27-28). 기독교 신은 세상을 통치하지 않습니다. 영으로 우리와 함께 하시며 인내하시고 기다리시며 사랑으로 우리를 도우십니다. 세상이 하나님 뜻과 다르게 운행될 때 하나님은 말할 수 없는 탄식으로 우리를 위해 기도하십니다(롬 8:26). 전지전능한 신은 기독교 신이 아니고 그리스 철학 신입니다. 하나님나라는 사람들 사이에 있으므로 마음속에 있는 나라가 아닙니다. 하늘 천국도 아닙니다.

그러면 하나님나라는 무엇일까요?

철학자들은 사람과 생명체 '사이' 사람과 사물 '사이'를 주목합니다. 앙리 베르그송(1859~1941)은 생명이 진화한다고 합니다. 창조적 진화가 생명의 약동입니다(엘랑비탈). 그는 생명의 창조적 진화가 계속되고 있다 하여 그것을 '지속'이라고 합니다. 그는 말하기를 나와 다른 사람 나와 사물 간이 연결되어 있는데 우리는 떨어져 있다고 착각한다고 합니다. 이것을 영상기계 착각이라고 하는데 영화가 정지된 화면을 촬영해 돌려봄으로써 우리가 그것을 움직임으로 아는 것과 같습니다.[1] 영화는 정지된 화면을 1초당 24편을 촬영하여 돌림으로서 사물이 움직이게 보이도록 합니다. 고속 촬영은 48편 혹은 96편을 촬영합니다. 그러므로 우리가 분리되어 있다고 생각하는 그 사이가 실은 연결되어 있고 그 사이에 '생명'이 있다고 합니다.

또한 키르케고어 칼 바르트는 우리 사이에 사랑이 있다고 하고 특히 마르틴 부버는 나와 너 사이에 사랑이 있다고 합니다.[2] 그러므로 서로의 관계가 깨지면 우리는 신과 생명을 밀어내는 것 입니다.

"예수께서 이르시되 그러므로 천국의 제자된 서기관마다 마치 새것과 옛것을 그 곳간에서 내오는 집주인과 같으니라"(마 13:52)

여기에서도 하나님나라는 예수와 적대하는 서기관들 나라입니다. 서기관은 하나님나라를 대망하는 묵시문학을 주도한 사람들입니다. 그러므로 하나님나라가 무슨 거룩한 공동체나 사랑공동체가 아닙니다. 하나님나라는 바리새인들과 서기관들 나라라고 하신 예수 말씀이 내가 기독교는 대안공동체를 추구하지 않는다고 말하는 근거입니다. 새 것은 예수께서 계시하는 영원 즉 새로운 질서를 말하고 옛 것은 기존 세상 가치체계를 말합니다. 그리스도인은 예수를 따라 하늘 계시로 살아야 하지만 이 땅 현실인 가치체계를 무시할 수 없습니다. 그래서 바울은 어쩔 수 없는 삶의 현실을 절규합니다(롬 7:14-25). 그러나 생베 조각을 낡은 옷에 붙이지 말고 새 포도주는 새 부대에 넣으라는 예수 말씀은 하늘 계시가 기존 가치체계에 묻히지 않게 하라는 당부 말씀입니다(막 2:21-22).

하나님나라는 나와 다른 사람과 관계에서 하늘 계시가 실현되는 나라입니다. 나와 가장 가까운 사람부터 그 사람의 존엄이 세상 무엇보다 소중할 때 하나님나라가 발현됩니다. 가난한 사람 약한 사람 실패한 사람 버림받은 사람 자기 능력으로 삶이 어려운 사람 삶을 돕고 그 사람 존엄을 지켜줌으로써 정의-평화가 실현될 때 하나님나라가 발현됩니다. 예수께서 임금 비유 이야기로 이러한 말씀을 하셨습니다.

"34 그 때에 임금이 그 오른편에 있는 자들에게 이르시되 내 아버지께 복 받을 자들이여 나아와 창세로부터 너희를 위하여 예비된 나라를 상속받으라 35 내가 주릴 때에 너희가 먹을 것을 주었고 목마를 때에 마시게 하였고 나그네 되었을 때에 영접하였고 36 헐벗었을 때에 옷을 입혔고 병들었을 때에 돌보았고 옥에 갇혔을 때에 와서 보았느니라 37 이에 의인들이 대답하여 이르되 주여 우리가 어느 때에 주께서 주리신 것을 보고 음식을 대접하였으며 목마르신 것을 보고 마시게 하였나이까 38 어느 때에 나그네 되신 것을 보고 영접하였으며 헐벗으신 것을 보고 옷 입혔나이까 39 어느 때에 병드신 것이나 옥에 갇히신 것을 보고 가서 뵈었나이까 하리니 40 임금이 대답하여 이르시되 내가 진실로 너희에게 이르노니 너희가 여기 내 형제 중에 지극히 작은 자 하나에게 한 것이 곧 내게 한 것이니라 하시고"(마 25:34-40)

임금이 말하는, 창세로부터 너희를 위하여 예비한 나라가 하나님나라입니다. 예수께서 약한 사람 삶을 돕고 그 존엄을 존중하면 하나님나라에 들어간다고 하십니다. 약하고 어려운 사람을 돕고 함께하는 행위가 하나님께 한 행위입니다. 복음서의 예수 비유설교 53여 편은 하나님나라 설교입니다. 3편만 간략하게 소개합니다. 특히 이 3편은 당장 우리 삶에 실현할 수 없는 급진 설교입니다. 그러나 우리 삶의 지향점이 어떠해야 하는지 빛을 밝혀주는 설교이고 하나님나라는 어떠한지 밝히는 설교입니다.

포도원 품꾼 비유(마 20:1-15)

포도원에서 1시간 일한 사람과 12시간 일한 사람에게 동일한 임금을 주라는 설교입니다. 1시간 일한 사람에게 먼저 지불함으로서 모든 사람 앞에서 당당하게 자기 몫을 받습니다. 하나님나라는 능력이 안 되는 사람도 자기 가족을 부양할 수 있는 정의로운 나라입니다.

잃은 양 비유(마 18:10-14 눅 15:1-7)

산에서 양 한 마리를 잃어버렸는데 99마리를 산에 내버려둔 채 한 마리를 찾아 나서고 결국 찾아서 어깨에 메고 기쁘게 집으로 돌아온다는 이야기입니다. 한 인간의 존엄이 천하보다 귀하다는 말씀입니다. 오늘날 한 인간은 국가 번영이나 사회 안녕 체제를 위한 한 부분으로 전락했습니다. 하나님나라는 한 인간의 존엄은 전체를 위한다는 어떤 명분으로도 훼손되어서는 안 되는 나라입니다. 하나님나라는 모든 인간 존엄이 평등하게 존중되는 현실입니다.

악한 청지기 비유(눅 16:1-8)3)

주인 재산을 관리하는 청지기가 주인 돈을 횡령했는데 그 주인이 청지기를 벌하는 게 아니라 잘했다고 칭찬하는 설교입니다. 가장 황당한 설교입니다. 당시 예수께서 이보다 더 황당한 사역을 했습니다. 세리를 제자 삼으시고 그들 집에서 숙식하셨습니다. 당시 세리는 오늘날 세무공무원이 아닙니다. 로마를 위해 민족을 착취하는 악질 파렴치입니다. 세리는 사회가 버린 가장 부정하고 파렴치한 나쁜 사람입니다. 예수께서 스스로 부정하고 불의한 사람들과 친구함으로써 선과 악 정결과 부정의 경계를 허물었습니다. 악한 청지기 비유는 바리새인들이 세리와 어울리는 예수를 비난하자 예수께서 바리새인들에게 하신 설교입니다. 예수께서 세리에게 하는 나의 행위는 악한 청지기를 대하는 주인과 같다는 설교입니다.

악한 청지기 비유는 은유입니다. 은유란 표현된 내용이나 논리를 주목하는 것이 아니라, 역설로서 그 글 중심에 자리한 저자가 말하려는 내면을 파악하는 수사법입니다.

선은 악을 분리해서는 이길 수 없습니다. 선이 악을 포용하고 용납해야만 이길 수 있다는 걸 보여주는 극단 설교입니다. 예수께서 용납하라는 악은 사회체제에서 낙오한 가난한 사람 실패한 사람 어쩔 수 없이 악을 저지른 사람 버림받은 사람을 말합니다. 모든 사람의 존엄이 동등하게 존중되는 예수평화를 방해하는 기득세력은 용납에 해당되지 않습니다. 예수께서 이들에게 죽음으로 저항했습니다. 위 본문 8절 이하에서 불의한 돈으로 친구를 사귀라는 누가 해석에는 동의할 수 없습니다.

하나님나라에서 선과 악의 갈등을 어떻게 해결하는지 바울의 경우를 살펴봅니다.

"하나님의 나라는 먹는 것과 마시는 것이 아니요 오직 성령 안에 있는 의와 평강과 희락이라"(롬 14:17)

당시 신전에서 신에게 제물로 바쳤던 고기를 시장에서 팔았습니다. 그리스도인이 그 고기를 먹는 게 옳은가 그른가 문제로 다퉜습니다. 즉 경건파는 먹지 않고 바울을 따르는 자유파는 먹습니다. 바울이 말하기를 먹는 자유파는 먹지 않는 경건파를 멸시하지 말고 경건파는 하나님께서 불의한 우리를 용납했음으로 너희도 먹는 자유파를 용납하라고 합니다(롬 14:1-12). 그러면서 한 말이 위 본문입니다. 남을 판단하고 용납하지 않는 행위는 불의한 나를 용납하신 하나님을 멸시하는 행위입니다(롬 2:4). 악하다고 서로 적대하지 말고 서로 용납하라는 것이 로마서 핵심입니다. 용납이 평화로 가는 길입니다(롬 5:1).

로마서에 용납(칭의 의인義認)이 50회 나옵니다. 이 용납을 루터가 하나님께서 불의한 우리를 믿음을 통해 의롭다고 부르셨다(호칭)는 칭의(의인義認)로 신학화했습니다. 하나님나라는 선과 악 옳고 그름 경건과 자유 문제가 아니라 서로 좋은 관계 바른 관계로(의) 기쁘고 평화하게 사는 삶입니다(롬 14:17).

---

1) 앙리 베르그송 「창조적 진화」 황수영 아카넷 2018
2) 마르틴 부버 「나와 너」 김천배 대한기독교서회 2021
3) 이정만 「기독교의 본류를 찾아서」 한들출판사 2015에서 하나님나라 설교 6편을 자세히 해설했습니다.

그리스도인은 왜 도덕과 경건이 아닌 사랑인가 1

　기독교 기본 윤리가 사랑이라는 데 이론 여지가 없습니다. 그런데도 기독교가 2천 년을 살아오면서 그리스도인이 사랑하는 사람들이라는 인식을 그리스도인 자신이나 세계인 모두가 인정하지 못합니다. 예수사랑은 친절도 아니고 심지어 자비도 아닙니다. 자비는 가진 자 특권입니다.[1] 바울은 "내가 내게 있는 모든 것으로 구제하고 또 내 몸을 불사르게 내줄지라도 사랑이 없으면 내게 아무 유익이 없다"고 합니다(고전 13:3). 자비가 예수사랑이 아님을 말하고 있습니다. 자비가 중요하지 않다거나 필요하지 않다는 말이 아닙니다. 이 세상은 불교 자비나 가톨릭 카리타스(자비 사랑)가 절실히 필요합니다. 이러한 설명을 하는 이유는 경건과 예수사랑을 대비하여 설명하기 위해서입니다.

　예수사랑은 차등 없이 한 인간 존엄을 존중하는 행위입니다. 즉 부정한 사람 불의한 사람을 포용하고 용납하여 그 인간 존엄을 존중하는 행위입니다. 여기서 불의한 사람은 사회에서 낙오하여 어쩔 수 없이 불의한 사람입니다. 도덕 경건한 사람은 이러한 행위가 안 된다는 게 나의 주장입니다. 그리스도인 삶이 세상에 울림을 주지 못한 원인 즉 그리스도인 삶이 세상의 빛과 소금이 되지 못한 주요한 원인은 하나님나라 복음과 삼위일체 신론을 잃어버린 데 있습니다. 우리는 그리스도인은 왜 도덕과 경건이 아닌 사랑인가를[2] 밝히기 위해 세속화와 세속주의, 도덕 경건의 유대 영향과 그리스 영향, 도덕이란 무엇인가를 살펴봅니다.

세속화secularity와 세속주의secularism

기독교 세속화는 하나님나라 복음을 통해 세상을 향유享有enjoy하는 행위입니다. 5세기에 기독교 신학을 정립한 아우구스티누스는 세상 향유를 타락으로 인식합니다. 그는 세상을 이용하여 하나님을 향유하라고 합니다. 성서는 하나님나라 복음을 통해 세상을 향유하라고 하는데 아우구스티누스는 거꾸로 말합니다. 왜냐하면 그가 신플라톤주의자여서 하나님나라 복음을 모르기 때문입니다.

이러한 신학이 종교개혁자들에게도 이어졌고 오늘날 기독교 신학으로 자리매김 되었습니다. 유사 기독교가 창궐하는 원인은, 독실한 신앙인들이 기성 교회가 세속화되었다며 자기들은 세상을 멀리하고 보다 더 도덕 신앙을 지키기 위해 별도 교회를 설립했기 때문입니다. 실은 기성교회도 이들과 비슷합니다. 사실상 기성 교회와 유사 기독교 차이가 없습니다. 유사 기독교는 교주가 있다는 차이 정도입니다. 흥미롭게도 이에 대한 반작용으로 예수께서 자유를 주었다며 도덕신앙을 극복한다면서 사회 책임을 외면하는 유병언 박옥수 등 구원파(자유파)가 발생했습니다. 무슨 일이 엉망이 된 것 중에 기독교처럼 엉망이 된 것은 세상에 존재하지 않을 겁니다. 세속주의는 예수께서 제시한 하늘(영원)계시가 기존 세상 가치체계와 어떻게 다른지 인식하지 못하는 행위입니다.

"이제는 율법 외에 하나님의 한 의가 나타났으니 율법과 선지자들에게 증거를 받은 것이라"(롬 3:21)

바울은 이제는 법 이외에 하나님 의가 나타났다고 합니다. 오늘날 그리스도인들은 자본주의 논리인 번영 성장 업적 성취 성공 명예 권력이 예수께서 제시한 하늘계시 즉 하나님나라 복음과 어떻게 다른지 인식하지 못합니다. 아울러 기득세력 가치관인 도덕과도 어떻게 다른지 모릅니다. 자본주의 논리와 도덕과 경건은 바울이 말하는 법입니다.

필자 스승인 박봉랑 박사는 "예수 바울 루터가 종교를 세속화했다"고 합니다(박봉랑 「신의 세속화」). 어떤 학자는 기독교 현대화라고 합니다. 그러나 세속화보다 현대화가 더 어색합니다. 복음주의는 세속화와 세속주의를 구분합니다(알리스터 맥그레이브 「복음주의와 기독교적 지성」). 그러나 개신교 주류인 한국 복음주의는 세속화와 세속주의를 구분하지 못합니다. 칼뱅이 「기독교강요」에서 모든 성공은 하나님 축복이고 재난과 역경은 하나님 저주라고 했기 때문입니다(「기독교강요 1」, 16, 4 6 8).³⁾ 성공 성취 번영 명예 권력 그리고 도덕과 경건을 신앙과 결부하지 않으면 상관없습니다. 신앙과 결부해서 기독교를 훼손하고 기득세력화하여 차별과 배제가 일어나기 때문에 문제입니다. 신앙인이 이러한 법으로 믿음생활 하면 괴물이 됩니다.

"18 요한의 제자들과 바리새인들이 금식하고 있는지라 사람들이 예수께 와서 말하되 요한의 제자들과 바리새인의 제자들은 금식하는데 어찌하여 당신의 제자들은 금식하지 아니하나이까 19 예수께서 그들에게 이르시되 혼인 집 손님들이 신랑과 함께 있을 때에 금식할 수 있느냐 신랑과 함께 있을 동안에는 금식할 수 없느니라"(막 2:18-19)

"1 사흘째 되던 날 갈릴리 가나에 혼례가 있어 예수의 어머니도 거기 계시고 2 예수와 그 제자들도 혼례에 청함을 받았더니 3 포도주가 떨어진지라 예수의 어머니가 예수에게 이르되 저들에게 포도주가 없다

하니 4 예수께서 이르시되 여자여 나와 무슨 상관이 있나이까 내 때가 아직 이르지 아니하였나이다 5 그의 어머니가 하인들에게 이르되 너희에게 무슨 말씀을 하시든지 그대로 하라 하니라 6 거기에 유대인의 정결 예식을 따라 두세 통 드는 돌항아리 여섯이 놓였는지라 7 예수께서 그들에게 이르시되 항아리에 물을 채우라 하신즉 아귀까지 채우니 8 이제는 떠서 연회장에게 갖다 주라 하시매 갖다 주었더니 9 연회장은 물로 된 포도주를 맛보고도 어디서 났는지 알지 못하되 물 떠온 하인들은 알더라 연회장이 신랑을 불러 10 말하되 사람마다 먼저 좋은 포도주를 내고 취한 후에 낮은 것을 내거늘 그대는 지금까지 좋은 포도주를 두었도다 하니라 11 예수께서 이 첫 표적을 갈릴리 가나에서 행하여 그의 영광을 나타내시매 제자들이 그를 믿으니라"(요 2:1-11)

사람들이 "바리새인과 세례 요한 제자들은 금식하는데 왜 예수 제자들은 금식하지 않는가?"라고 질문합니다. 예수께서 결혼식에 참여한 하객은 금식하지 않는다고 대답합니다. 성서에서 결혼식은 하나님나라에 대한 그림언어(상징)입니다. 예수께서 하나님나라가 시작되었으니 세상을 향유하라는 뜻입니다. 요한복음도 결혼 잔치에서 하나님나라 새 삶을 말합니다. 예수께서 가나 혼인 잔치에서 술이 떨어지자 유대 정결 예식에 쓰는 여섯 항아리에 술을 만들어 줍니다. 여섯 항아리는 기존 가치체계를 상징합니다. 예수께서 기존 가치체계를 깨뜨리고 새로운 질서를 세우십니다. 그렇게 우리를 기쁨-평화 길로 이끄십니다. 이제 하나님나라가 시작됐으니 종교 억압에서 해방되어 기쁘고 평화하게 살라는 뜻입니다. 예수께서 그리스도인에게 종교와 법이 주는 도덕과 경건의 억압으로부터 해방하여 기쁜 삶을 주었습니다. 예수는 바리새인들로부터 먹기를 탐하고 술꾼이라는 비난을 받았습니다. 한두 잔 가지고 술꾼 소리를 듣지는 않습니다.

바울은 예수에게서 삶의 기쁨과 평화를 보았습니다(롬 14:17). 로마서는 하나님나라가 어떻게 실현되어 가는가를 증언한 서신입니다. 루터는 수도원에서 금욕 생활 하다가 수녀 5명과 함께 수도원을 나와 4명을 차례로 결혼시키고 마지막 뚱뚱한 수녀와 결혼했습니다. 부인이 맥주를 만들어 파는 등 집안 경제를 일으켰습니다. 그래서 루터는 연구에 전념할 수 있었고 맥주를 즐기는 등 세속 삶을 즐겼습니다. 에른스트 블로흐는 「희망의 원리」에서 루터가 경건과 세속 중에서 세속을 택했다고 합니다. 16세기 종교개혁가 3인 중에서 루터는 세속화를 택했고 칼뱅과 웨슬리는 엄격한 경건주의자입니다. 문화 오락 술 담배 등 기호식품은 세속 삶을 즐기는 것이고 세속주의와는 다릅니다.

기독교 세속주의란 하나님 의는 무시하고 세속에서 추구하는 번영 성공 업적 성장 명예 권력을 신앙 목표로 삼는 것을 말합니다. 그러므로 보다 도덕적이고 경건한 믿음생활을 하겠다며 별도 신앙집단을 형성한 후에 성장과 번영을 추구하는 유사 기독교는 종교를 세속주의로 물들게 한 교회입니다. 이들 유사 기독교는 어김없이 교회 수익 사업을 합니다. 교회의 양적 성장을 추구하는 대형교회들도 세속주의에 물든 교회입니다. 부동산 사업 교육 의료 언론 사업 등을 하는 교회는 세속주의에 물든 교회입니다.

신앙인들이 세속화를 거부하는 이유

신앙인들의 웃기고 슬픈 현상은 세속주의인 성장과 번영 명예와 권력

은 탐하면서 예수께서 종교 억압으로부터 해방시켜 준 세속화는 오히려 거부한다는 것입니다. 왜냐하면
　1. 신약성서를 유대교와 똑같이 해석하고
　2. 예수 사역과 가르침을 따르지 않고 종교 일반 상식을 따르기 때문입니다.

"오직 너희를 부르신 거룩한 이처럼 너희도 모든 행실에 거룩한 자가 되라"(벧전 1:15)

이 말씀은 레위기 19:2 "너희는 거룩하라 이는 나 여호와 하나님이 거룩함이니라"를 인용한 말씀입니다. 거룩은 그리스어 '하기오스'를 번역한 것인데 가톨릭 성서는 '성화'로 번역했습니다. 그리스도인들이 이 말씀을 예수 사역과 가르침에 따라 실행하는 게 아니라 예수께서 책망한 유대인들과 똑같이 실행합니다.

유대인들에게는 거룩함이 사회 최대 규범이었습니다. 정결을 부정으로부터 지킵니다. 선조들의 어록 제1장 제1절은 법을 지키기 위해 법에 "울타리를 쳐라, 울타리를 쳐라"입니다(조철수 「선조들의 어록」). 유대인들은 정결과 부정을 엄격하게 구분하였습니다. 자기들은 신의 백성이고 외국인은 개라고 불렀습니다. 이스라엘 안에서도 강도 성 매매여인 세리 목동 고리대금업자 십일조 못내는 소작농 장애인 안식년 농산물 장사꾼 고아 등은 부정한 죄인이라 해서 성전에 올 수 없습니다.[4] 같은 민족인 사마리아인도 외국 문화로 타락했다고 성전에 못 오게 합니다. 특히 중병이 걸린 사람은 부정하다고 동네 밖으로 쫓아냈습니다. 정결과 부정을 엄격하게 구분합니다. 이들 모두를 차별하고 사람 취급 안 합니다.

유대교에서도 거룩이라는 말이 초기에는 하나님 백성이라는 뜻으로서 하나님께 속했다는 의미인데 후대에 와서 도덕과 경건 의미로 변질되었습니다.[5] 하나님 백성이란 세상을 돌보라는 제사장 임무가 부여된 사람이라는 뜻인데(출 19:5-6) 그들은 세상과 분리하는 의미로 받아들였습니다. 예수는 스스로 부정한 사람이 되기 위해서 손을 씻지 않고 식사하셨습니다. 손 씻고 먹지 않는 가난한 사람들 편에 서기 위해서입니다. 사막 국가에서 가난한 사람들은 일터에서 손을 씻을 수 없습니다. 손 씻고 먹기가 법으로 정해졌습니다. 고대에는 대부분 위생이 법입니다.

또한 예수께서 하혈하는 여인이 만지는 것을 허락하셨습니다. 하혈하는 여인은 부정한 사람입니다. 부정한 사람과 접촉한 사람은 성전에 갈 수 없습니다. 별도의 정결예식과 일정 기한이 지난 후에 갈 수 있습니다. 강도 만난 사람을 구한 사마리아인 비유에서 제사장과 성전에서 일하는 레위인이 강도 만나 쓰러져 있는 사람을 구하지 않고 그냥 지나갔습니다. 혹시 그 사람이 죽은 사람이면 만진 사람도 부정해져서 성전에 갈 수 없기 때문입니다. 믿음을 지키기 위해 인간성을 잃은 경우입니다. 이러한 행위는 오늘날 경건한 그리스도인이 보여주는 일상 삶의 모습입니다. 예수께서 죄인인 세리와 함께 식사하고 함께 주무십니다. 예수께서 안식일을 어길 수밖에 없는 가난한 사람들 입장에 같이 하기 위해 일부러 안식일에 병자를 고칩니다.

"그 날에는 말방울에까지 여호와께 성결이라 기록될 것이라 여호와의 전에 있는 모든 솥이 제단 앞 주발과 다름이 없을 것이니"
(슥 14:20)

스가랴 선지자는 구원의 날(카이로스)에 즉 하나님나라에서는 거룩과 세속 대립은 사라질 것이라 예언합니다. 말방울도 정결하고 제단 주발과 모든 솥이 같습니다. 그 예언 약속이 예수에게서 성취되었습니다. 따라서 기독교에서 말하는 거룩이란 유대교처럼 부정과 거리를 두는 것을 말하는 게 아닙니다. 기독교에서 거룩하라는 말은 "하나님나라 백성으로 살아라"입니다. 하나님나라 백성은 세상에서 하나님 의에 따라 사는 사람입니다. 즉 세상을 향유하며 세속주의를 멀리 하는 사람입니다. 세속주의에 물들어 있으면서도 막무가내로 세속화를 거부하면서 믿음을 사랑이 아니라 도덕과 경건으로 삼으려는 그리스도인이 대부분입니다. 왜 그럴까요? 원래 종교가 그렇습니다. 대부분 신학자와 목사 신부는 기독교가 다른 종교와 무엇이 다른지 모릅니다. 초기 교부들과 지금 기독교는 세계 종교와 예수가 어떻게 다른지 주목하지 않습니다.

종교라는 단어는 렐리기오religio로서 '다시 만나다', '다시 되돌아오다'라는 의미입니다. 그래서 고대부터 옛 것은 좋고 옛날로 돌아가는 게 좋다고 생각합니다. 그래서 16세기 종교개혁 때에도 진보란 미래를 향해 새로움을 계발하는 것이 아니라 좋았던 옛날로 돌아가는 것입니다. 그에 따라 종교개혁자들은 신플라톤주의자 아우구스티누스 신학을 여과 없이 그대로 수용했고 오늘날 기독교 주류 신학도 이와 같습니다. 사실상 종교개혁은 이루어지지 않았습니다. 16세기 종교개혁은 정치개혁입니다 (김균진).

종교는 다음과 같이 정리할 수 있습니다.
1. 옛날부터 신성함이 있다.
2. 신탁에 의해 신성함과 성스러움을 지켜야 한다.

옛날이나 지금이나 성스러움을 지키기 위해 신앙인은 전쟁 불화 갈등 폭력을 서슴지 않습니다. 성스러움에 대한 숭배는 과시 팽창 풍부 번영에 대한 기대를 낳습니다.[6] 오늘날 도덕과 경건으로 무장한 그리스도인들이 차별과 배제를 일삼으며 폭력성을 띠는 원인이 이러한 종교 속성에 있습니다. 성스러움을 숭배하는 사람은 가난한 사람 불치병자 실패한 사람 낙오한 사람 성 소수자 장애인을 혐오합니다. 앞서 이야기한 대로 예수께서 성스러움과 세속 경계를 허물었습니다. 그래서 성서 저자들은 예수 시대를 '새 시대 새로운 하나님나라'라고 합니다.

---

1) 프리드리히 니체 「선악의 저편 도덕의 계보」 김정현 책세상 2002, 416p
2) 이정만 「기독교는 왜 도덕과 경건이 아닌 사랑인가」 한들출판사 2016. 필자가 이 주제로 책을 썼습니다.
3) 데이빗 그리핀 「과정신정론」 이세형 이문출판사 2007, 139p
4) 송성진 「예수그리스도」 CLC 2009, 121p
5) 프레드릭 J 머피 「초기유대교와 예수 운동」 새물결플러스 2020, 93p
6) 자크 데라다 「신앙과 지식」 신정아-최용호 아카넷 2016, 134, 182, 190-191p

그리스도인은 왜 도덕과 경건이 아닌 사랑인가 2

　국민일보가 지앤컴 리서치에 의뢰하여 기독교에 대한 의식 조사한 결과를 2022년 4월 27일 발표했습니다. 개신교에 대한 호감도가 18.1%입니다. 국민 5명 중에 4명 넘는 사람이 개신교인을 싫어합니다. 그리스도인에 대해 연상되는 단어에 대한 질문에서 1위가 배타성이고 이어서 물질 위선 이기심 세속 등입니다. 조사에 나타난 세상 사람들이 생각하는 그리스도인 품성에 예수 마음은 하나도 없습니다. 또한 그리스도인들이 먼저 세상 사람들을 싫어해서 세상 사람들이 그리스도인을 싫어한다는 조사 결과입니다. 내가 너를 싫어하는데 너가 나를 좋아할 리는 만무합니다. 예수께서 사랑하라 하셨는데 사랑은 커녕 미워하게 된 원인과 성서가 말하는 바를 아는 게 우리 목표입니다. 그리스도인들끼리 하는 사랑은 예수사랑이 아닙니다. 그것은 친절에 불과합니다. 예수께서 그렇게 말씀하십니다. 그리스도인 간에 이해관계가 얽히면 순식간에 안면 바꾸고 표변하는 게 이유이기도 합니다.

　"46 너희가 너희를 사랑하는 자를 사랑하면 무슨 상이 있으리요 세리도 이같이 아니하느냐 47 또 너희가 너희 형제에게만 문안하면 남보다 더하는 것이 무엇이냐 이방인들도 이같이 아니하느냐"
(마 5:46-47)

도덕 경건이 그리스도인 믿음 중심에 오게 된 그리스 철학 영향

하나님이 세상을 사랑하셔서 세상을 심판하지 않고 구원하시려고 신이 인간이 되셔서 세상에 오셨습니다.

"말씀이 육신이 되어 우리 가운데 거하시매 우리가 그의 영광을 보니 아버지의 독생자의 영광이요 은혜와 진리가 충만하더라"
(요 1:14)

"16 하나님이 세상을 이처럼 사랑하사 독생자를 주셨으니 이는 그를 믿는 자마다 멸망하지 않고 영생을 얻게 하려 하심이라 17 하나님이 그 아들을 세상에 보내신 것은 세상을 심판하려 하심이 아니요 그로 말미암아 세상이 구원을 받게 하려 하심이라"
(요 3:16-17)

말씀이 육신이 되었다는 구절에서 말씀은 '로고스'를 번역한 것입니다. 로고스는 이성 말 그리고 세계가 운행되는 원리입니다. 말씀이 육신이 되었다는 뜻은 세계정신이 인간이 되셨다고 말할 수 있습니다. 그분이 예수그리스도입니다. 이 땅으로 오신 신은 사람들을 판단하고 심판하는 것이 아니라 하나님나라를 여시고 자신의 백성을 기쁘고 평화로운 삶으로 인도하십니다. 1세기 성서 저자들은 이러한 사실을 증언하는 데 주력했습니다.

그러나 2세기에 와서 상황이 크게 변합니다. 당시 그리스도인들은 유대교로부터 야훼 하나님을 배반한 배교자라는 비난을 들었습니다. 로마 그리스 사람들로부터는 자기들 신을 믿지 않기 때문에 무신론자들이라는 비난을 들었습니다. 그래서 신학자들은 인간 예수께서 어떻게 하나님인가를 설명해야 했습니다. 로마 그리스 사람들에게 그리스 철학으로 설명했습니다. 2세기 신학자들은 예수와 사도들이 전한 하나님나라 복음이 아니라 예수께서 어떻게 신인가를 알리는 데 주력했습니다. 이러한 이유로 기독교는 1세기 예수 운동사를 잃어버렸습니다. 예수께서 무슨 사역을 하셨고 그분이 가르친 복음이 무엇인지를 전한 것이 아니라 예수께서 신이신 것을 전했기 때문입니다. 예수 십자가와 부활을 설명하는데 주력했습니다. 기독교 중심이 예수께서 전하고 가르친 하나님나라가 아니라 예수 십자가와 부활이 되었고 그것이 오늘날까지 이어졌습니다.

또한 기독교가 발생지인 이스라엘 토양과 사유에서 발전할 수 없었습니다. 서기 70년에 로마에 의해 예루살렘 도시와 성전이 파괴되고 이스라엘 국가가 멸망합니다. 가르침 중심의 랍비 유대교도 사실상 이 시기 이후에 기독교와 경쟁하며 성립되었습니다. 랍비 유대교는 서기 70년 전란 중에 예루살렘을 탈출한 요하난 벤 자카이가 얌니아(야브네)에 아카데미와 권위 있는 랍비 기구를 설치함으로써 성립되었습니다. 기독교는 로마제국 전역의 그리스 사상과 문화권에서 발전했습니다. 기독교가 역사 빈곤 그리고 철학과 교리 과잉이 되었습니다. 하나님나라가 실종되고 이에 따른 필연으로 삼위일체 신론이 실종되었습니다. 이러한 기독교 발생 원인으로 그리스도인 믿음이 하나님나라 되어 감을 위해 역사에 참여하는 믿음이 아니라 교리 이해와 종교생활을 믿음으로 여기게 되었습니다. 기독교가 이스라엘의 풍부한 공동체 중심의 역사 참여 믿음을 잃어버리고 그리스의 개인 성찰 믿음 길로 들어서게 되었습니다. 이러한 믿음이 16세기 종교개혁에서 개혁된 것이 아니라 오히려 강화되고 오늘날에도 이와 같습니다.

플라톤 세계관은 하늘(영원)이 본질이고 세상은 가짜입니다. 그래서 세상이 본질적으로 악하다고 인식합니다. 그래서 악한 세상을 벗어나는 게 구원입니다. 예수께서 세상을 사랑하셔서 판단하거나 심판하지 않고 구원하시는 것과 정반대입니다. 플라톤은 개별자가 절대자 즉 초월자에 참여함으로서 거룩하게 지혜롭게 의롭게 될 수 있다고 합니다.[1] 아리스토텔레스 신은 모든 원인 중의 근원인 제일 원인이고 모든 선 중의 최고선입니다. 이에 따라서 신플라톤주의 구원은 인간 의지인 에로스를 통해 악한 세상을 벗어나 신에게 가는 것이 구원입니다. 그리고 악한 세상을 벗어나 초월에 참여하기 위해 인간 목표가 신성화 혹은 신화deification로서 완전한 인간이 되는 게 목표입니다. 그래서 이들은 윤리 도덕 철학을 발전시켰습니다.

윤리 도덕 철학은 서기전 3세기 제논을 비롯한 스토아 철학자들이 플라톤 사상과 아리스토텔레스 사상(아리스토텔레스 「니코마코스 윤리학」)을 기초하여 정립했습니다. 이들이 세운 윤리 도덕은 신플라톤주의와 함께 오늘날까지 인류 정신사 발전에 지대한 공헌을 했습니다. 그리스도인은 세상 가치체계를 무시하고 하늘계시로만 살 수 없습니다(마 13:52). 민주시민으로서 도덕과 경건이 필요합니다. 그러나 나의 주장은 도덕과 경건을 기독교 믿음과 결부하지 말라는 것입니다. 도덕과 경건을 기독교 믿음에 결부하면 신앙인은 괴물이 됩니다. 자연스러움과 따뜻한 인간성을 잃게 됩니다.

불행하게도 2세기부터 신학자와 교부들은 모두가 그리스 철학자이거나 로마 관리입니다. 기독교 첫 신학자 오리게네스(185년경~254년경)

와 신플라톤주의 창시자 플로티노스는 같은 스승에게서 배웠습니다. 그들 스승은 암모니오스 사카스인데 암모니오스는 부두 노동자라는 뜻입니다. 오리게네스는 예수그리스도를 선한 것의 집합으로 생각했습니다.[2] 아리스토텔레스가 신을 최고선으로 생각한 것과 같습니다. 이레나이우스(115-142년경~202년)는 인류 재창조를 구원이라고 합니다. 그는 새로운 인간 출현으로서 인간 정화가 구원입니다.[3] 이들 모두는 플라톤주의자입니다. 이들보다 더 노골적으로 플라톤주의자인 클레멘스(150년경~211년)는 기독교 성인으로 시성되고 그래도 비교적 교회와 성서 저자들에 관심을 보였던 오리게네스는 이단 판정을 받았습니다.[4] 오리게네스는 성서를 통해 플라톤 철학을 반박했습니다(오리게네스, 「켈수스를 논박함」). 원시 기독교가 얼마나 그리스 철학에 경도되었나를 말해주는 사실입니다.

　기독교 역사 중 대부분 시기는 성서가 증언하는 삶의 변화를 통한 구원이 아니라 그리스 철학을 따라서 하늘 세계로 가는 피안성彼岸性을 기독교 이상으로 삼았습니다.[5] 그리스도인들은 하늘 천국에 가는 사람이기 위해 선한 사람이 되어야 했습니다. 그리스 철학의 기독교 유입이 결정된 것은 5세기에 아우구스티누스에 의해서입니다. 그는 죄가 선의 결핍이라고 합니다. 즉 인간 잘못이 죄입니다. 성서는 죄를 인간 힘으로 어찌해볼 수 없는 영 세력이라고 합니다(롬 7:8). 아우구스티누스는 플라톤 세계관을 따라 악한 세상을 떠나 신에게로 가는 것이 구원입니다. 그래서 그는 세상을 이용해 신을 향유하라고 합니다. 그에게 세상 향유는 타락입니다. 하나님은 세상을 사랑하시는데 기독교 신학은 첫 출발부터 그리스 철학을 따라서 세상을 악하다고 인식하여 세상을 미워하는 신학이 되었습니다.

　오늘날 기독교 최대 오류는 세상이 향유 대상이 아니라 악한 곳으로 인식하는 데 있습니다. 그래서 그리스 철학에 따라서 선한 인간이 되는 게 목표입니다. 교회에서 수련회 한다면서 청년이 눈 속에서 얼어 죽는 사고가 발생합니다. 또 교회가 극기 훈련시킨다며 수련회 가서 자기 인분을 먹이게 해서 말썽이 납니다. 이러한 일은 선한 인간이 되려는 목표로 수련하기 때문입니다. 인성계발이나 수련은 기독교보다 불교가 훨씬 좋은 프로그램을 갖고 있습니다. 카네기「인간론」등 인문학도 인성계발은 기독교보다 높은 수준입니다. 그런데도 교회는 선한 인간이 되기 위해서 도덕과 경건을 강조합니다.

현대 3대 철학자 중 1인으로 불리는 그리스도인 철학자 폴 리꾀르는 인간은 변화하지 않는다고 합니다. 그는 "인간은 인격personality은 변하지만 성격charicter은 변화하지 않는다"고 합니다. 인간 DNA가 어떻게 변화할 수 있겠습니까? 나는 예수 믿고 변화하지 않았습니다. 어릴 때 성격 그대로 삽니다. 이제껏 교회나 주변에서 예수 믿고 변화한 사람 보지 못했습니다. 필자는 이제까지 그리스 철학이 기독교로 유입된 사실이 잘못되었다고 말하는 신학자나 목사 신부를 보지 못했습니다. 기독교 신학 오류를 연구하는 신학자가 없습니다. 많은 사람들이 망해가는 기독교를 염려하는데도 말입니다. 본 글에서 인용한「신경의 형성」의 저자인 프랜시스 영도 기독교 신학에 그리스 철학이 유입된 현실을 긍정 평가합니다. 오늘날 기독교 실패 원인이 잘못된 신학에 있다는 인식이 없어서입니다.

바울 은혜신학

다시 1세기 신약성서 저자 이야기입니다. 바울을 최근에는 화해신학자라 부릅니다(제임스 던). 그러나 전통으로 바울을 은혜신학자라고 합니다

(F.F. 부르스, 김세윤 등). 법정 스님은 석가모니께서 인간 스스로 자기를 구원할 수 있다고 말한 인류 최초 사람이라고 합니다. 그러나 바울은 인간 스스로는 구원 길이 없고 하나님 은혜로만 구원받을 수 있다고 말한 인류 최초 사람입니다.

바울은 예수 만나기 전에는 의로운 사람이 되기 위해서 신앙에 정진했습니다. 그는 하나님을 바르게 신앙하기 위해서, 예수 믿는 스데반을 살해하는 데 참여합니다. 그리고 그는 체포조를 결성하여 외국으로 피신한 그리스도인을 체포하기 위해 가던 중 다마스커스에서 부활 예수를 만납니다. 바울은 의로운 사람이 되기 위해서 신앙하는 자신이 살인을 하는 등 증오가 가득한 사람이었는데 부활 예수를 만나고 사랑하는 사람이 되었음을 깨달았다고 생각됩니다. 자기 스스로 의로운 사람이 되려는 노력이 얼마나 허망한지 깨닫습니다. 그래서 그는 믿음을 통해 하나님이 은혜로 우리를 의롭다 하신다는 신학(칭의 의인義認)을 세웠습니다. 자기가 의로워지려는 자기 의를 버리고 하나님께서 우리 믿음을 통해 의롭다고 부르셨다는 칭의(의인義認)신학은 화해를 위한 신학입니다. 유대인도 이방인(세계인)도 하나님께서 불의한 우리를 의롭다고 부르시고 용납했으니 서로 용납하라는 화해신학입니다. 그래서 그는 칭의(의인義認 의롭다고 부름)가 평화로 가는 길이라고 합니다(롬 5:1).

놀랍게도 바울은 어디에서도 자신의 변화를 말하지 않습니다. 그의 서신에는 자신이 어떠한 사람이 되었다고 말하는 내용이 전혀 없습니다. 오직 하나님 은혜로 구원받는다는 말만 있습니다. 그가 자신의 어떤 변화가 아니라 하나님 은혜로만 구원받는다고 말하는 이유는 교만한 인간됨을 방지하기 위해서입니다. 자랑함으로서 일어나는 교만은 불화와 갈등의 원인입니다.

"8 너희는 그 은혜에 의하여 믿음으로 말미암아 구원을 받았으니 이것은 너희에게서 난 것이 아니요 하나님의 선물이라 9 행위에서 난 것이 아니니 이는 누구든지 자랑하지 못하게 함이라"(엡 2:8-9)

개신교가 믿음을 행위와 구분하는 것은 바울에 대한 최대 오해입니다. 바울의 믿음 이해는 행위에 대한 성찰이 아니라 법에 대한 새로운 이해입니다. 바울은 자기 자랑으로 교만해지는 것을 막기 위해서 행위가 아니라 은혜로 구원받는다고 했습니다. 바울은 결코 인간 변화를 말하지 않습니다(A. 슈바이처 R. 불트만). 그는 철저하게 인간한계를 인정하고 하나님 은혜를 구합니다. 그에게는 신에게로 가기 위한 어떠한 몸짓이 없습니다. 즉 그에게는 도덕과 경건에 대한 가르침이 없습니다. 도덕과 경건은 자기 의를 자랑하는 행위입니다.

"14 우리가 율법은 신령한 줄 알거니와 나는 육신에 속하여 죄 아래에 팔렸도다 15 내가 행하는 것을 내가 알지 못하노니 곧 내가 원하는 것은 행하지 아니하고 도리어 미워하는 것을 행함이라 16 만일 내가 원하지 아니하는 그것을 행하면 내가 이로써 율법이 선한 것을 시인하노니 17 이제는 그것을 행하는 자가 내가 아니요 내 속에 거하는 죄니라 18 내 속 곧 내 육신에 선한 것이 거하지 아니하는 줄을 아노니 원함은 내게 있으나 선을 행하는 것은 없노라 19 내가 원하는 바 선은 행하지 아니하고 도리어 원하지 아니하는 바 악을 행하는도다 20 만일 내가 원하지 아니하는 그것을 하면 이를 행하는 자는 내가 아니요 내 속에 거하는 죄니라 21 그러므로 내가 한 법을 깨달았노니 곧 선을 행하기 원하는 나에게 악이 함께 있는 것이로다 22 내 속사람으로는 하나님의 법을 즐거워하되 23 내 지체 속에서 한 다른 법이 내 마음의 법과 싸워 내 지체 속에 있는 죄의 법으로 나를 사로잡는 것을 보는도다 24 오호라 나는 곤고한 사람이로다 이 사망의 몸에서 누가 나를 건져내랴 25 우리 주 예수그리스도로 말미암아 하나님께 감사하리로다 그런즉 내 자신이 마음으로는 하나님의 법을 육신으로는 죄의 법을 섬기노라"(롬 7:14-25)

위 본문은 로마서 8:26 "성령 하나님께서 말할 수 없는 탄식으로 우리를 위하여 기도하신다"는 구절과 함께 기독교가 세계 종교와 어떻게 다른지를 알리는 이정표입니다. 바울은 위 본문에서 법이 나빠서가 아니라 법은 선하지만 죄 때문에 법이 요구하는 선을 이룰 수 없는 사람임을 절규합니다. 모든 종교는 도덕과 경건을 통해 선한 사람이 되어서 신에게 가는 게 구원입니다. 그러나 바울은 인간 스스로 의로운 사람이 될 수 없음을 절규합니다. 그러나 이제는 믿음을 통해서 하나님 은혜로 의로운 사람이라 불림을 받았으므로 자기 의를 과시하지 말고 사랑하며 살라는 게 바울 가르침 핵심입니다. 우리는 사랑을 법으로 행위하는 것이 아니라 믿음으로 행위합니다. 왜냐하면 사랑하지 않고 저항해야 할 때가 있기 때문입니다. 결국 믿음이란 법을 해석하는 행위입니다.

기독교는 어떠한 형태로도 몸 변화를 꾀하지 않습니다. 삶의 변화를 꾀합니다. 몸 변화를 꾀하면 변화된 자신을 과시하여 자랑하게 됩니다. 하나님 은혜를 구하지 않고 도덕과 경건으로 무장하는 믿음은 그러한 사람 중심으로 세력이 형성되고 그 수준에 미치지 못하는 사람을 차별하고 배제합니다. 이것이 예수 시대 바리새인인데 오늘날 그리스도인이 바리새인과 같은 믿음 행위를 합니다. 도덕과 경건은 인간 교만의 표출 그 이상 아무것도 아닙니다. 도덕과 경건은 자신만을 위한 것이지 세상을 사랑하기 위한 행위가 아닙니다. 도덕과 경건은 세상에 분열과 차별을 일으키고 세상에 어떠한 유익도 주지 못합니다.

그러면 "도덕과 경건을 버리고 자기 마음대로 살라는 말이냐?"라고 반문하는 사람이 있으므로 바울 예를 봅니다. 바울 가르침 최대 독특성은 죄가 크다면 그곳에 하나님 은혜가 더 크게 임한다는 가르침입니다(롬 5:20). 그래서 어떤 사람이 "그러면 은혜 받으려고 죄지으라는 말이냐?"고 묻습니다. 바울 대답은 "그런 질문을 하는 사람은 정죄 받아 마땅하다"고 합니다(롬 3:8). 다시 말씀드리지만 달을 가리키면 달을 봐야 하는데 사람들이 달은 안 보고 손가락을 봅니다.

도덕과 경건은 바울이 말하는 법입니다. 바울은 법대로 도덕과 경건을 통해 의로운 사람이 되려고 신앙에 정진했는데 오히려 자신은 살인과 증오에 물든 사람이 되어있음을 부활 예수를 만나고 깨달았습니다. 그래서 바울은 믿음을 통해 사랑하면 그 법이 요구하는 바를 이룰 수 있다고 합니다(롬 13:8-10). 그리스도인은 법으로 살지 않고 믿음으로 삽니다. 믿음은 도덕과 경건이 아니라 사랑으로 실행(役事)합니다(갈 5:6).

---

1) 프랜시스 영 「신경의 형성」 강성윤-민경찬 비아 2022, 220p
2) 같은 책 216-219p
3) 같은 책 212-214p
4) 같은 책 112p
5) 같은 책 236p

그리스도인은 왜 도덕과 경건이 아닌 사랑인가 3

 칼 야스퍼스는 서기전 800~서기 200년 천 년 동안을 인류 정신문명이 정립된 축의 시대라고 합니다. 이때 인류 현자들은 선(도덕)과 지혜를 인류 정신문명 기둥으로 삼기로 합의를 이루었습니다(카렌 암스트롱 「축의 시대」). 그러나 1세기에 예수께서 사랑을 제시합니다. 예수께서 현자들이 세운 선과 지혜를 무시한 것이 아니라 선과 지혜로 이루어지는 삶에 갈등과 불화가 있음을 알립니다. 예수께서 새로운 지혜를 전한 것이 아니라 새로운 삶을 실현하셨습니다. 예수와 함께 하나님나라가 시작되었습니다. 인류 화해-평화를 위해서입니다.

 하나님께서 하나님을 사랑하고(신 6:5) 이웃을 사랑하라고(레 19: 8) 가르치십니다. 사랑은 새로운 지식이 아닙니다. 삶의 현실입니다. 사랑을 예수께서 새롭게 제시한 것이 아닙니다. "하나님을 사랑하고 이웃을 사랑하라"를 하나로 합한 것도 예수께서만 그렇게 가르친 것이 아닙니다. 알렉산드리아 필로도 그렇게 가르쳤습니다. 유대인들이 사랑하지 않아서 사랑하라고 한 것도 아닙니다.

 '사랑하라'는 유대인 성서 말씀이고 유대인들은 사랑에 열심이었습니다. 오늘날 대부분 그리스도인들은 로마서를 오해한 까닭에, 당시 유대인들 믿음이 율법적이라고 생각합니다. 1세기 팔레스타인 유대교를 연구한 샌더스는 당시 유대인들 믿음이 율법적이지 않았다고 합니다. 오늘날 유대 랍비들에게 당시 유대인들 믿음이 율법적이었다고 말하면 의아해한다고 합니다. 당시 유대인들 믿음 중심은 사랑과 회개였습니다(알프레드 에더스하임 「메시아」). 예수께서 사랑이 믿음 중심인 유대인들에게 사랑을 실현해 보이십니다. 유대인들 사랑 실현은 예수사랑과 달랐습니다. 예수사랑은 차등 없이 인간 존엄을 존중하는 사랑입니다. 그러나 유대인들은 하나님께로 가기 위한 공로 쌓기 사랑이었고 자기들 수준에 못 미치는 사람들을 존중하는 사랑이 아니라 가진 자가 구제하는 시혜 사랑이었습니다. 유대인들은 윤리 도덕을 존중했기 때문에 자신들 수준에 못 미치는 사람을 차별하여 배제했습니다. 예수께서 반율법주의자나 반도덕주의자가 아닙니다.

"17 내가 율법이나 선지자를 폐하러 온 줄로 생각하지 말라 폐하러 온 것이 아니요 완전하게 하려 함이라 18 진실로 너희에게 이르노니 천지가 없어지기 전에는 율법의 일점일획도 결코 없어지지 아니하고 다 이루리라 19 그러므로 누구든지 이 계명 중의 지극히 작은 것 하나라도 버리고 또 그같이 사람을 가르치는 자는 천국에서 지극히 작다 일컬음을 받을 것이요 누구든지 이를 행하며 가르치는 자는 천국에서 크다 일컬음을 받으리라 20 내가 너희에게 이르노니 너희 의가 서기관과 바리새인보다 더 낫지 못하면 결코 천국에 들어가지 못하리라"
(마 5:17-20)

신앙 길은 그렇게 만만한 길이 아닙니다. 그리스도인은 도덕과 경건이 주는 갈등과 불화를 인식해야 하고 도덕주의자들보다 의가 못 미쳐서는 안 됩니다. 여기서 의는 도덕입니다.

도덕주의자 바리새파 신앙

1세기 유대 사회를 주도하는 세력은 사두개파 바리새파 에세네파입니다. 정치 지배층은 사두개인이었고 바리새인들은 그들 아래에서 관료나 행정직 재판관 교사 등으로 지배층에 고용되어 일하는 가신 그룹으로 이해됨이 타당합니다.[1] 바리새파는 신앙 지배층입니다. 에세네파는 가장 엄격하게 율법을 고수하며 별도 신앙공동체(쿰란)를 형성하거나 마을에서 생활하기도 했습니다. 에세네파는 바리새파가 율법을 온건하게 해석한다고 부드러운 것을 좋아하는 자들이라고 비난했습니다. 안식일 날 웅덩이에 양 한 마리가 빠지면 에세네파는 안식일에 일하지 말라는 법에 따라 건져내서는 안 되고 바리새파는 건져냅니다. 바리새파를 요즘 용어로 말하자면 평신도 신앙개혁 운동입니다. 당시 진보 신앙 운동입니다.

예수께서 법을 반대한 분으로 말하는 사람이 많은데 예수는 엄격한 율법주의자인 에세네파에 대해선 전혀 언급이 없고 온건한 신앙개혁 운동자인 바리새인들과 적대한 것으로 보아 예수 관심은 법이 아니라 바리새인들이 가지고 있는 신앙 권력입니다. 예수는 정치권력자인 사두개인보다 신앙권력자 바리새인과 더 적대했습니다. 신앙으로 차별과 배제가 일어나는 일을 반대한 것입니다. 바리새라는 말뜻은 분리한다는 의미입니다. 많은 학자들(E.P. 샌더스 카렌 암스트롱 등)은 바리새인들 높은 도덕성 때문에 그들에게서 잘못을 발견할 수 없다고 합니다. 그들은 예수와 바리새인들이 적대한 것이 아니라 바리새파와 초대교회가 경쟁하면서 적대한 것을 성서 저자들이 예수께서 적대한 것으로 성서에 기록했다고 합니다. 사두개인들은 로마 앞잡이로서 백성들 원성을 샀고 에세네는 가난한 사람들은 지킬 수 없는 법을 강요하여 사람들이 경원했으나 바리새인들은 법을 온건하게 해석하고 도덕적 삶을 살았기 때문에 백성들 존경을 받았습니다. 바리새인들은 선과 악을 구분하는 것처럼 이념으로 자신들 행위의 정당성을 찾으려 해서 위선자입니다.

당시 바리새인들 자신들도 모르고 백성들도 모르며 현대 학자들도 모르는, 예수께서만 아는 바리새인들 잘못은 무엇일까요? 예수께서 바리새인들을 위선자라 했다고 그들이 뒤로 나쁜 짓 하는 사람들이라 생각하면 안 됩니다. 그들은 성실하고 도덕적이며 구제를 많이 하는 모범 시민입니다. 그들은 높은 도덕성을 가진 사람들이기 때문에 오늘날 한국에 온다면 가장 존경받는 그리스도인일 것입니다. 바리새인들이 도덕성 때문에 자연스러움과 따뜻함을 잃어서 예수로부터 비난을 받았습니다. 바리새인들은 선과 악을 구분하는 것처럼 이념으로 자신들 행위의 정당성을 찾으려 해서 위선자입니다. 에피쿠로스도 질서를 세우는 플라톤을 위선자라고 비난했습니다.

도덕이 신앙과 합세하면 무서운 결과를 낳습니다. 예수에게 지적된 바리새인들 유일한 잘못은 자신들 수준에 미치지 못하는 가난한 사람들을 비롯하여 사회에서 낙오한 사람들을 차별하고 배제하는 것입니다. 현대에서도 세력을 이루어 자신들 이념을 요구하는 사람들은 바리새인입니다 (밀란 쿤데라 「참을 수 없는 존재의 가벼움」). 도덕과 경건은 힘 논리로서 신앙 엘리트입니다. 필자가 교회에서 경험한 바에 의하면 십일조를 하거나 일정한 도덕과 교양을 갖춘 사람들이 세력을 형성하여 그들 수준에 못 미치는 사람과는 어울리지 않습니다.

고대로부터 현재까지 정도에 못 미치는 것을 악으로 규정합니다. 우리가 뱀을 혐오하는 것은 육지 모든 동물은 발로 움직이는데 유독 뱀은 덩치도 크면서 배로 움직이기 때문입니다. 정도에서 벗어났기 때문에 악으로 간주합니다. 도덕과 경건으로 무장된 신앙인은 자기들 수준에 못 미치는 사람은 악으로 규정하고 차별하여 배제합니다. 바리새인들은 에세네파와 다르게 종교를 세속화했습니다. 그러나 그들은 예수와 다르게 도덕과 경건으로 신앙함으로써 실패했습니다.

도덕이란 무엇인가?

우리는 도덕에는 악이 없다고 생각합니다. 인간 자유를 연구한 니체는 도덕이 가진 악을 탐구했습니다. 인류가 문명화되면서 인간 본연 야수성을 억제하게 되고 미처 억제 되지 않은 야수성이 표출되는데 이것을 도덕 악이라 합니다.[2] 모든 도덕에서 본질이고 주요한 요소는 그것이 장기간에 걸친 강압이라는 것입니다.[3] 니체에 의하면 도덕이란 모든 생명 현상에서 자신 의지를 펼쳐서 지배하려는 관점을 세운 지배관계에 대한 학설입니다.[4]

도덕 경건은 자신의 선한 행위로 남을 지배하려는 속성이 있다는 뜻입니다.

도덕은 사유를 경직되게 하여 관점 평가를 무디게 하고 새로운 세계에 대한 존립을 막습니다.[5] 경건은 자신을 미화하는 가장 강력한 수단입니다.[6] 도덕과 경건은 선과 악을 가르면서 일어나지만 사랑은 항상 선과 악의 저편에서 일어납니다. 광기는 개인에게는 드문 일이지만 도덕과 경건으로 무장된 집단 당파 민족에게는 일상입니다.[7]

도덕 경건으로는 탐욕을 이길 수 없습니다. 모든 도덕은 강제이고 자유에 반대입니다. 모든 도덕은 자연스러움을 억제하기 때문에 자연과 이성에 대해서 폭압입니다.[8] 도덕으로 판단하고 판결하는 것은 정신적으로 편협한 사람이 덜 편협한 사람에게 즐겨 쓰는 복수입니다. 또한 자신이 재능 받지 못한 데 대한 일종의 손해배상이며 그렇게 해서 자신이 고상해지는 기회가 되기도 합니다.[9] 도덕과 경건은 다른 사람과 차이를 나타내는 현실입니다. 다른 사람과 차이는 증오를 낳습니다.[10] 도덕주의자는 세계를 부정하고 삶을 퇴락시킵니다.[11] 도덕은 현재를 위해 미래를 희생시키는 행위입니다. 즉 현재 안락을 위해 위험을 회피하는 행위로서 진취 사고가 결여된 행위입니다.[12]

김진호는 필자 첫 번째 책 「기독교의 본류를 찾아서」를 뉴스엔조이에 서평하면서 다음과 같이 말합니다.

"신자유주의로 인한 소비사회가 정착되면서 사회가 제도화되는 것은 군대나 경찰 통제보다는 규범에 의한 질서가 더욱 중요해 졌고 사회를 지탱하는 도덕체계는 노골적으로 강자 중심으로 체계화되었다"고 합니다.

사회 결속을 위해서 의무를 강제하는 억압 도덕은 닫힌 사회를 이루고 애국심으로 똘똘 뭉쳐 다른 사람들을 향해 배타적인 거리두기를 합니다(앙리 베르그송 「도덕과 종교의 두 원천」). 도덕성은 도덕을 지키며 살 수 있는 운 좋은 사람들 것입니다. 우리는 모든 윤리 도덕 오만을 버리고 우리가 윤리로 행동할 수 있는 것이 행운임을, 신앙인은 하나님 은혜임을 겸허하게 인정해야 합니다.[13]

바울이 말하는 믿음

그리스도인은 믿음으로 삽니다(롬 1:17). 그리고 이제는 도덕(법) 이외에 하나님 의가 나타났습니다(롬 3:21). 도덕은 바울이 로마서에서 말하는 율법 가운데 하나입니다. 바울이 말하는 믿음이란 법에 대해서 사랑을 기준으로 해석하는 행위입니다.

그리스도인은 도덕주의가 아니라 믿음이라는 필자 글에, 자기는 율법주의가 아니라 믿음이라고 말한다면 이해할 수 있다는 댓글을 한 사람이 있었습니다. 우리는 성서를 주문呪文으로 읽는 습관으로 정작 그것이 무엇을 말하는지 모르고 있습니다. 세계 모든 번역은 '법'인데 우리나라는 일제 강점기에 반국가단체라는 오해를 피하기 위해 법이라 하지 않고 '율법'이라고 번역했습니다. 바울이 말하는 법은 유대에 한정된 할례 음식규정 절기지키기에 한정될 때도 있고 인간 가치체계 전반을 말할 때도 있습니다. 바울이 말하는 믿음과 긴장하는 법은 문화 종교 이념 법률 교육 도덕 등을 말합니다. 그러므로 도덕과 경건은 바울이 말하는 율법입니다.

바울이 말하는 믿음에서, 그리스도인은 율법으로 살지 않고 믿음으로 산다는 말과 그리스도인은 도덕과 경건으로 살지 않고 믿음으로 산다는 말은 같은 말입니다. 또한 그리스도인은 믿음으로 산다는 말과 그리스도인은 사랑으로 산다는 말은 같은 뜻입니다. 왜냐하면 믿음이란 법에 대해서 사랑을 기준으로 해석하는 행위이기 때문입니다. 다만 그 사랑은 예수 사랑이어야 합니다.

기독교가 다시 서기 위해서 그리스도인이 윤리 도덕으로 바로 서자는 글과 설교를 많이 볼 수 있습니다. 그리스도인이 세계인보다 윤리 도덕이 부족하다고 말할 수 없습니다. 세계인들은 신앙인 가치관이 비신앙인 가치관과 좀 달라야 한다는 기대가 있습니다. 그러나 오늘날 그리스도인이 세계인보다 가치관이 훌륭하다고 말할 수 없습니다. 윤리 도덕 길은 바리새인들이 실패한 길입니다. 바울도 부활 예수를 만나기 전에 스스로 의로운 사람이 되려고 노력했지만 그것이 얼마나 허망한 노력인지 부활 예수를 만나고 깨달았습니다.

바울이 말하는 믿음에서, 윤리 도덕은 바울이 말하는 법입니다. 인간 스스로 그 법을 이루려 하면 이룰 수 없고 사랑을 하면 그 법을 이룰 수 있다는 게 바울 주장입니다. 다시 말하자면, 내가 윤리 도덕으로 바르게 살려고 하면 그 뜻을 이룰 수 없고 예수사랑을 내 삶에서 이루어 나가면 그 윤리도덕이 요구하는 바를 이룰 수 있다는 것입니다. 이것이 남을 사랑하는 자는 "율법을 다 이루었다"(롬 13:8)와 "사랑은 율법의 완성"이라는 (롬 13:10) 바울 진술에 대한 의미입니다.

내가 하고 싶은 말은, 나를 포함해서 교회개혁을 위해 그리스도인 윤리 도덕을 바로 세우자고 말하는 사람도 인간 탐욕 앞에 굴복할 수밖에 없다는 것입니다. 이것이 바울이 경험한 인간 이해입니다(롬 7:14-25). 바울이 예수 만나기 전 하나님과 예수 만난 후의 하나님은 같은 하나님입니다. 즉 바울은 같은 하나님을 신앙하는 방법을 바꿨습니다. 윤리 도덕 추구에서 사랑으로 바꿨습니다. 사랑하며 사노라면 그 윤리 도덕이 바로 선다는 게 바울 가르침입니다. 찬물과 더운물은 동시에 존재할 수 없습니다. 이와같이 도덕 경건한 사람과 사랑하는 사람이 동시에 존재할 수 없습니다. 왜냐하면 도덕 경건은 자신과 다른 사람 차이를 인식하고 분리하는 행위이기 때문입니다. 도덕 경건한 사람은 가난한 사람 장애인 성매매 여성 성소수자 이주 노동자 실패자를 혐오합니다. 사랑은 이러한 사람들을 용납하고 그들 존엄을 존중하는 행위입니다.

마가와 마태가 말하는 믿음

"38 예수께서 고물에서 베개를 베고 주무시더니 제자들이 깨우며 이르되 선생님이여 우리가 죽게 된 것을 돌보지 아니하시나이까 하니 39 예수께서 깨어 바람을 꾸짖으시며 바다더러 이르시되 잠잠하라 고요하라 하시니 바람이 그치고 아주 잔잔하여지더라 40 이에 제자들에게 이르시되 어찌하여 이렇게 무서워하느냐 너희가 어찌 믿음이 없느냐 하시니"(막 4:38-40)

바다에 풍랑이 크게 일어 놀란 제자들이 주무시는 예수를 깨워 구원을 요청했습니다. 풍랑을 잠재우신 예수께서 제자들에게 믿음이 없다고 꾸짖으십니다. 제자들 행동은 당연한 듯 보이는데 왜 믿음이 없다고 하실까요? 믿음이 신뢰라면 제자들이 꾸지람 들을 이유가 없습니다. 예수 구원 사역과 고난에 함께 하려는 의지는 없고 자신들 안위만 돌보려는 행위가 '믿음 없음'입니다.[14] 믿음이 바깥으로 향하지 않고 내면으로 향하면 두려움을 이길 수 없습니다. 믿음은 나를 극복하고 다른 사람의 고통과 아픔에 연대하는 행위입니다. 예수께서 그렇게 말씀하십니다.

"34 그 때에 임금이 그 오른편에 있는 자들에게 이르시되 내 아버지께 복 받을 자들이여 나아와 창세로부터 너희를 위하여 예비된 나라를 상속 받으라 35 내가 주릴 때에 너희가 먹을 것을 주었고 목마를 때에 마시게 하였고 나그네 되었을 때에 영접하였고 36 헐벗었을 때에 옷을 입혔고 병들었을 때에 돌보았고 옥에 갇혔을 때에 와서 보았느니라 37 이에 의인들이 대답하여 이르되 주여 우리가 어느 때에 주께서 주리신 것을 보고 음식을 대접하였으며 목마르신 것을 보고 마시게 하였나이까 38 어느 때에 나그네 되신 것을 보고 영접하였으며 헐벗으신 것을 보고 옷 입혔나이까 39 어느 때에 병드신 것이나 옥에 갇히신 것을 보고 가서 뵈었나이까 하리니 40 임금이 대답하여 이르시되 내가 진실로 너희에게 이르노니 너희가 여기 내 형제 중에 지극히 작은 자 하나에게 한 것이 곧 내게 한 것이니라 하시고"(마 25:34-40)

도덕 경건은 예수 말씀을 거부하고 나를 스스로 가두는 행위입니다. 도덕 경건은 세상을 악하다고 인식한 플라톤이 제시하고 아우구스티누스 칼뱅 웨슬리 등이 따른 길입니다. 사랑은 예수께서 제시하고 바울 등 성서 저자들이 따른 길입니다. 여러분은 어느 길을 가고 있습니까?

---

1) 프레드릭 J 머피 「초기유대교와 예수 운동」 유선명 새물결플러스 2020, 421p
2) 프리드리히 니체 「선악의 저편 도덕의 계보」 김정현 책세상 2002, 111-114p
3) 레지날드 J 홀링데일 「니체 그의 삶과 철학」 김기복-이원진 북캠퍼스 2017, 290p
4) 프리드리히 니체 「선악의 저편 도덕의 계보」 김정현 책세상 2002, 39p
5) 같은 책 65p
6) 같은 책 98p
7) 같은 책 113p
8) 같은 책 140p
9) 같은 책 201p
10) 같은 책 285p
11) 프리드리히 니체 「우상의 황혼」 최순영 부북스 2018, 51p
12) 프리드리히 니체-M 하이데거 「니체의 신은 죽었다」 강윤철 스타북스 2011, 198p
13) 슬라보예 지젝 「죽은 신을 위하여」 김정아 도서출판 길 2008, 256-257p
14) 김근수 「슬픈 예수」 21세기북스 2017, 90p

그리스도인 폭력성에 대하여

1세기 성서 시대를 마감하고 2세기부터 출발하여 종교개혁과 오늘에 이르기까지 예수 사역과 메시지가 신학 중심에 있지 못합니다. 그래서 현대에 와서 성서신학이라는 별도 분야가 발생했습니다. 칼 바르트(1886~1968)는 「교회교의학」이라는 기념비적 저술을 남겼습니다. 1권 창조론에서 성부 하나님을 조금 저술하고 12권 전체가 예수에 관한 신학입니다. 그는 예수에 관한 기독론을 통해 화해신학을 세웠습니다. 그는 예수를 화해자 하나님이라고 합니다. 성령론은 쓰지 못하고 작고했습니다.

한국 주류 신학계와 교회는 바르트 신학을 받아들이지 않는데 그 이유가 황당합니다. 바르트가 성부 하나님보다 예수를 너무 많이 말했다는 겁니다. 예수교에서 예수 많이 말한 게 결격 사유라고 합니다. 2세기 신학이 출발하면서 예수 사역과 메시지가 실종되었다는 사실은 땅의 하나님나라가 실종되고 그에 따라서 삼위일체 신론 중요성이 망각된 현실입니다. 이러한 사실을 인식하지 못하는 한국 교회는 예수를 많이 말하는 게 결격 사유가 됩니다. 결국 예수 사역과 메시지가 그리스도인 믿음의 중심이 되지 못하는 비극이 일어났습니다.

예수께서 선과 악 정결과 부정의 경계를 허물고 화해-평화 세계를 여시었습니다. 선과 악을 경계 지어 가난한 사람들과 사회에서 낙오한 실패자들 병든 사람들을 차별하고 배제하는 기득세력에 강력하게 저항하십니다. 2세기에 출발한 신학은 예수 사역과 메시지를 전하지 않고 예수께서 어떻게 신인가와 하나님이 세계를 어떻게 통치하시는가를 설명하는 데 주력했습니다. 유대교 하나님이 그리스 철학 옷을 입고 기독교에 나타났습니다. 그리스도인 폭력성은 예수께서 기독교 하나님이 아니라 그리스 신이 기독교 하나님이 된 까닭에서 발생했습니다. 기독교가 예수그리스도를 하나님으로 고백하는 사실은 지배와 폭력에 대한 종식 선언입니다.

인류에게 최초로 선과 악을 생각하게 한 사람은 조로아스터(짜라투스트라)입니다. 그는 서기전 2천 년대 아리안계인 인도와 이란에 공유되었던 종교를 개혁한 사람입니다. 동물의 무분별한 남획으로 드리는 제사가 악임을 선언하고 인간에게 선과 악이 있음을 설교했습니다. 그는 사제를 비롯한 기득세력에 의해 죽임을 당하고 그의 가르침을 따르는 조로아스터교가 탄생했습니다. 조로아스터교는 아후라마즈다라는 유일신과 그의 쌍둥이 아들인 선한 영 스펜타마잉유와 악한 영 앙그라마잉유 대결을 통해 이 신들이 세계를 지배합니다. 조로아스터는 악한 자들에 대한 벌과 선한 자들에 대한 보상에 깊은 관심이 있습니다.[1]

이 사상은 플라톤의 천상이 본질(이데아)이고 땅이 가짜(그림자)라는 이원론과 결합하여 악을 물리치고 선한 사람이 되어 신에게로 가는 것이 구원인 신플라톤주의 사상으로 이어집니다. 이러한 신플라톤주의 사상이 아우구스티누스에 의해 기독교 신학으로 정립되고 종교개혁자들에 의해 계승되어 오늘에 이르렀습니다. 예수께서는 선과 악 경계를 허물고 악을 포용함으로써 해결하는데, 악을 무찔러 없애는 조로아스터 사상이 기독교 신학이 되어 오늘에 이르렀습니다. 기독교가 폭력 종교가 된 원인입니다.

인류 정신사가 18세기 계몽주의 19세기 합리주의를 거치면서 기독교는 이성으로 고양된 세계인들에게 기독교를 변증해야 했습니다. 이때 태동한 신학이 사회인으로서 인간 책임과 존엄을 찾으려는 자유주의 신학과 삶의 의미를 찾으려는 실존주의 신학입니다. 이들은 성서가 1세기 당시 사람들 삶의 정황에서 기록되었음을 인식했습니다. 즉 성서가 그 시대 과학 수준 역사인식 문학 형태로 쓰였음을 인식했습니다. 자유주의 신학자들과 실존주의 신학자들은 자기 시대 삶의 고백을 위하여 성서를 비평했습니다. 이로 인해 성서를 문헌비평과 언어비평 역사실증주의 등을 통해 해석했습니다. 그러나 자유주의 신학은 실패가 예견되었습니다. 그들에게는 예수그리스도가 복음이 아니라 예수 가르침이 복음입니다. 리츨은 도덕주의를 표방했습니다. 하르낙은 「기독교 본질」에서 예수 가르침이 복음이라고 합니다.

그들은 성서가 증언하는 풍부한 계시를 떠나서 복음을 윤리-도덕화했습니다.

우스은 현실은 한국 기독교 우파가 성서 비평하는 학자나 목사를 자유주의자라고 비난합니다. 자유주의는 19세기 하나의 신학사조인데도 말입니다.

그들은 자유주의가 행한 성서비평은 옳은 일이고 복음을 윤리 도덕화한 일은 잘못이라는 사실을 모릅니다. 그래서 기독교 보수 우파들은 성서비평은 반대하고 복음의 윤리 도덕화는 받아들입니다.

성서는 21 세기 현대인을 대상으로 씌여진 글이 아니라 고대인들 당시 문학 역사 과학 수준에 의해 그 시대 사람들을 대상으로 씌여진 글입니다. 성서를 비평하지 않고 어떻게 해석할 수 있겠습니까.

많은 그리스도인들이 오해하는 게 있습니다. 그리스도인이 기독교 가치를 이 땅에 구현하거나 예수 가르침을 순종하며 사는 사람이라고 생각합니다. 이러한 삶이 기독교 믿음이 아니라고 하는 게 이상하게 들릴 텐데요, 현재 그리스도인 믿음이 바리새인 믿음과 같기 때문입니다. 예수 가르침을 몰라도 된다는 말이 아닙니다. 그 가르침을 문자적으로 고수하면 그 말씀이 법이 됩니다. 말씀을 순종한다는 믿음은 법을 순종하는 유대인 믿음과 같습니다. 기독교 믿음은 사랑을 기준으로 그 법을 해석하는 행위입니다. 이것이 "사랑은 법의 마침이요"(롬 13:8) "사랑은 법의 완성이다"(롬 13:10)라는 바울 진술 의미입니다.

다시 설명하자면, 바르트는 성서 문자가 말씀이 아니고 그 문자가 성령을 통해 나를 감동시킬 때 말씀이 된다고 합니다. 이것이 바울이 문자는 죽이고 영은 살린다는 진술과 같습니다(고후 3:6). 말씀을 순종하며 산다는 것은 말씀을 성서 문자로 이해하는 진술입니다. 말씀은 성서 문자가 아니라(고후 3:6) 그 문자가 영을 통해 나를 감동할 때 말씀입니다. 성서 문자를 고수하면, 예수께서 안식일을 지키면서도 가난한 사람들과 버림받은 사람들을 위하여 안 지킨 때도 있는 것과 같이 그 성서 문자를 상황에 맞게 유연한 대처를 할 수 없습니다. 그러므로 순종이라는 표현을 써서, 말씀을 순종해서 산다는 말은 법대로 산다는 말과 같습니다. 그러면 법대로 살지 못하는 사람을 미워하고 증오하게 됩니다. 바리새인이 그랬던 것처럼 차별 배제 소외가 일어나고 폭력이 발생합니다. 이러한 신앙은 예수 그리스도께서 주님이 아니라 우리에게 길을 가르쳐주는 위대한 지혜자가 됩니다. 이것이 자유주의 신학이 빠진 함정입니다.

말씀을 순종하여 살면 폭력이 발생하고 말씀에 따라 믿음으로 살면 폭력이 발생하지 않습니다. 왜냐하면 믿음으로 사는 것과 사랑으로 사는 것은 같기 때문입니다. 오늘날 그리스도인은 훌륭한 바리새인이 되기 위해서 분투 노력하는 꼴입니다. 말씀에 순종하며 산다는 것이 예수께서 가장 싫어한 바리새인 믿음이라는 사실을 아는 사람이 정말 없습니다. 기독교가 분열되어 갈등 폭력 불화를 일으키는 현실이 그걸 말하고 있습니다. 그리스도인은 예수그리스도를 신앙하고 그분의 사역과 가르침에 의해 삶의 변화를 이루며 사는 사람입니다. 자기 의를 버리는 믿음이 바리새인 믿음을 벗어나는 길입니다. 예수에게 가장 가까이 간 자유주의 신학조차도 자기 의를 버리고 하나님 의를 따라 사는 기독교 중심에 이르지 못했습니다. 하나님 일은 하나님이 하십니다. 그리스도인은 그냥 사랑하며 삽니다(요 6:28-29). 이것이 자기 의를 버리고 평화로 가는 길입니다. 그리스도인이 자기 의를 버릴 때만이 갈등과 폭력 불화가 종식됩니다.

당시 독일 주류 신학인 자유주의 신학은 결국 히틀러를 지지하게 됩니다. 자기 의를 찾는 믿음이 빠진 함정입니다.

또한 자유주의가 예수그리스도 십자가와 부활 그리고 그분 사역과 가르침을 중시하는 역사 신앙이 아니라 그분 가르침만을 중시한 관념 신앙에 빠진 결과입니다.

칼 바르트는 자신의 스승들이기도 한 자유주의 신학자들이 히틀러를 지지하는 데 실망하여 자유주의 신학을 떠나서 신정통주의 신학을 세웁니다. 그러나 정작 본인은 자신에게 신정통이라는 이름이 붙여진 것을 좋아하지 않습니다. 우리는 이제부터 자유주의 신학보다 더 악질이고 폭력인 믿음 형태를 살펴봅니다.

자유주의 신학과 실존주의 신학에 반대하여 미국에서 근본주의 신학이 태동합니다. 미국 근본주의는 1920년에 딕슨 루벤토리와 윌리엄 라일리가 세계 기독교 근본주의 협회Worlds Christian Fundamentals Association를 창립함으로서 시작되었습니다. 근본주의자들 대부분은 칼뱅주의자들입니다.[2] 지금은 근본주의라는 용어 대신에 복음주의라는 용어를 사용하는데 그 주장하는 바는 같습니다. 이들 주장은 다음과 같습니다.

1. 성서무오설 즉 성서비평을 거부하고 문자 그대로 믿을 것을 주장합니다. 문자주의는 자신과 생각이 다른 사람에게 폭력을 행사합니다.
2. 예수 신성을 강조하고 십자가에서 죄인을 위해 죽으심을 강조합니다. 예수 사역과 가르침 즉 역사성은 거론하지 않습니다.
3. 예수그리스도 부활과 승천 그리고 심판을 위한 재림을 강조합니다.
4. 사탄과 비그리스도인 멸망을 주장합니다. 악을 물리칠 대상으로서 공격하고 선을 숭상합니다. 예수의 원수사랑은 사실상 폐기했습니다. 조로아스터교와 같습니다.
5. 믿는 자들 부활과 하늘에서 영원히 사는 것을 강조합니다.[3] 이들은 땅에서의 삶의 구원이 없습니다. 따라서 예수 사역과 가르침을 알아야 할 필요가 없습니다. 하나님나라 신학이 실종 상태이고 따라서 삼위일체 신론 중요성이 망각되었습니다. 이들에게 역사 예수는 없고 아버지 하나님 신앙이 중심입니다. 칼뱅이 그러했습니다.

우리 주제인 그리스도인 폭력성에 관해서 우리는 3번과 4번을 주목합니다. 근본주의를 담은 복음주의 신학에는 하나님이 세상을 사랑하셔서 독생자 예수를 보내셨고 그분은 세상을 심판하지 않고 구원하신다(요 3:16-17)는 성서 말씀은 외면되었습니다. 여러분이 주의 깊게 관찰하면 목사들이 독생자 예수께서 오셨다는 3:16만 읽고 예수께서 세상을 심판하지 않고 구원하신다는 요한복음 3:17은 읽지 않는 관행이 있음을 알 수 있습니다. 복음주의가 신학 제목은 복음(기쁜 소식)이지만 복음이 아니라 무시무시합니다.

카렌 암스트롱은 「신을 위한 변론」에서 유대교 이슬람교 기독교 근본주의를 연구한 결과를 말합니다. 그녀는 근본주의가 깊은 두려움에서 발생했다고 합니다. 사랑을 체험해 보지 못한 신앙 형태입니다. 한국 기독교는 근대 신학인 자유주의 신학과 실존주의 신학을 경험하지 못해서 그 신학을 평가할 수 있는 실력을 갖추지 못했습니다. 그래서 한국 교회는 이러한 신학이 무엇인지도 모르고 미국 따라서 비난만 합니다. 미국과 같은 편이라 든든하다고 생각합니다. 이것이 한국 교회의 태극기 부대가 미국 성조기를 들고 나오는 이유입니다.

한국 교회는 자유주의 신학과 실존주의 신학을 비난하는 근본주의 신학이 여과 없이 유입되어 폐쇄성 편협성과 폭력성이 강하게 나타납니다. 복음주의(근본주의)에는 예수께서 전하는 하늘계시와 세속 가치를 구분하는 태도가 없습니다. 그들은 종교 광신 속에 들어있는 정치 주장을 펴기도 하고 자본주의 논리를 믿음에 결합합니다.[4] 이들로부터 예수와는 정반대인 번영신학이 태동된 것은 이상한 일이 아닙니다.

복음주의(근본주의)는 폭력적이고 전투적 믿음입니다. 근본주의가 신의 사랑이라는 이름으로 폭력성을 나타냅니다. 그들은 신의 사랑을 무엇이든지 결과를 얻으려는 결정주의 믿음으로 이해하려는 의도와, 한편으로는 신의 사랑을 실천 덕목으로 축소하려는 의도를 가지고 있습니다. 근본주의는 신의 사랑이 무한하고 산정 불가능할 정도로 다양한 형태를 취한다는 사실을 인식하지 못한 신앙 실패입니다.[5] 필자는 근본주의연구소 소장 목사 설교를 들었습니다. 그는 예루살렘에서 유대교와 이슬람교를 모두 몰아내고 그곳에 교회를 세우면 하나님나라가 완성된다고 합니다. 미국이 주도하면 할 수 있다고 설교합니다. 선을 위해서 폭력을 정당화하는 설교입니다.

신성로마제국 이전까지는 교회가 제국 폭력을 인정하기는 했지만 교회가 직접 폭력 행사를 하지는 않았습니다. 샤를마뉴(747~814)는 그의 신성로마제국 확장을 위해 폭력을 사용했습니다. 결국 예수그리스도 이름으로 십자군 전쟁 유대인 대량학살 종교재판 마녀사냥 아프리카인들에 대한 노예사냥과 노예무역 서구세계 식민지 개척을 위한 약탈 길이 열렸습니다.⁶⁾ 미국 그리스도인들은 주일 예배를 마친 후에 목사와 교인들이 무장하고 인디언 사냥을 나갔습니다. 결국 기독교는 피안의 구원을 위해 오늘날까지 폭력을 서슴지 않는 종교가 되었습니다. 기독교 역사상 하나님 사랑을 가장 아름답게 설명했다는 가톨릭 성인 끌레르보의 베르나르(1090~1153)도 이슬람을 격멸하기 위해 십자군을 모병하는 격문을 썼습니다.

　오늘날 미국은 이슬람 5억 명을 격멸할 수 없습니다. 그들의 권리와 이익을 침해하지 말고 그들을 악의 축이라 호칭하지 말고 의롭다고 용납(칭의 의인義認)함으로써 화해-평화를 이루는 길 외에 다른 길은 없습니다. 어린이는 누구와 같이 있다는 것 만으로도 편안함을 느낍니다. 인간은 '함께'가 편안한 정서라는 말입니다. 근본주의(복음주의)의 종교 광기에는 이러한 편안함이 없습니다. 근본주의(복음주의)는 불굴의 신념을 전해야 한다는 것, 선하지 않은 사람과 함께할 수 없다는 것, 나와 생각이 다른 사람은 없애버려야 한다는 광기에 사로잡혀 있습니다.

　리차드 도킨스는 「만들어진 신」에서 기독교 폭력성을 이유로 기독교가 세상에서 사라질 것을 주장하지만 니체는 자신이 기독교에 꼭 필요한 존재라고 주장합니다.⁷⁾ 기독교가 자신 주장에 귀 기울여야 한다는 뜻입니다.

　니체는 루터가 삶의 의지를 부정하고 도덕을 부활시켰다고 평가합니다.[8] 루터는 예수께서 제시한 하늘계시를 통해 가치관 변화로서 일어나는 새로운 삶에 대해 알 수 없었습니다. 당시 하나님나라 신학이 없었기 때문입니다. 아우구스티누스가 세운 그리스 도덕이 하늘계시를 물리치고 기독교 신학이 되는 결정적 계기가 되었습니다. 이로인해 기독교는 오늘날까지 성서가 일관되게 주장하는 자기 의를 버리고 하나님 의를 따르는 길을 가지 못합니다. 도덕과 경건 그리고 말씀 순종은 자기 의입니다.

니체는 선한 인간이 세상에서 가장 유해한 인간이라고 합니다. 왜냐하면 선한 인간은 진리를 훼손하고 미래를 훼손함으로서 자신의 존재를 가능케 하기 때문입니다.[9] 도덕과 경건은 자신의 존재를 확인하기 위해서 항상 공격할 대상을 찾습니다. 왜냐하면 그는 남과 비교로서만 존재하기 때문입니다. 도덕 경건은 스스로 자기를 이념에 구속함으로서 불안해합니다. 자유 없는 불안은 항상 공격할 대상을 찾습니다. 선이 순결이 아니라 선과 악을 비교하지 않는 상태가 순결이고 이 상태가 자유의 가능성입니다.[10] 라깡은 아버지 하나님 신앙만을 강조하면 덩달아 선이 강조되어서 세상 향유를 막는 믿음이 된다고 합니다.[11] 교조주의자들 확신은 거짓말보다 더 위험한 진리의 적입니다.[12] 진정한 승리란 굴복시키는 게 아니라 패한 자를 기쁘게 하는 것입니다.[13]

구약학자 폰 라드는 고대인들이 성스러움을 보호하기 위해서 피하는 것이 아니라 그 성스러움으로부터 자신을 보호하기 위해서 피한다고 합니다. 즉 성스러움은 언제나 그 안에 폭력 요소를 가지고 있습니다. 우리가 성서에 대해 존중을 넘어서 성스러움으로 상징화하면 그로 인해 폭력이 발생합니다. 명망 있는 학자도 공개석상에서 성서 비평학자가 성서를 비평한다고 이름을 거론하며 비난하는 폭력을 서슴지 않습니다. 자기는 성서를 성스럽게 대하기 때문에 그렇지 않은 사람에게 폭력을 행사합니다. 세상 종교로부터나 세속에서 기독교로 들어온다는 것은 폭력적인 성스러움으로부터 사랑으로 이동하는 행위입니다.[14)]

우리는 진리에 사로잡혀 몰락하지 않기 위해서 예술을 가지고 있습니다.[15)] 문화는 신의 세속적인 다른 이름입니다. 왜냐하면 문화는 난폭한 이성을 구원하기 때문입니다.[16)] 인류는 계몽주의와 합리주의 과학 만능 시대를 거치면서 이성의 폐쇄성과 편협성을 경험했습니다. 신이 인간이 되셨다는 성육신은 신의 세속화입니다. 종교는 세속화를 통해 폐쇄성과 경직성을 벗어날 수 있습니다. 문화는 타락을 막기 위하여 종교를 입고 종교는 폭력을 막기 위해 문화를 입습니다(폴 틸리히).

신이 땅으로 오심은 폭력과 갈등을 끝내는 평화를 위해서입니다(눅 2:14). 1세기 예루살렘은 폭력과 갈등이 난무하는 불화 세계였습니다.

"41 가까이 오사 성을 보시고 우시며 42 이르시되 너도 오늘 평화에 관한 일을 알았더라면 좋을 뻔하였거니와 지금 네 눈에 숨겨졌도다 43 날이 이를지라 네 원수들이 토둔을 쌓고 너를 둘러 사면으로 가두고 44 또 너와 및 그 가운데 있는 네 자식들을 땅에 메어치며 돌 하나도 돌 위에 남기지 아니하리니 이는 네가 보살핌 받는 날을 알지 못함을 인함이니라"(눅 19:41-44)

예수께서 예루살렘 성의 파멸을 예견하시고 우십니다. 그들이 평화의 길을 모르는데 그 이유는 보살핌 받는 날을 몰라서입니다. '보살핌 받는'으로 번역된 말은 에피스코페인데 방문입니다. 즉 신이 오심이고 하나님 나라 시작입니다. 다시 설명하자면 유대인들이 평화 길을 모르는 이유는 그들이 하나님나라가 시작되었음을 모르기 때문입니다. 바울은 상대를 의롭다고 칭의(의인義認 의롭지 않지만 의롭다고 호칭함)이 평화로 가는 길이라고 합니다(롬 5:1). 로마서 중심은 의롭지 않은 우리를 하나님이 우리 믿음을 통해서 의롭다 하셨으니 "너희도 서로 의롭다 하여 화해하고 평화하라"입니다. 이러한 칭의(의인義認)가 하나님나라입니다(케제만).

하나님나라는 가난한 사람들 실패한 사람들 성 소수자 장애인 등 부정하다고 일컬어지는 사람들 사회에서 낙오한 사람들 부모 도움 없이 사회에 나와서 두려워하는 청년들 자립하지 못하는 비정규직 근로자들 노후 준비 없이 늙어가는 노인들 이주 노동자들 코로나 전염병으로 삶의 터전을 잃은 소규모 자영업자들을 의롭다고 호칭하여 그들 고통과 함께하며 그들 존엄을 존중하는 나라입니다. 이러한 하나님나라가 실현되어 갈 때 갈등과 폭력이 종식되고 화해-평화가 이루어집니다.

---

1) 미르치어 엘리아데 「세계종교사상사 1」 이용주 이학사 2005, 460-468p
2) 카렌 암스트롱 「신을 위한 변론」 정준형 웅진자식하우스 2016, 412-421p
3) 최대광 외 「종교근본주의」 중 '기독교근본주의 정의와 미국과 한국의 근본주의' 모시는 사람들 2011, 56p
4) 지오반나 보라도리 「위르겐 하버마스와의 대화 - 테러시대의 철학」 손철성 외 문학과지성사 2004, 59-90p
5) J D 카푸토 「종교에 대하여」 최생열 동문선 2003, 131-132p
6) 존 캅 「영적인 파산」 박만 한국기독교연구소 2014, 81p
7) 프리드리히 니체 「이 사람을 보라」 이상엽 지식을만드는사람들 2016, 25p
8) 같은 책 159p
9) 같은 책 175p

10) 쇠얀 키에르케고어 「불안의 개념」 임춘갑 치우 2011, 76-77, 93p
11) 케네스 레이너드-에릭 L 샌트너-슬라보예 지젝 「이웃」 정옥현 도서출판 b 2010, 74p
12) 프리드리히 니체 「인간적인 것 너무나 인간적인 것」 강영계 지식을 만드는 지식 2012, 78p
13) 같은 책 134p
14) 정일권 「십자가의 인류학」 대장간 2015, 139p
15) F W 니체-M 하이데거 「니체의 신은 죽었다」 강윤철 스타북스 2011, 264p
16) 테리 이글턴 「신의 죽음 그리고 문화, 조은경 알마출판사 2017, 102p

9

기독교가 어쩌다 무당종교가 되었나?

한국 기독교에 3 흐름이 있습니다.

첫째 1 세대 조용기목사류 하나님 축복 설교입니다. 6.25 전쟁후 피폐하고 절망하는 백성들에게 위로와 희망이 되었고 가난한 사람들을 포함해 많은 사람이 교회에 들어오게 했습니다.

둘째 2 세대 옥한흠목사류 제자훈련입니다. 복받기 위해 교회에 몰려온 사람들에게 예수그리스도를 알리고 지성인들에게 전도하기 위해 그리스도인 자기계발과 자기변화를 교육하는 프로그램을 계발하고 교육했습니다. 옥한흠 목사 박사학위 논문이 제자훈련이고 그는 강남대학에 제자훈련과를 설치 운영했습니다. 지금은 폐쇄되었습니다. 많은 지성인들이 교회에 들어왔고 중간 관리자를(구역장 순장) 제자훈련으로 교육하여, 이러한 프로그램을 운영한 교회 대부분이 대형화 되었습니다. 자기변화 추구가 결국 자기 비대화가 된 겁니다.

다른 이야기 같지만 실은 같은 방향이기 때문에 여기서 이야기합니다.

전광훈 목사는 대형 교회들이 자기 교회 중심으로 세상으로부터 질시받음과 부패와 타락하고 있음을 보면서 경건주의 운동을 시작합니다. 그는 전국 목사 4천여 명 이상을 경건주의 교육했습니다.

셋째 김기석목사 황창연 신부류의 문학 심리 해설 설교입니다.

오늘날 설교는 그전에 많은 목사들이 조용기나 옥한흠을 따라 했듯이 많은 목사들이 김기석 황창연을 따라서 문학이나 영화 또는 심리 해설로 설교합니다.

설교는 성서가 해설되어야 하는데 오늘날 교회 성당은 그렇지 못한 현실입니다. 성서가 해설되지 못하기 때문에 예수 사역과 가르침이 설교되지 못합니다. 이것이 기독교 쇠락 주요한 원인입니다.

교회 성당에서 성서가 해설되지 않는 이유는 다음을 모르기 때문입니다.
1. 기독교 믿음 본질은 내향성이 아니라 외향성입니다.
2. 하나님 은혜가 물화物化 reification 되었습니다.

세계 모든 종교는 내향성입니다. 신앙 방향이 내면에 있다는 말입니다. 2세기에 기독교 신학으로 유입된 신플라톤주의가 말하는 구원 길은 '인간 신성화' '완전한 인간'을 위하여 자기 훈련 도덕과 경건이 믿음 생활 중심입니다.

그러나 기독교 믿음 본질은 외향성입니다. 기독교 믿음은 자신이 어떠한 사람이 되는게 목표가 아니라 다른 사람과 관계를 어떻게 하는가가 목표입니다. 믿음은 하나님 구원 사역에 내가 참여하는 것입니다.

(누가복음 6장)
49 듣고 행하지 아니하는 자는 주추 없이 흙 위에 집 지은 사람과 같으니 탁류가 부딪치매 집이 곧 무너져 파괴됨이 심하니라 하시니라

예수께서 주여주여하는 게 믿음이 아니다. 즉 종교 생활이 믿음이 아니라 남을 비판하지 않는게 믿음이라는 말씀을 하시며 결론으로 하신 말씀이 위 구절입니다.
우리 가치관으로는 기초를 튼튼히 하는 것은 자기 훈련이나 내면을 성찰하는 것입니다.

그러나 예수께서 다른 사람과 관계가 소홀하면 자기 기초가 부실하다고 합니다. 공격이 최선의 방어다 라는 논리와 같습니다.

기독교가 외향보다 내면을 중시한 역사는 오래되었습니다. 그중에 경건주의는 내면을 중시한 대표 믿음 형태입니다.

본래 기독교 경건주의는 16세기 발발한 종교개혁신학이 교조화 고착화 목사 신부 권력화하는데 반발하여 또 다른 개혁운동으로 17세기에 생겨났습니다. 경건주의 운동 창시자 필립 야콥 슈페너(1635 - 1705)는 새로운 삶 실존적 전환 사회개혁 투신을 경건주의 운동 목표로 삼았습니다.[1]

본디 제자훈련이 개인신앙 중심이 아니듯이 경건주의 운동도 개인신앙 중심이 아닙니다.

전광훈 목사가 나라가 공산화 되는 것을 막기위해 자칭 애국운동하는 것은 이 때문입니다.

제자훈련이나 경건주의 운동은 자기변화를 목표합니다. 자기변화는 내가 반복해서 말하지만, 아우구스티누스가 신플라톤주의 사유를 기독교 신학으로 삼았기 때문입니다. 제자훈련이나 경건주의에서처럼 자기훈련 자기변화 즉 도덕과 경건으로는 탐욕을 이길 수 없습니다. 우리는 대형교회와 전광훈 목사에게서 그 예를 봅니다.

문제는 교회 성당으로 사람들을 끌어모으는 것이 기독교 성장도 아니고 선교도 아닙니다.

그리스도인의 하나님나라 삶을 세상에 보이는 게 선교입니다.

축복 제자훈련 경건운동 문학 심리 해설 등이 기독교에 자리매김하게 된 근본 이유는 역시 아우구스티누스가 신플라톤주의에 터해서 자기 계

발을 위해 하나님 은혜(은총 카리스)를 물화物化 reification시켰기 때문입니다.[2]

그는 은혜를 하나님으로부터 받은 어떤 결과로 설명합니다. 성서가 말하는 은혜는 하나님과 결부된 하나님 자신입니다. 요한은 예수그리스도를 길 진리 생명 양의 문 포도나무 등으로 부릅니다.

이와 같이 은혜는 사랑처럼 하나님에 대한 하나 이름입니다. 그러므로 하나님 은혜는 나와 함께하는 하나님입니다.

따라서 은사(카리스마)는 하나님이 주신 재능이 아니라 하나님이 함께하는 힘입니다.

(로마서 12장)
3 내게 주신 은혜로 말미암아 너희 각 사람에게 말하노니 마땅히 생각할 그 이상의 생각을 품지 말고 오직 하나님께서 각 사람에게 나누어 주신 믿음의 분량대로 지혜롭게 생각하라

바울이 로마 그리스도인들에게 편지하면서 하나님이 함께하는 힘으로 편지하노라고 말합니다.

그는 은혜를 하나님으로부터 받은 무엇이 아니라 하나님이 함께하는 현실이라고 합니다. 은혜(은총)를 하나님으로부터 받은 결과물이라고하는 사유는 기독교에 엄청난 왜곡을 일으켰습니다.

조용기류처럼 믿음을 통해 무얼 받으려 하거나 옥한흠이나 전광훈 처럼 하나님이 자기를 변화시켜준다는 생각으로 믿음이 타자를 상대로 일어나지 않고 자기 중심이됩니다. 마찬가지로 김기석 황창연류처럼 믿음이 자기정화나 행복 심리안정에 목표하게 됩니다.

기독교 믿음은 자기변화나 행복 추구가 아닙니다.자기변화를 가톨릭은 의화義化 justification라 하고 개신교는 성화聖化 santification라 하는데 같은 뜻이고 성서에는 없는데 신플라톤주의에서 유래한 신학입니다. 갱신 각성도 같은 의미입니다.미국 교회는 청교도가 세웠고, 또 미국 1960년대 부흥이 대 각성운동 결과입니다.

이것은 오늘날 한국 기독교가 처참하게 쇠락한 현실이, 기독교 본질은 자기변화에 있지 않음을 증명합니다. 성서가 말하는 믿음은 자기변화 즉 자기자신에 눈 돌리는 게 아니라 다른 사람과 어떻게 관계하며 살아갈지를 사유하는 행위입니다. 즉 믿음은 삶의 변화입니다.

혹자는 자기변화 없이 어떻게 삶의 변화를 이루는가 라고 반문할 수 있겠습니다. 내가 하려는 말은 신앙을 통해 자기변화를 꾀하지 말라는 것입니다. 자기계발은 인문학을 통해합니다.

자기변화는 그리스 인도 중국 종교 그리고 불교가 추구하는 길입니다. 기독교는 내가 연약한 사람이지만, 하나님이 가난한 사람 버림받은 사람을 구원하시는 현실에 내가 참여하여 있는 게 믿음이고 구원받음입니다. 내가 어떤 사람으로 변화되었다는 인식으로 세상에 나가면 세상 사람들이 불쾌해 합니다. 기독교를 제외한 모든 종교처럼 자기변화를 통한 구원이 아니라 하나님 은혜로만 구원 받을 수 있다고 말한 바울이, 자신이 은혜를 강조하는 이유는 교만하지 않기 위해서라고 합니다.(엡 2:9)

자기변화 의식은 교만에 의해 자기 수준에 미치지 못하는 사람을 멸시하고 차별 배제합니다. 사랑하면 자기변화가 추구하는 것을 이룰 수 있다는 것이 바울 가르침입니다.(롬 13:10)

오늘날 기독교는, 아우구스티누스가 은혜를 물화시키는 바람에 그리스도인들이 믿음과 구원을 하나님으로부터 무언가를 얻어 획득하는 것으로 여기게 되었습니다. 기독교가 무당 종교가 되었습니다.

조용기 옥한흠 김기석류 설교에는 역사에서 사역하시는 하나님나라가 없습니다.

서양인들은 역사인식은 중요시 하지만 동양인들이 중시하는 영에 대한 인식이 부족합니다. 역시 우리 동양인들은 영 이해는 중요시 하지만 역사 인식은 부족합니다.

보통 기독교 중심을 영과 자유라고 하지만 나는 영과 역사 자유라고 말하고 싶습니다.

신앙이란 초월실재transcendent reality에 대한 통찰insight과 헌신입니다.[3] 쉽게 말해서 그리스도인 믿음은 예수그리스도에 대한 통찰과 그분 삶을 따라 사는 것으로서 내가 세상에 빛과 소금이 되는 것을 말합니다.

성서는 옛날 이야기가 아닙니다. 그리고 역사는 과정입니다. 역사는 과거와 미래가 현재가 되는 과정입니다.[4]

그리고 성서 언어는 독존 실재가 아닙니다. 그리고 그 의미도 언어와 연관되어 있기에 독립되어 있지 않습니다. 또한 그 의미는 언어 안에 혹은 언어 부분들 안에 담겨있지도 않습니다. 그 의미는 살아있는 사람들 의식 혹은 무의식 안에서만 존재합니다.[5]

우리가 성서가 증언하는 역사를 통해 영으로 오시는 하나님 말씀을 우리 의식 안에서 오늘의 역사로 사는 것이 믿음입니다.

이것이 설교는 성서해설이어야 하는 이유입니다.

기독교는 예수그리스도에 터해서(고전 3:11) 악(버림받은 사람을 구원하는 하나님 구원사역을 방해하는세력)에 저항하고 세상을 사랑하는 종교입니다.

1) 한스 큉 그리스도교 이종한 분도출판사 2019, 770 - 771p
2) 같은 책 381p
3) 윌프레드 캔트웰 스미스 경전이란 무엇인가? 류제동 분도출판사 2022, 10p
4) 같은 책 43p
5) 같은 책 171p

10

구원이란 무엇인가?

한국 기독교 실패 원인은 설교입니다. 설교가 성서 해설이어야 하는데 그렇지 못한 현실입니다. 설교에서 성서가 해설되지 못하는 이유는 성서가 우리 삶에 관한 이야기가 아니라 영적인 말씀이라는 인식 때문입니다. 그리고 설교자가 삶의 변화를 요청하는 메시지를 성서보다 인문학이나 도덕에서 찾기가 쉽기 때문입니다. 교회가 인문학과 경쟁하면 백전백패합니다. 교회는 성서를 통해서 삶의 변화를 요청해야 합니다. 설교자가 인문학을 몰라도 된다는 말이 아닙니다. 설교자가 인문학과 철학 과학 지식을 갖추어야 성서 메시지를 찾을 수 있습니다. 신학자보다 성서를 더 깊게 성찰하는 지라르 아감벤 등 인문학자가 많습니다.

모든 글은 해석되어서 나에게 옵니다. 성서도 예외가 아닙니다. 성서해석은 과학 역사의식 문학양식 즉 이성에 거슬리지 않는 해석이어야 합니다. 그렇게 함으로써 우리는 이성으로는 알 수 없는 예수평화를 만납니다(빌 4:7). 예수 메시지를 따르지 않는 설교는 예수께서 바라는 새로운 세상에 대해 알 수 없습니다. 그리고 예수께서 바라는 세상을 위해 우리가 어떻게 살아야 하는지 알 수 없습니다. 평신도는 교양 감동 유익 재미있는 설교에 호응하면 안 됩니다. 삶의 변화를 이루어 구원받으려면 성서 해설 설교에 호응해야 합니다. 우리가 몰라서 삶의 변화를 이루지 못하는 것이 아닙니다. 그렇기 때문에 말씀이 내 몸에 체화되도록 하나님 말씀을 반복해서 듣는 게 좋습니다. 우리는 구원의 길을 신학에서 찾지 않고 성서에서 찾습니다. 구원에 대하여 그동안 신학에 무슨 문제가 있었는지 알아봅니다.

유럽 인구 35퍼센트가 죽은 종교개혁 전쟁과 계몽주의를 거치면서 정교분리가 이루어졌습니다. 사회에서 종교는 정치에 관여하지 말라는 인식이 생겼습니다. 18세기까지는 정치와 종교가 일치해서 프랑스 등 유럽에서 국가 관리가 되려면 제후나 귀족 문하생이 되거나 신학교에 입학해야 했습니다. 근대가 되면서 종교에서 정치가 분리되어 종교의 실제 삶에 대한 영향력이 줄어들었기 때문에 신학자와 목사 신부들은 성서를 영 혹은 심리 의미로 읽기 시작했습니다. 종교는 보다 더 중요한 부분을 담당한다는 인식을 대중에게 심어주기 위해서입니다.

실은 이보다 더 근본 문제는, 기독교에 영향을 준 유대교나 신플라톤주의에서 구원이란 삶의 구원입니다. 그런데 2세기 오리게네스 등에게서 신학이 성립되어 5세기 아우구스티누스에게서 정립된 신학에 예수 사역과 가르침이 몽땅 빠졌습니다. 즉 기독교 신학에 하나님나라가 없습니다. 신학자들은 이것을 변명하기 위해 그리스 철학인 육신과 영혼이 분리된 사상을 차용하여 영혼구원 개념을 만들었습니다. 그리하여 오늘날 기독교 구원론이 삶의 구원이 아니라 영혼구원이 됐습니다.

신학이라는 용어 자체가 이스라엘이나 성서 시대엔 없었습니다. 성서는 우리에게 어떻게 살 것인가를 말하는 글입니다. 우리 번역자들이 성서 언어 에이레네(샬롬)를 삶의 관계에서 이루는 평화라고 번역하지 않고 평안 평강 화평 안심 등으로 번역하여 실제 현실의 삶이 아닌 개인 영혼과 심리에 관계된 의미가 나타나도록 번역한 것이 그 예가 됩니다.

신학에서 하나님나라 실종은, 예수께서 바라는 세상이 아니라 엉뚱한 세상을 만드는 신학이 되었습니다. 하나님나라 실종은 기독교 신학에 치명상을 입혔는데, 그것은 다음과 같습니다.

1. 구원 확신입니다.

구원이 삶의 구원이 아니라 영혼구원이라는 인식으로 구원 확신 교리가 발생했습니다. 예수 설교 중심인 하나님께서 여시는 평화의 하나님나라는 실종되고 2세기 신학자들이 예수를 해석한, 예수께서 우리 죄를 사하기 위하여 대신 죽으셨다는 대속교리가 기독교의 중심이 되었습니다. 기독교 발생지인 이스라엘 사유에는 몸과 영혼이 분리되었다는 사유는 없습니다. 유대 사유에서는 인간이 영혼과 육체의 합의 결과로 생기는 것도 아니고 그 둘 사이에 어떤 위계질서도 세워질 수 없습니다. 영혼과 육체가 분리된다는 사유는 그리스 사유입니다. 영혼과 육체는 통합된 실재입니다.[1]

2. 하나님나라를 확장한다는 믿음입니다.

성서에서 하나님나라가 연구되지 않아서 하나님나라를 확장한다면서 교회와 기독교 현실에서 하나님 의가 아니라 자기 의가 발현됩니다. 구원은 영혼구원이고 하나님나라는 자기가 확장한다는 인지부조화가 일어났습니다. 구원 확신과 하나님나라 확장은 성서 가르침이 아니고 순전히 교인 결속과 교회 번영을 위한 의도로 성립한 신학입니다. 여러분이 신학자들과 목사 신부들에게 속았습니다. 거짓은 반드시 망합니다. 평신도가 깨어나야 합니다.

그리스 사상이 기독교로 유입되어 신학이 오염되었는데 그리스 사상이 나빠서가 아닙니다. 교회가 확장을 위해서 교묘하게 유리한 것만 취합해서입니다. 신플라톤주의는 당시 금욕주의 세계에서 이 땅에서 어떻게 살아서 구원에 이르는가를 가르친 종교성 짙은 사상입니다. 에피쿠로스는 당시 만연한 금욕주의 세계관에서 행복한 삶을 강조합니다. 그를 따르는 사람들이 에피쿠로스를 구원자(소테르)라고 불렀습니다. 당시 철학은 오늘날처럼 학문이 아니라 삶을 인도하는 길입니다. 당시 세계와 기독교는 삶의 철학자 에피쿠로스를 버리고 관념 철학자 플라톤을 따랐습니다. 기독교가 땅에서 어떻게 살 것인가에 대해서가 아니라 필요에 의해 영혼구원을 창안해 냈습니다.[2]

대속 구원의 성서 사용 예

바울, 로마서

하나님으로부터 의롭다는 인정을 받는다는 칭의(의인義認)는 흔히 알려진 대로 바울 창안이 아닙니다. 칭의(의인義認)는 유대인들에게 폭넓게 공유되던 사상입니다(시 51:4, 143:2, 사 50:7-9). 이스라엘 시인은 죄 값을 대신 치를 속량 값이 너무 커서 아무도 대신 치를 수 없다고 탄식합니다(시 49:7-8). 신약성서가 기록되기 전부터 그리스도인들은 예수그리스도께서 우리 죄를 대신 속량하셨다는 대속신앙을 가지고 있었습니다. 바울은 이 대속신앙을 로마서에서 화해를 이루기 위한 기제mechanism로 사용합니다(롬 3:25). 그는 신앙인과 비신앙인 화해를 위해서(롬 2:4), 이스라엘과 세계 화해를 위해서(롬 9-11장), 그리스도인 간의 교리 다툼을 화해하기 위해서(롬 14:3) 대속으로 이루어진 칭의(의인義認)를 사용합니다. 바울은 로마서에서 칭의(의인義認 용납)를 50회 사용합니다.

마가, 마가복음

마가는 대속을 그리스도인의 권력(힘) 문제를 해결하는 기제mechanism로 사용합니다. 마가는 예수와 제자들이 예루살렘에 가는 길에서 제자들 중에 누가 높으냐는 문제로 다투는 사실을 증언하면서 예수께서 제자들에게 그리스도인은 어떻게 권력을 사용해야 하는가를 가르치셨다고 증언합니다(막 9:33-52). 그래서 마가는 어린이 영접 이혼문제 부자청년 이야기 맹인 바디메오 치유를 권력에 대한 예수의 가르침으로 증언합니다. 이렇게 이해해야 부자 청년 이야기 말미에 "먼저 된 자가 나중 되고 나중 된 자가 먼저 된다"는 결어(막 10:31)가 느닷없는 말씀이 되지 않습니다. 우리가 정당한 결어로 이해할 수 있다는 말입니다. 마가는 그리스도인은 이방인처럼 권력 행사를 하지 말고 예수께서 대속으로 우리를 섬기심 같이 우리도 세상을 섬기라고 하면서 예수의 대속을 사용합니다(막 10:45). 우리는 바울과 마가가 대속을 루터식 구원으로 파악하지 않고 각각 화해와 권력 문제를 해결하기 위한 섬김으로 파악하고 있음을 주목합니다.

그러므로 예수 십자가 죽음으로 우리를 구원하신다는 그리스도 대속 구원론은,
1. 성서 증언이 아니라 그리스 철학 영향을 받아 세운 신학이라는 것과
2. 일부 진보 신학자와 목사들이 대속구원론을 폐기하자는 주장은 헛소리라는 것을 알 수 있습니다.

루터는 바울이 화해를 위해서 사용한 칭의(의인義認)로 구원신학을 만들었습니다. 루터 구원신학은 개신교 핵심 구원교리로 유효합니다. 다만 그 구원은 완전한 구원이 아닙니다. 구원 확신은 성서 가르침이 아닙니다. 성서는 우리에게 "주여 주여 하는 자마다 다 천국에 들어가지 않으며"(마

7:21) "마지막 날 자기 행위로 심판받고"(롬 2:6) "우리가 구원을 향해 달려가야 한다"(빌 3:12-14)고 분명히 말씀합니다. 구원 확신 교리는 칼뱅 예정교리에서 나왔습니다. 예정교리는 아우구스티누스가 정립하고 칼뱅이 확대 발전시켰습니다. 아우구스티누스는 "하나님께서 멸망 받을 무리 가운데서 일정한 수의 사람을 선택하셨다. 이 수는 불어나지도 않고 줄어들지도 않는다"고 합니다. 또한 선택된 사람들은 영원히 신에게 속하고 그 밖의 사람들은 형벌을 받게 된다고 합니다(아우구스티누스, 「타락과 은총에 관하여」 13권 39장).[3]

이러한 구원 확신 교리는 하나님께서 구원받은 자를 별도로 남겨 두신다는 '남은 자' 사상과 함께 유사 기독교가 발생하는 원인이 되었습니다. 신천지 등 유사 기독교는 기성교회가 타락했다는 명분으로 세워졌습니다. 그들은 기성교회는 구원이 없고 자신들은 구원이 확정된 144,000명 안에 드는 사람들이라고 주장합니다. 이러한 유사 기독교인이 3백만 명 정도 됩니다. 구원 확신 교리는 기성교회도 유사 기독교와 비슷하게 따르는 사상입니다. 칼뱅주의인 구원받을 자와 심판받을 자가 이미 결정되어 있다는 예정과 버림(유기)이라는 예정론이 구원 확신이 되었습니다. 이 교리는 기독교에서는 힌두교처럼 숙명론으로 발전하지는 않았습니다. 힌두교인 인도는 숙명론으로 계급사회가 심화되었습니다. 지금도 불가촉천민은 자신들의 허드렛일을 당연시하고 40세가 넘으면 다음 생 등급을 위해 산속에서 수련하는 사람이 많습니다.

기독교는 예정교리가 놀라우리만치 삶에 긍정성을 부여했습니다. 믿음이나 신념이 부족하면 무기력해진다고 생각했습니다. 구원으로 선택받았다는 믿음은 성공적이고 효율적인 전문 활동 직업 노동 사업에 활력을 일으켰습니다.[4] 50~60년대 한국 교회는 "일하러 가세 일하러 가 삼천리 반도 금수강산 하나님 명령받았으니 일하러 가" 찬송을 많이 불렀습니다. 세계에서 개신교 국가들은 부유하고 가톨릭 국가들은 가난합니다. 문제는 부유한 삶이 구원인가라는 데 있습니다. 예정교리는 자본주의 사상과 결합하여 부강한 나라를 만들었습니다. 막스 베버는 자본주의가 기독교에서 발생했다고 합니다.

물질이 구원을 준다는 공산주의 유물론보다 자본주의 유물론이 사실상 더 심각합니다. 오늘날 자본주의는 물질이 구원입니다. 유물론 사유는 한시적입니다. 자신의 이념이 적용되어 어느 정도 이루어진 사회는 그 이념이 폐기되고 또 다른 이념을 찾아야 하기 때문입니다.[5] 다시 말하자면 물질이 갖추어진 사람은 더 이상 물질이 구원이 되지 못합니다. 재물 권력 명예는 한 번 달성되면 그것이 구원을 유지해 주지 못합니다. 오히려 재물 권력 명예로 인해 망가지는 경우가 많습니다. 부유한 사람에게 우울증이 많은 게 이러한 사례입니다.

자본주의는 신학도 없고 교리도 없지만 종교가 되었습니다. 생산과 구매 그리고 소비라는 제의종교입니다. 생산자는 구매자가 없으면 망합니다. 우리나라 삼성 현대 엘지 에스케이가 망한다면 국가가 망합니다. 망하지 않기 위해 끊임없이 생산을 증대하고 소비를 촉진합니다. 지구는 과소비로 중병을 앓고 있습니다. 지구 생태학자들은 앞으로 30년이 지구 존폐를 결정할 중요한 시기라고 합니다. 토마스 베리 신부는 현대가 신생대를 마감하고 생태대로 넘어가는 시기라고 합니다. 우리가 저출산과 저소비를 이루지 못하면 우리 후손들은 지금과는 전혀 다른 조악한 지구 환경에서 살게 될 것입니다. 과소비는 지구를 병들게 하고 끝없는 경쟁으로 빈부

격차를 일으켜서 사회에 부모 도움 없이 나오는 젊은이들을 절망케 합니다. 중산층도 자기 신분을 유지하기 위해 쉼 없는 생활로 결국에는 망합니다. 사회가 이미 피로사회가 되었습니다(한병철). 미국 사회는 직업이 세 개인 사람이 많은데 우리나라도 직업이 두 개인 사람이 많은 현실입니다.

종교개혁자들 예정교리는 운명 불안에 의해 발생했습니다. 중세 말기 하늘천국과 지옥신학은 사회 불안을 부추겼습니다. 사회가 불안해서 하늘천국과 지옥신학이 발생했는데 이 하늘천국 지옥신학이 불안을 조장하는 악순환입니다. 불안은 금욕행위 성지순례 성유물에 대한 집착 면죄부에 대한 열망 미사와 고해성사에 대한 집착으로 나타났습니다. 개신교에서는 불안을 극복하기 위해서 예정교리가 구원확신을 위해 태동했습니다.[6]

오늘날은 두려움과 불안을 잠재우기 위해 구매와 소비에 집착합니다. 모두가 물질이 구원인 것처럼 매달리지만 물질이 구원이 아님은 모두 알고 있습니다. 오늘날 물질 풍요 사회에서 가족이 해체되고 청년과 노인이 절망으로 자살하는 사람이 세계에서 우리가 1위입니다. 두려움은 대상이 있지만 불안은 대상이 없습니다. 고대는 잦은 자연재해와 의술과 위생 부족으로 유아 사망률이 높아서 평균수명이 낮았습니다. 그래서 자기 존재에 대한 불안이 있습니다. 소크라테스 플라톤 아리스토텔레스 등 현자들이 철학을 통해 그 불안을 잠재우려 했습니다. 중세는 성직자와 지배층 타락과 부패로 사회가 불안했습니다. 그래서 도덕이 불안을 잠재우는 도구였습니다. 그때 형성된 도덕신학이 오늘날까지 이어오고 있습니다. 개인주의는 불안을 가속화합니다.

예수께서 우리 죄를 사하시기 위해 죽으셨다는 대속교리로 인해 개인 죄가 강조되고 도덕신학 강화는 개인주의를 심화시켰습니다. 대속교리로 인해 죄를 강조한 것이 유대교 공동체 중심 신앙이 기독교에 와서 개인 중심 신앙이 된 원인입니다. 불안은 존재에 대한 위협입니다. 불안은 인간한계를 인식하는 가운데 자기 긍정을 위협합니다. 결국에 불안은 삶의 의미를 찾지 못하는 데서 옵니다. 오늘날 시대 불안은 삶에 대한 불안입니다.

믿음은 이러한 불안을 인식하고 불안으로부터 자유의 가능성을 찾습니다(롬 7:14-25).[7]

기독교 핵심은 영과 자유입니다. 그동안 교회는 오순절 계통 교회처럼 영을 육의 반대 즉 기이한 현상 정도나 특별한 재능을 받았다는 은사로 가르쳤습니다. 고대인들이 지녔던 영의 인격성이 퇴각했습니다. 히브리 개념에서 영(루아흐)은 생명의 숨 쉼과 힘이고 서양철학사에서는 정신과 지성입니다. 폴 틸리히는 이것을 결합합니다. 즉 그에게서 영은 힘과 의미의 연합입니다.[8] 그러므로 영은 삶의 활력입니다.

필자가 하려는 말은 구원이란 믿음을 통해 삶에서 영과 자유를 찾는 데 있다는 것입니다. 다시 말하자면 구원은 예수그리스도를 통해 생명과 자유 그리고 평화를 얻음입니다. 이러한 의미에서 예수는 구원자 즉 그리스도이십니다. 구원은 미래에 얻는 어떤 것이 아닙니다. 오늘 지금 나에게 오는 새로운 삶입니다.

발터 벤야민에 의하면 계급 없는 사회는 마르크스 주장대로 계급 간 투쟁에 의한 진보로 이루어가는 것이 아닙니다. 계급 없는 사회는 프롤레타리아(가난한 사람들) 자신의 혁명적 정치 관심에 메시아 얼굴이 부여되어 있어야 합니다.[9] 벤야민 주장은 가난한 사람들이 지금 신의 은혜를 받을 때만이 그가 투쟁으로 나아갈 수 있다는 뜻입니다. 다시 말해서 구원이란 가난한 사람들에게 오늘 부여되는 신의 은혜라는 뜻입니다. 나는 죽은 다음 생에 대해서는 알지 못합니다. 그래서 여러분에게 해줄 수 있는 말이 없습니다. 다만 지금 삶에서 구원받고 있다면 죽은 다음에도 구원이 있으리라는 희망이 있습니다.

철학자들은 의미 있는 삶을 실존이라고 합니다. 철학자마다 조금씩 다르지만 실존주의 철학자 칼 야스퍼스는 관계 자유 역사참여를 실존이라고 합니다. 관계란 물질 명예 권력 따위에서 삶의 의미를 찾지 말고 하나님과 관계 자연과 관계 다른 생명체와 관계 사물과 관계 다른 사람과 관계에서 삶의 의미를 찾는 행위를 말합니다. 개인 죄에 대한 강조와 도덕신학 강화는 개인주의를 심화시켜 불안을 증가시킵니다. 그러므로 불안은 관계에서 해소됩니다.

자유란 물질 권력 명예 집착 의존 등 무엇에도 지배당하지 않고 사회에 책임 있는 인간으로서 자유하게 사는 삶을 말합니다. 역사참여란 나의 안락과 평안에 머물지 말고 역사 발전에 참여하여 세계를 위하여 사는 삶이 의미 있는 삶이라는 뜻입니다. 우리는 홍익인간弘益人間입니다. 굼벵이는 자기 침으로 흙을 뭉쳐서 벽에 바르는 반복 작용을 통해 구멍을 만들어 지상으로 올라옵니다. 그렇게 그는 구멍을 만들어서 토양에 산소를 공급하게 합니다. 굼벵이 삶은 농작물이 자라게 하는 세상을 만드는 일에 일생을 바치는 것입니다. 미물도 이러한데 인간으로 태어나 남에게 알량한 권력으로 상처 주어 세상을 불화하게 하고 과소비하여 후손에게 파멸 직전 지구를 물려주어서야 되겠습니까?

성서는 의미 없는 삶을 죽음이라고 합니다. 우리는 성서를 통해 구원 즉 삶의 의미를 찾아갑니다.

"수고하고 무거운 짐 진 자들아 다 내게로 오라 내가 너희를 쉬게 하리라"(마 11:28)

사람들은 누구를 도우러 자기가 그 사람에게 갑니다. 그가 오면 같이 살 수 없기 때문입니다. 그러나 예수께서 자기에게 오라고 하십니다. 그분은 기꺼이 같은 처지가 될 의향이 있습니다. 그리고 회개할 가능성이 있거나 은혜받을 자격을 갖춘 사람만 오라고 하시지 않고 모두 오라 하십니다. 그분은 죽음 이후에나 올 쉼을 지금 여기에서 주신다고 합니다.[10]

회당장 야이로가 예수 앞에 엎드리어 자신의 딸이 구원받아 살게 하소서 간청합니다. 우리는 "구원받고 그리고 살게 하소서"에 주목합니다. 신분 높은 사제가 딸을 살리기 위해 많은 사람이 보는 데서 평신도 앞에 엎드립니다. 회당장 야이로는 예수께서 주이시고 주께서 생명 주심을 알았습니다. 딸을 살리신 예수께서 그 딸에게 먹을 것을 주라고 하십니다. 딸의 구원은 새로운 삶 즉 생명 얻음입니다.

무리 가운데서 예수의 옷자락을 만지고 혈루병(하혈)이 치유된 여인에게 예수께서 평화하라(에이레네)고 하십니다(막 5:21-43). 예수의 평화하라는 말씀을, 가톨릭 200주년 기념 성서와 개역개정은 평안 공동번역과 새번역은 안심으로 번역하여 개인 심리로 이해하도록 유도했습니다.[11] 1세기 삶에 대한 기록이 현재 우리에게는 개인 심리 문제가 됐습니다. 혈루병 앓는 여인은 성전 출입과 축제 참여가 금지됩니다.[12] 그녀 구원은 새로운 삶의 회복입니다. 여인은 이렇게 구원받아 평화를 얻습니다.

유대인들은 사마리아를 지나가지 않는데 예수께서 이스라엘 공동체에서 버림받은 땅 사마리아를 일부러 찾아가십니다. 우물가에서 여인을 만나 영생을 약속하시어 여인을 구원하십니다. 이 여인은 세 번만 이혼이 허용되는 이스라엘 법에서 다섯 번 이혼한 여인입니다. 다른 사람들이 그녀 삶의 현실을 인정해 주지 않습니다. 다른 사람들은 서늘한 새벽이나 밤에 물 길러 오는데 이 여인은 사람들 만나지 않으려고 뜨거운 낮 정오에 물 길으러 우물에 왔다가 예수를 만났습니다. 사람들을 피하던 여인은 이제 스스로 사람들 앞에 나가서 예수를 전합니다. 여인의 구원은 버림받은 삶에서 인간 존엄을 회복하고 사회에 책임 있는 인간으로 서 있는 자유한 삶입니다(요 4:4-42). 구원이란 예수그리스도로부터 생명 자유 정의 평화를 얻음입니다.

구원받음이란, 첫째 악한 영의 지배로부터의 해방입니다. 스스로 희생양이 되시어 십자가에서 죽으시고 부활하신 예수께서 어둠 세력을 이기셨습니다. 예수 영이신 성령이 우리를 살리는 생명으로 인도합니다(요 6:63, 롬 8:6, 고후 3:6). 구원받은 그리스도인은 악령 지배를 받지 않고 성령 이끄심을 받습니다. 둘째로 의미 있는 평화의 삶으로 인도됩니다. 하나님은 그리스도인을 통해서 하나님 의를 이루시려고(고후 5:21) 그리스도인에게 화목하게 하는 직책을 주셨습니다(고후 5:18). 성서에서 의미 있는 삶은 평화의 삶입니다. 하나님께서 세상을 구원하시는 현실에 참여해 있는 현실이 그리스도인 구원입니다.

예수평화pax christus는 약자를 힘으로 지배하는 로마 평화pax romana와도 다르고 모두가 참자는 천진한 평화도 아닙니다. 약자가 강자와 동등하게 존엄이 존중되는 평화입니다. 즉 정의로운 평화입니다. 예수평화는 저절로 오지 않습니다. 예수평화는 악한 지배 세력에게 저항함으로써만 얻을 수 있는 평화입니다. 예수께서 평화를 이루기 위해 기득세력에 죽음으로 저항하셨습니다. 그리스도인은 평화를 방해하는 정치세력 탐욕 불의에 저항하는 사람입니다.

우리가 예수그리스도와 함께 할 때만 우리 이성으로 얻을 수 없는 예수 평화가 있고(빌 4:7) 그분과 함께 할 때만 우리 삶에 기쁨과 평화가 있습니다.(롬 14:17)

1) 미셸 앙리「육화, 살의 철학」박영옥 자음과 모음 2013, 19p
2) 필자의 책「기독교의 본류를 찾아서」에 구원이란 무엇인가를 상세히 논구한 글이 있습니다. 그러나 이 글은 그 글의 요약이 아니고 새롭게 구상한 글입니다.
3) 폴 틸리히「그리스도교 사상사」잉게베르트 C 헤넬 엮음 송기득 대한기독교서회 2020, 218p
4) 알젠카 주판치치「정의의 그림자」조창호,도서출판 b 2005, 67p
5) 테리 이글턴「유물론」전대호 갈마바람 2018, 112-113p
6) 폴 틸리히「존재의 용기」차성구 예영 2012, 93p
7) 쇠얀 키에르케고어「불안의 개념」임춘갑 치우 2011, 245p
8) A J 맥컬웨이「폴 틸리히 조직신학 요약과 분석」황재범-김재현 한들출판사 2020, 272p
9) 발터 벤야민「역사의 개념에 대하여」최성만 길 2008, 356p
10) 쇠얀 키르케고르「그리스도교의 훈련」임춘갑 다산글방 2005, 15-34p
11) 첫 영어 성서 KJV은 'go in peace'입니다.
12) 김근수「슬픈 예수」21세기북스 2017, 98p

후 기

큰 주제를 설정하여 책을 예상하고 쓴 글이 아닙니다. 한편 한편이 완성된 글입니다. 따라서 여러 주제가 있고 반복해서 언급되는 사항도 있습니다.

이제까지 우리는 성서와 다른 신학을 규명하였고 오늘날 그리스도인 믿음이 어떠해야 하는지 살펴보았습니다.

우리는 실패한 서구신학에서 패러다임 변화를 이루어야 합니다.

한국 교회에서는 복음주의와 보수주의가 같은 말입니다.

역사 사회에 관한 설교는 복음 설교가 아니고 관념 영성 심리적인 설교 즉 교리 설교만이 복음 설교라고 우기는 건 지나가는 소가 웃을 일이고 복음이라는 말을 최초로 만들어 사용한 이사야가 들으면 뒤로 자빠질 소리입니다.

신약 복음서 저자들을 포함하여 초기 그리스도인들이 사용한 복음이라는 말은 제 2 이사야(사40:9)에게서 가져왔습니다.[1]

이사야는 버림받은 사람들을 구원하러 역사에 오셔서 사역하시는 하나님에 관한 소식을 복음이라고 합니다. 즉 신이 땅으로 오셔서 정치 경제 사회에서 구원사역하시는 일을 복음이라고 합니다.

따라서 오늘날 복음은 역사와 사회 정치 경제를 떼어놓고 말할 수 없습니다. 복음은 하나님이 삶에 주시는 기쁨과 평화의 소식입니다.

복음에 참여하는 우리 믿음은 다음과 같습니다.

1. 믿음은 삶의 변화에 있습니다.

그동안 기독교는 목표를 자기변화에 두고 믿음을 내면화 관념화 영성화 했습니다.

이러한 믿음 형태는 4세기 아우구스티누스가 플라톤 철학인 신플라톤주의에 터해서 세상 향유享有enjoy를 악하게 인식하고 도덕과 경건을 믿음 목표로 삼은 데 기인합니다. 또한 중세에 토마스 아퀴나스가 이러한 믿음 형태를 더욱 심화했고 종교개혁자들이 이것을 그대로 유지했습니다.

신플라톤주의는 '인간 신성화' '완전한 인간'을 통해 신과의 합일이 구원입니다. 쉽게 말해서 거룩한 인간이 되는 게 목표입니다. 성서는 내가 어떤 사람이 되는 게 목표가 아니라 다른 사람과 어떻게 관계해야 하는가를 말합니다. 내가 거룩한 사람이라는 인식으로 세상 사람을 대하면 세상 사람들이 불쾌해합니다.

예수께서 술을 즐기시고 먹기를 탐하고 욕도 하셨습니다. 정결법을 어기시고 부정한 사람 버림받은 사람들과 어울렸습니다. 그분은 버림받은 사람들 인간 존엄이 존중되고 힘있는 사람과 힘 없는 사람이 화해하고 평화하는 세상을 보이셨습니다. 이러한 세상을 방해하는 기득세력에 저항했습니다. 구원이란, 하나님이 버림받은 사람들을 구원하시는 현실에 내가 참여하여 있는 상태를 구원받았다고 합니다. 구원이란 악한 세상에서 나를 구출해내는 현실이 아니라 내가 세상을 평화로 이끄시는 하나님 도구가 되는 현실입니다.

믿음은 삶의 변화를 통해 나의 권한과 유익을 추구하지 않고 세상에 유익한 존재가 되는 현실입니다.

2. 믿음은 말씀 순종이 아니라, 하나님 눈으로 세상을 보고(예언자) 말씀을 해석하여 행위하는 현실입니다.

말씀 순종한다는 말은 율법주의와 같습니다. 성서는 법이 아닙니다. 법(문화 이념 사상 법률 교육 도덕)은 기득세력에 유리하게 되어 있습니다.

예수께서 성서 권력자인 사두개인이나 엄격하게 법을 지키며 사는 에세네인 보다도(물론 이들을 싫어 했습니다) 백성들에게 하나님나라 희망을 설교하는 서기관과 도덕과 경건으로 신앙개혁운동하는 바리새인들을 더 싫어했습니다. 이들이 자신들 수준에 미치지 못하는 가난한 사람들과 버림받은 죄인들을 차별하고 배제하기 때문입니다.

말씀 순종한다면서 그러한 사람들이 세력을 형성하고 그에 미치지 못하는 사람을 소외시키는 일이 교회에 다반사입니다. 이들이 예수께서 그렇게 싫어하는 바리새인과 같습니다.

3. 믿음은 가치관 변화입니다.

성공 성취를 이루어 명예를 높이고 가족을 돌보는 행위는 좋은 일입니다. 믿음을 성공에 결부하는 행위가 나쁩니다. 성공 성취에 믿음이 바르게 역할하는 게 그리스도인입니다. 과정이 아름답다면 성공 성취보다 평범한 삶이 더 좋은 일입니다. 아름다운 실패라면 하나님이 기뻐하십니다.

이제까지 우리가 살펴본대로 신학은 신플라톤주의에 터해서 성립되고 발전했습니다.

16세기 종교개혁자 루터가 오직 성서라고 주창한 것은 당시 성서가 외면되었기 때문입니다. 당시 종교개혁은 미래로 나가는 진보가 아니었습니다. 당시에 진보는 좋았던 옛날로 돌아가는 것이 진보입니다. 루터의 성서 해석은 아우구스티누스 신학에 의한 성서 해석입니다. 또한 루터 신학은 그리스도인 스스로 의로움을 얻으려는 행업行業으로 부패하는 목사 신부 권력에 저항하기 위한 신학입니다.

놀라운 사실은 오늘날 신학에 예수도 성서도 없습니다. 그래서 성서신학이 별개로 존재하지만 대학의 성서 신학자들이 성서 해설서를 저술하지 않습니다. 가톨릭 성서 신학자 김근수 선생이 유일합니다. 한 구절을 해설하는 주석서는 성서 해설서와 다릅니다.

신학은 자기 시대에 믿음으로 살기 위한 고백입니다. 우리는 결정론 세계관에서 기록된 성서를 오늘날의 우연 세계관인 양자역학 세계관으로 해석하는 신학이 필요합니다.

인간을 억압한 종교시대를 극복하기 위해 17세기 계몽주의와 함께 이성시대가 열렸습니다. 그러나 이성만능과 함께 열린 근대는 기후위기 가족해체 관계상실 경쟁체재에서 낙오 등 우리 실존을 위협하는 시대가 되었습니다. 과학이나 도덕이 이것을 극복하기는커녕 오히려 절망으로 끌고 갑니다. 그럼에도 오늘날 무신론과 함께 종교 무용론이 기승을 부립니다.

유럽과 미국 교회는 처절하게 망했습니다. 같은 서구신학으로 믿음 생활하면 우리도 그 길을 가게 됩니다. 우리는 서구신학이 만든 교회관인 조직과 돈의 교회가 아닌 새로운 교회가 서야 합니다.

이단 교회가 아니라 한국을 공산화로부터 막는다는 애국 운동 교회가 아니라 사회 불의에 저항하고 복음을 증거하는 정상 교회에서 악이 발생합니다. 기독교 2천년 역사에 없는 새로운 패러다임 전환이 필요합니다.

지금도 제자훈련하며 교회성장을 꾀하는 개척 교회 목사들이 많습니다. 성장과 번영이라는 자본주의 유형을 벗어버리고 예수 따르는 삶을 통해서 기쁨과 평화 그리고 자유를 얻는 새로운 삶(생명)을 얻도록 예수그리스도를 증언하는 교회가 되어야 합니다. 그러기 위해서

1. 교회는 성장을 위한 제자훈련이나 신앙 훈련 장이 되어서는 안됩니다. 교회가 무엇을 하면 악이 발생합니다.
2. 인간 가치 체계에 담긴 악을 폭로하고 하늘 계시를 전하는 성서가 해설되는 교회여야 합니다. 그럼으로써 법(문화 이념 사상 도덕법률 계명 등)이 주가 아니라 예수그리스도가 주가 되는 삶이 되는 작은 예배 공동체가 되어야 합니다.

예수그리스도 터에서(고전 3:11) 작은 예배 공동체로서 그리스도인 삶이 세상을 감동하게 하는 믿음의 삶이 기독교 본질입니다.

수많은 악행의 기독교 역사 속에서도 꺼지지 않고 살아 역사하시는 그리스도 영이 믿음으로 사는 우리를 생명과 자유 평화로 인도하실 것입니다.

1) 리처드 보컴 예수와 이스라엘의 하나님 이형일 안영미 새물결플러스 2019, 55p